Bauwelt Fundamente 35

Herausgegeben
von Ulrich Conrads

Programmredaktion:
Hansmartin Bruckmann
Ulrich Conrads
Gerhard Fehl
Rolf-Richard Grauhan
Herbert Hübner
Frieder Naschold
Dieter Radicke
Mechthild Schumpp

Beirat:
Gerd Albers
Adolf Arndt
Lucius Burckhardt
Werner Kallmorgen
Julius Posener

Architekturpsychologie

Theorie
Laboruntersuchungen
Feldarbeit

12 Forschungsberichte
herausgegeben
von David Canter

Bertelsmann Fachverlag

Titel der englischen Originalausgabe:
»Architectural Psychology. Proceedings of the conference held at Dalandhui University of Strathclyde, 28 February – 2 March 1969«
© 1970 RIBA Publications Limited, London.
Bearbeitet und für die deutsche Ausgabe gekürzt von Helmut Striffler und Dietrich Kruppa.
Aus dem Englischen von Kyra Stromberg.

© 1973 Verlagsgruppe Bertelsmann GmbH/Bertelsmann Fachverlag, Düsseldorf
Umschlagentwurf von Helmut Lortz
Gesamtherstellung: Mohndruck Reinhard Mohn OHG, Gütersloh
Alle Rechte vorbehalten · Printed in Germany
ISBN 3-570-08635-6

Inhalt

Vorbemerkung 7

I. Theorie 9

Peter Stringer
Architekturpsychologie: das Spiel ist das gleiche 10

David V. Canter
Sind die Benutzer von Gebäuden als Personen oder Gegenstände zu behandeln? 21

Terence R. Lee
Brauchen wir eine Theorie? 40

II. Laboruntersuchungen 59

Ian D. Griffiths
Behagen als Wärmewirkung – Eine Verhaltensstudie 61

Ifan Payne
Pupillenreaktion auf architektonische Reize 76

Adrian R. Hill
Sicht und Privatheit 87

J. J.-H. Lau
Zum Unterschied zwischen Modellräumen in natürlicher Größe und maßstäblicher Verkleinerung bei der Beurteilung der Beleuchtungsqualität 96

III. Feldarbeit 107

David Walters
Störung durch Eisenbahnlärm in Wohngebieten 108

Gordon Best
Orientierung in großen Gebäuden 122

David V. Canter
Menschen und Gebäude – Eine kurzgefaßte Übersicht über die Forschung auf diesem Gebiet 130
Nachwort zur deutschen Ausgabe

Fachwortverzeichnis 137

Literaturverzeichnis 150

Vorbemerkung

Architekten und Psychologen haben im Februar-März 1969 auf einer Tagung an der Strathclyde University (Schottland) ein Grundsatz-Gespräch über die psychologischen Aspekte von Bauten und Räumen geführt. Ihre Frage war: Gibt es überhaupt so etwas wie eine Architekturpsychologie? Und wenn ja: Läßt sich Architekturpsychologie als eine besondere Disziplin wissenschaftlicher Forschung definieren? Weiter: Von welchen Ansätzen her kann diese Forschung betrieben werden? Und zu welchem Ziel?
Die wichtigsten Referate der Tagung sind in diesem Band zusammengetragen, einige ohne jede Änderung, andere in überarbeiteter Form. Weit entfernt davon, ein vollständiges Spektrum jener Fragen zu bilden, die sich mit dem Begriff Architekturpsychologie verknüpfen lassen, machen sie doch eines schlaglichtartig deutlich: Von welcher Seite auch man dieses Problemfeld betritt, es erweist sich als weites und vorderhand noch recht unwegsames Gelände. Die Texte stehen insofern gleichsam stellvertretend für die Fülle möglicher Forschungsansätze. Sie geben eine Vorstellung davon, wie kompliziert die Wechselwirkungen zwischen Menschen und Gebäuden sind. Sie machen aber auch deutlich, wie ungemein schwierig es ist, zu exakten und gesicherten Ergebnissen zu kommen, und um wieviel schwerer noch es sein wird, diese Ergebnisse in die Planungs- und Entwurfspraxis zu übertragen.
Erst allmählich, im Fortschreiten gemeinsamer Arbeit, werden die beteiligten Fachdisziplinen zu einer gemeinsamen Sprache finden und, darauf aufbauend, zu einem gegenseitigen Verständnis für die Möglichkeiten und Grenzen der verschiedenen Fachgebiete kommen können.
Um dies auch bei uns einzuleiten und zu fördern, haben wir eine deutsche Ausgabe der Strathclyde-Tagungsberichte angeregt und im Zusammenwirken mit dem Verlag bearbeitet. Im Einvernehmen mit dem Herausgeber der Originalfassung, C. V. Canter, wurde dabei die geringe Abstimmung der einzelnen Beiträge in Kauf genommen und lediglich eine Straffung versucht. Auf die drei Referate
W. R. G. Hillier, Psychology and the subjekt matter of architectural research;
Roger M. Wools, The assessment of room friendliness;
Ivor B. Stilitz, Pedestrian congestion
haben wir ganz verzichtet.
Daß wir als Architekten uns der Aufgabe unterzogen haben, die Texte auch hierzulande allen Interessierten zugänglich zu machen, mag unterstreichen, wie sehr wir von der Dringlichkeit einer Verbreitung solcher Forschungsgespräche überzeugt sind. Wir werden darin bestätigt durch die fast gleichzeitige Veröffentlichung der Strathclyde-Referate in Japan. Es liegt uns jedoch fern, daraus

irgendeinen Anspruch auf Kompetenz abzuleiten. Es geht uns allenfalls um das Mitspracherecht. Schließlich möge man unsere Arbeit als Ausdruck eines Praxisverständnisses werten, das die Zusammenarbeit mit anderen Disziplinen, zumal mit den humanwissenschaftlichen, auf breiter Basis braucht und sucht. Deren Beiträge – und hier insbesondere auch die der Psychologie – können die Tätigkeit des Architekten wesentlich unterstützen. Mit ihrer Hilfe kann er die oft nur unzulänglich formulierten Bauaufgaben sicherer und wirksamer angehen. Mit Wirksamkeit ist hier gewiß nicht eine Zunahme schierer Effizienz im technischen Bereich gemeint. Es muß sich vielmehr darum handeln, die Arbeit des Planens und Entwerfens so zu öffnen, daß als Ergebnis ein genügendes Angebot von Spielraum – im weitesten Sinn dieses Wortes – für den Menschen gewonnen wird.

Helmut Striffler

I. Theorie

In diesem Teil des Buches werden drei Arbeiten vorgestellt, von denen jede auf ihre eigene Weise die Voraussetzungen prüft, auf die sich die Wechselbeziehungen zwischen Architekten und Psychologen gründen. Einige der Arbeiten stellen einfach die Natur dieser Wechselbeziehung in Frage, andere stellen sie in Frage, indem sie besondere Formen vorschlagen, die sie annehmen sollte. Ein flüchtiger Blick auf das Literaturverzeichnis am Ende zeigt, daß die Mehrzahl der Beiträge, die bis heute auf dem Gebiet der Architekturpsychologie geschrieben worden sind, die gleichen Fragen stellen. Das ist ganz richtig so. In jedem neuen Feld müssen der Problembereich, die Beziehungen der Probleme untereinander und die Folgerungen daraus untersucht werden. Das trifft besonders für ein Gebiet zu, das eine Brücke zwischen den Künsten, den Wissenschaften und der Technologie schlägt. Soll eine Diskussion fruchtbar verlaufen, so muß sie jedoch zur Kennzeichnung bestimmter Forschungsprobleme führen.

In dem ersten Beitrag dieses Abschnittes stellt Peter Stringer die Behauptung auf, daß Architekten und Psychologen sich im wesentlichen gleichen und daß sich demnach ihre Rollen ergänzen sollten. David Canter zieht daraus Schlüsse und untersucht zwei grundsätzliche Einstellungen gegenüber Menschen, die von Architekten wie von Psychologen geteilt werden. Er weist darauf hin, daß es für die Theorie der Architekturpsychologie von Nutzen wäre, sich auf beide Einstellungen zu stützen. Die Theorie, die Terence Lee umreißt, und die Regeln, die er für die Entwicklung von Theorien beschreibt, zeigen dann im einzelnen, wie ein bestimmter Untersuchungsansatz ein Verständnis für die Wechselwirkung zwischen Menschen und Gebäuden vermitteln kann.

Peter Stringer

Architekturpsychologie: das Spiel ist das gleiche

Zusammenfassung des Herausgebers

Architektur und Psychologie sind durch ähnliche Grundprozesse gekennzeichnet. Sie können also nach vielen Gesichtspunkten als eine und dieselbe Sache betrachtet werden.

Lehre und Forschung

Als ich eingeladen wurde, ein Referat zu halten, erschien es mir am wichtigsten, über die Forschungsarbeit zu sprechen, mit der Architekturpsychologen zur Zeit beschäftigt sind und dabei die Rolle zu berücksichtigen, die sie bei der Ausbildung von Architekten spielen kann. Ich wollte mit Nachdruck dafür eintreten, unsere Forschung als eine Sache zu betrachten, von der wir und andere Leute lernen können, das heißt: die Forschung so aufzubauen, daß sie zum Lernereignis für möglichst viele daran Interessierte wird. Diese Ausrichtung schien mir ein Weg zu sein, um mit den Schwierigkeiten fertig zu werden, die sowohl Architekturforscher als auch Praktiker haben, die Bedürfnisse und Interessen des anderen zu verstehen. Wenn wir als Forscher derjenigen Forschung den Vorzug geben, von der wir mit gutem Grund glauben, daß sie sich im gegenwärtigen Zusammenhang der Architekturforschung besonders gut vermitteln läßt, könnten wir vielleicht diese Hürde nehmen. (Ähnlich konzentrieren wir uns ja im allgemeinen beim Lehren in einem bestimmten Punkt eines Lehrprogramms auf das, was wir für mitteilbar halten.) Doch wenn wir nicht anerkennen wollen, daß diejenigen, für die wir erklärtermaßen forschen, Denkstrukturen und Wertskalen besitzen, die mit unseren eigenen nicht übereinstimmen, besteht wenig Hoffnung, daß wir mit ihnen eine wirksame Verbindung herstellen. Dies kann man als Lehrproblem zu lösen suchen.

Vielleicht aber kommen wir, nachdem wir uns redlich bemüht haben, Praktikern unsere Arbeit zu vermitteln, zu dem Schluß, daß sie es niemals begreifen werden. Wenn wir nicht so anmaßend wären, immer und vor allem von den anderen zu fordern, daß *sie* uns verstehen sollen, könnten wir Forschung als eine Lehrsituation im eigentlichen Sinne behandeln und den Studenten Gelegenheit geben, etwas zu erfahren über das, was wir tun und warum wir es tun. Das heißt: Wir sollten sie für weitaus aufnahmefähiger halten! Wir hätten – da ja ihre Köpfe nicht durch mehrere Jahrzehnte eines bevorrechteten und sicher auch ganz einträglichen Verhaltens verwirrt sind – Gelegenheit, ihnen zu zeigen, was aus unseren Ideen zu folgern ist und auch, wie diese mit anderen Ideen zusammenhängen. Forscher werden oft dazu ermutigt zu lehren und so kommt es, daß in der Tat viele Lehrer Forscher sind. Und das nicht nur, weil sie auf diese Weise mit ihren Ideen ins reine kommen und weil es ihnen mehr Spaß macht, über ihre eigene Arbeit zu sprechen als über die eines anderen, sondern auch, wie ich vermute, weil sie merken, daß dies oft die beste Gelegenheit ist, ihre Arbeit zu verbreiten und so die Welt etwas zu verändern.

In Architekturschulen zwingt forschungsorientiertes Lehren die Lehrer, ihre Forschung mit den Augen des künftigen Praktikers zu sehen. So werden sie in die Lage gesetzt, die Aufnahmefähigkeit der Studenten derart anzuregen, daß ein kontinuierlicher Dialog möglich ist. Für einen Psychologen oder einen anderen Fachmann, der seine Arbeit enger mit den Hauptproblemen der Architektur verknüpfen möchte, wird es taktisch klug sein, wenn er versucht, seine Arbeit mit Begriffen zu erläutern, wie sie ein Student, der Architekt werden will, im Laufe seines Studiums entwickelt. Der Architekt, der mehr über die Besonderheiten der Forschung erfahren will, wird gut daran tun, zugleich mit Architekturphilosophie und -methodologie etwas über Forschungsphilosophie und -methodologie zu erfahren und sich dabei nicht nur mit den Ergebnissen zu begnügen. Was ich sagen wollte, ist: wir sollten die Forschung so betreiben, als ob wir Lehrer wären. Dann wird sich zeigen, ob wir auf diese Weise die Mittlerfunktion der Forschung erfüllen können.

Was ist Architekturpsychologie?

Der Begriff »Architekturpsychologie« ist neu und widerborstig genug, um uns neugierig zu machen, was er wohl bedeute. Ein großer Teil der Diskussion darüber sucht – explizite oder implizite – nach einer Begriffsbestimmung für das Tätigkeitsfeld, das durch diesen Begriff abgedeckt wird. In der Hoffnung, daß ich einige Bezugssysteme damit ins Wanken bringe, möchte ich die Möglichkeit in Betracht ziehen, daß Architekturpsychologie Architektur und Psychologie zugleich ist, und zwar deshalb, weil es nützlich ist anzunehmen, daß Architekten und Psychologen dieselbe Sache betreiben.

Die Ähnlichkeit zwischen dem, was ein Architekt und was ein Psychologe tut, ist so wesentlich für ihre Arbeit, daß man eine vorsätzliche Schranke für ihr gegenseitiges Verständnis aufrichten würde, wollte man sich zu diesem frühen Zeitpunkt des Spieles auf ihre Unterschiede konzentrieren. Architekten wie Psychologen stoßen, wenn sie versuchen, die für sie jeweils interessanten, wichtigen und erforschbaren Probleme zu definieren, auf die ganz natürliche Schwierigkeit, damit eine Forschung auf den Plan zu rufen, die entweder als schlechte Psychologie oder aber als unergiebig für die Architektur angesehen wird.

Diese Schwierigkeit könnte bis zu einem gewissen Maße überwunden werden, wenn beide Parteien in der Lage wären, eine im Grundsatz größere Ähnlichkeit zwischen ihren Berufen zu sehen, wobei sie von der Vorstellung absehen sollten, daß der eine mehr »Handwerk«, während der andere eine wissenschaftliche »Disziplin« ist.

Um zum Kern zu kommen, möchte ich eine Reihe von Ideen untersuchen, die der verstorbene George Kelly [1.1] mit seiner allgemein gültigen Theorie »personal construct«-Theorie* vorgelegt hat (siehe auch Bannister [1.2] und Guttman [10.1]).

Kelly ging davon aus, daß alle Menschen – als Personen, nicht so sehr als physiologische Mechanismen betrachtet – »Wissenschaftler« seien.

Seiner Theorie liegt die Annahme zugrunde, daß »die Art und Weise«, wie Ereignisse antizipiert werden, die psychologischen Vorgänge im Menschen kanalisiert. Kelly betrachtet den Menschen als ein vorhersagefähiges, vorausschauendes Wesen, dessen wichtigstes Problem es ist, die von ihm erlebten Ereignisse besser zu interpretieren und zu verstehen, indem er sie unablässig zu rekonstruieren sucht. Der Mensch ist nicht träge; um zu handeln, bedarf er nicht der Motivation, er braucht keinen Anreiz, um munter zu werden, noch läßt er es zu, sich von vergangenen Ereignissen leiten zu lassen.

Er ist voller Tatendurst, er ergreift die Initiative, und seine Handlung wird bestimmt durch die Art und Weise, in der er zukünftige Ereignisse antizipiert. Als der Wissenschaftler, der er ist, formuliert der Mensch Theorien durch Induktion und Deduktion, er kommt auf Hypothesen und leitet Voraussagen ab, er beobachtet den Ausgang von Ereignissen in bezug zu seinen Voraussagen und er ändert seine Theorien dementsprechend ab. Jede Person entwickelt für sich eine theoretische Struktur, ein System ihrer persönlichen Konstrukte, mit deren Hilfe sie befähigt wird, die Zukunft gedanklich vorwegzunehmen und die so zu einem besseren Verstehen und einer besseren Voraussage künftiger Ereignisse führen.

Eine Theorie der Rückbezogenheit auf sich selbst

Kelly war bemüht, Psychologen zu zeigen, daß seine Theorie Rückwirkungen auf sie selbst hatte. Wichtig dabei ist, daß Psychologen mit Hilfe der Theorie der persönlichen Konstrukte in der Lage sind, ihr eigenes Verhalten als Psychologen mit denselben umfassenden Begriffen zu erklären oder aufzuzeigen, mit denen sie das Verhalten ihrer Studienobjekte gliedern. Geradeso wie sie Systeme von Konstrukten entwickeln, um das Verhalten von Menschen und ihre psychologischen Prozesse immer besser antizipieren zu können, so müssen sie auch akzeptieren, daß diese Menschen ihrerseits aktive Interpreten der in der Welt vor sich gehenden Ereignisse sind. (Von daher betrachtet tut der Psychologe beachtlich mehr als nur einfach Verhalten beobachten; einmal beobachtet er das Verhalten, zum anderen aber schafft er die Voraussetzung, die diesem Verhalten die heutige und künftige Gestalt gibt.)

* Theorie der Persönlichkeitsstruktur oder ihrer Elemente. Diese Elemente werden im folgenden, angelehnt an das englische Original, »Konstrukte« genannt. Allgemeiner: Konstrukte = »Bezeichnung für hypothetische Kategorien zur umfassenden Beschreibung oder Erklärung des Verhaltens im Rahmen eines bestimmten Bezugssystems (Modell)« (s. Wörterbuch zur Psychologie / James Drever, W. D. Fröhlich / München 1968).

D. Übers.

Psychologe sein kann man in dem Begriff »eine Person sein« zusammenfassen. Man muß keineswegs glauben, daß jemand nur deswegen, weil er ein Psychologe ist, von allen anderen völlig verschieden ist. Diese Zusammenfassung von Kellys Grundtheorie ist unvollständig, doch genügt dies, um einen ihrer für uns wichtigsten Grundzüge aufzuzeigen, nämlich die Möglichkeit, daß ein berufliches Interesse für Menschen auf diese Tätigkeit selbst zurückwirkt.
So können wir auch fragen, ob der Architekt eine im wesentlichen von seinem Auftraggeber verschiedene Rolle spielt. Der Auftraggeber in seiner Rolle als »wissenschaftlicher Mensch« fügt in die gebaute Umwelt, die ihm entgegentritt, das Abbild vergangener Ereignisse ein. Diese Vorkommnisse können seine eigenen Gedanken sein, seine Gefühle oder sein Verhalten in bezug zur Umwelt, oder es können die anderer Leute sein – seiner Angestellten, Studenten, Kinder, Patienten usw. Vor allem ist er daran interessiert, Mittel zu erhalten, um bessere Konstrukt-Systeme zu entwickeln, die ihn Umweltereignisse antizipieren lassen und ihn befähigen, diese zu verstehen, zu erklären und in ihnen einen Sinn zu erkennen. Der Architekt wiederum ist traditionsgemäß bisher daran interessiert gewesen, die Umwelt so zu verbessern, daß der Auftraggeber – entweder als Einzelperson oder als soziale Gruppe – irgendeinen Weg finden kann, sich darin eine menschlichere und geordnetere Existenz aufzubauen. Der Architekt aber, der den Wunsch hat, wirklich auf seinen Bauherrn einzugehen, muß versuchen, dessen »Konstrukt-System« zu interpretieren; nur so kann er ihm vielleicht die Möglichkeit bieten, in der Baugestalt Ereignisse zu rekonstruieren und die Geschehnisse in der Umwelt auf neue und womöglich wirksamere und genußreichere Weise zu betrachten. Der Auftraggeber seinerseits wird gewahr werden, daß es seine Sache ist, das Konstrukt-System des Architekten zu beeinflussen, wenn er die formale Organisation und die Bedeutung verstehen soll, die der Architekt in seinem neuen Bau vorgeschlagen hat. Trotz ihrer verschiedenen Tätigkeits-Inhalte haben sowohl Architekten als auch Psychologen eine grundsätzliche Ähnlichkeit: sie liegt im Spielraum einer Auftraggeber-Auftragnehmer-Beziehung. Die Vertreter beider Berufsgruppen heben diese Beziehung häufig auf: der Psychologe, indem er darauf besteht, daß seine Untersuchung wertlos sei, wenn die Leute, die er untersucht, begreifen, was er tut; der Architekt, indem er formale Architektur ohne Bezug zum Menschen hinstellt, »fertige« Gebäude, die man weder verändern noch beeinflussen kann.
Beide Einstellungen entstammen einem falschen Respekt vor »Gewißheiten« und fixierten Zuständen. Sie leugnen das Engagement und die Verpflichtung, die diese Tätigkeiten im Kern bestimmen sollten. Ich werde auf diese Punkte später zurückkommen.

Der Mensch als Wissenschaftler

Ich habe einige Begriffe eingeführt, die einer gründlicheren Erklärung bedürfen. Nehmen wir das Wort »reconstruction«*. Therapeuten, Prediger, Lehrer, Künstler, Liebende, Revolutionäre und Wissenschaftler bieten in dem, was sie tun, ständig Neuordnungen an. Als aktive, antizipatorische Pioniere können wir uns nichts Besseres wünschen. Der Mensch ist ein »wahrer Wissenschaftler«. Er überprüft seine Hypothesen, indem er Voraussagen macht und dann das Ergebnis daraufhin beobachtet, ob sie bestätigt werden oder nicht. Wenn nicht, so revidiert er seine Vorstellungen immer wieder, und selbst wenn sie sich bestätigen, wird er, wie wir hoffen, die Augen offenhalten, um darauf zurückzukommen und sie später nochmals gründlich zu überprüfen. Keine Theorie – und kein »Konstrukt-System« – ist so gut, daß man sie nicht von Grund auf neu ordnen könnte, um unsere Antizipationsfähigkeit zu verbessern. Wir müssen noch nicht einmal abwarten, ob sich unsere Hypothesen bestätigen, um nach besseren Ausschau zu halten. Es gibt eine wissenschaftliche »Meinung«, nach der man keine neue Theorie vorschlagen dürfe, ehe nicht alle anderen begraben sind. Aber es gibt – und nicht zuletzt in der Architektur – hinreichend Gegenbeispiele. Da wir unseren Weg in die Zukunft entlang dem Netzwerk einer Struktur finden, deren Konstrukte sich durch das Entstehen fließender und ganz und gar unwiederholbarer Ereignisse ausbilden, und da es eben unmöglich ist, diese Ereignisse vollständig aufzuzeichnen oder zu wiederholen, müssen wir in der Überzeugung vorgehen, daß eine brauchbare Neuordnung aller Dinge möglich sei.

Der Fortschritt von Wissenschaftlern beider Art, der alltäglichen wie der universalen, wird gemessen an dem Nacheinander brauchbarer Alternativkonstruktionen, die sie auf die Welt anwenden. Großartige Durchbrüche – sowohl einer Disziplin als auch einer Person – werden dadurch erreicht, daß man das aufgibt, was scheinbar klar und bekannt ist und auf der Suche nach einer besseren Neuordnung einen völlig ungeordneten Bereich betritt. Wir müssen nicht bei irgendwelchen unangreifbaren »Gegebenheiten« anfangen; es ist fraglich, ob es überhaupt welche gibt, die völlig frei von Zweifel und Irrtum sind. Wir beziehen unser Wissen nicht aus der äußeren Wirklichkeit, sondern aus der Art, wie wir uns ihr gegenüber verhalten; Wissenschaftsfortschritt ist also die Vorwegnahme einer genauen Annäherungsmöglichkeit an die unendlich weit entfernte vollkommene Struktur wirklicher Vorgänge.

In einer bestimmten Auffassung ist Wahrheit durch die Vergangenheit definiert, durch das wenige an Gewißheit, das uns festzumachen gelungen ist. Danach können wir, da ja die Zukunft chaotisch ist, nur auf der Grundlage des bereits Bekannten vertrauensvoll fortschreiten. Doch das hieße, die Annahmen der Vergangenheit unendlich fortzusetzen, während es uns doch um noch nicht erreichtes Wissen geht. Tatsachen wie in einem Schrein aufzubewahren heißt der

---

* Auch auf Gebäude angewandt ist es mehr als ein nicht sehr geglücktes Wortspiel. (»Reconstruction« heißt auch Neuordnung).

Vergangenheit Weg-Zeichen setzen, während wir doch unausweichlich nach vorwärts verwiesen sind. Es ist unser Nichtwissen, nicht das, was wir schon wissen, das uns zu Neuordnungen im Denken bewegt. Es gibt Leute, die zur Kenntnis nehmen, daß die Wahrheit vor uns liegt, die sich ihr aber, dessenungeachtet, dadurch zu nähern versuchen, daß sie Fragmente von Informationen zusammenstückeln und jede neue Tatsache oder jedes neue Gesetz als Start für ihren nächsten Sprung nach vorne benutzen. Diese Arbeitsweise ist »akkumulativer Fragmentalismus« genannt worden und steht in genauem Gegensatz zu dem »konstruktiven Alternativismus«, den ich beschrieben habe. Mehr und mehr Tatsachen zu sammeln bringt uns keinen Schritt weiter, es sei denn, diese Tatsachen haben die Neuformulierung von Theorien und eine präzisere Annäherungsweise bei der Vorhersage von Ereignissen zur Folge.

Es ist ein Unglück, daß Architektur heute so stark mit technologischen Disziplinen verflochten ist und daß diese Disziplinen, wie oben beschrieben, durch die Akkumulation von Wissensfragmenten voranzukommen scheinen. Es sieht so aus, als wenn Technologen Prämien aussetzen für eine Gewißheit, die aus der Vergangenheit abgeleitet ist und nicht aus veränderten Vorstellungen, die eine wenn auch ungewisse Chance für bessere Voraussagen bieten.

In vielen Fällen läßt sich ihre Haltung verstehen. Aber Architekten und solche Psychologen, die psychologische Abläufe bei Menschen in der gebauten Umwelt studieren wollen, können es sich nicht leisten, in diesem Sinne Fachleute zu sein; sie sollten vielmehr Menschen sein, und das bedeutet, daß sie vornehmlich daran interessiert sein müssen, Alternativen zu entwickeln. Der Psychologe muß so vorgehen, ob er nun Menschen in ihrer Beziehung zur Umwelt zum eigentlichen Gegenstand seiner Studien macht oder ob er den Architekten unmittelbar beim Entwurf der Umwelt zu unterstützen versucht. Die Wechselbeziehung zwischen Mensch und Umwelt scheint schon allein auf der psychologischen Ebene ein so vielfältiges und veränderliches System zu sein, daß es äußerst schwierig ist, sich vorzustellen, wie Vorhersage und Kontrolle von verhältnismäßig kleinen, genau bestimmten und eng begrenzten Ausschnitten von Verhaltensweisen zum gewünschten Endergebnis führen können. Der Architekt entwirft nur selten kleine abgegrenzte Teile der Umwelt für bestimmte unveränderliche Benutzer, und für die meisten seiner Entwurfsaufgaben ist eine bruchstückhafte Information daher vermutlich nutzlos. Ein guter Entwurf fügt nicht nur da und dort neue Elemente in ein bestehendes Muster ein, er erfordert einen unvoreingenommenen beweglichen Blick dafür, wo sich das Problem als Ganzes wandelt, nicht nur in Einzelheiten. Wenn der Psychologe dem Architekten immer wieder nur Teilkenntnisse vermittelt, so ermutigt er ihn damit zum schlechten Entwurf. Das ist einer der Nachteile der Angewandten Psychologie.

Er wird jedoch eine große Hilfe für den Architekten sein, wenn er ihm neue Wege weist, die psychologischen Vorgänge von Menschen in ihrer Umwelt nachzuvollziehen, da er ihm damit einen methodischen Zugang zu einem Gesamtproblem anbietet – eine Theorie, aus der ein Architekt eine ganze Reihe von Hypothesen und Voraussagen für seine Pläne und Entwürfe ableiten kann. Und wenn dem Architekten die Richtung, in die eine Voraussage zielt, nicht gefällt, kann er sie leichten Herzens aufgeben, da sie ja nur auf einer aus der Reihe vieler alternativen Deutungen der Zukunft beruht. Wieviel schwieriger ist es für ihn, die sichere Eindeutigkeit fallenzulassen, die ihm die technologische Methode anbietet, sogar wenn er ihre Folgen für den Entwurf nicht schätzt! Wenn ein Psychologe, der architektonisches Verhalten als Gegenstand um seiner selbst willen untersucht, zu jenen Psychologen gehört, die ich eben beschrieben habe, wird sich zum Schluß herausstellen, daß er es doch nicht im üblichen Sinn nur der Sache wegen tut, sondern vielmehr um anderer Menschen willen. Wenn er andere sich ähnlich verhalten sieht wie er selbst, wird er besonderes Interesse daran haben, ihnen seine Konstrukte zu vermitteln oder ihnen doch zu erlauben, Nutzen aus ihnen zu ziehen – es sei denn, er neigt zu einer Art selbstsüchtiger Verschleierungstaktik, deren Berechtigung ich nicht einsehen kann. Sicher hat er Grund, zunächst die Konstrukt-Systeme anderer zu interpretieren, um besser imstande zu sein, ihre Denkstrukturen und ihr Verhalten vorherzusagen; sein letztes Ziel aber ist es, sein Wissen weiterzureichen, damit sie selbst in die Lage gesetzt werden, genauere Voraussagen von ihrem Verhalten und dem Verhalten anderer zu machen.

Interpretation und Neuordnung

Entsprechend dem Standpunkt, den ich hier vertreten habe, sind beide, sowohl der Architekt als auch der Psychologe, daran interessiert, die Welt zu interpretieren und sie nicht einfach nur dazustellen. Es scheint mir von geringem Wert, zu einer Formulierung menschlicher Prozesse zu gelangen, die sich auf die Vergangenheit stützt und die lediglich versucht, bereits vertraute und festgelegte Verhaltensmuster in mechanischer Weise vorherzusagen und zu überprüfen. Der Architekt kann die Beziehungen, die er zwischen bestimmten Menschen und ihrer Umwelt beobachtet hat, in Form von Bauten darstellen. Aber viel eindrucksvoller ist sicherlich, daß er diese Beziehungen neu interpretiert und damit dem Menschen eine ganz frische Umwelterfahrung ermöglichen kann. Aus der Versteinerung der Vergangenheit entsteht keine Regeneration, keine Neuordnung. Statt mit seinem Planen und Entwerfen die Besonderheiten der von ihm beobachteten Menschen festzulegen, kann er sie dahin bringen, die Welt neu zu interpretieren, sie zu verändern und neue Menschen zu werden.
Durch die verschiedensten Methoden und dadurch, daß er seine Aufmerksamkeit immer wieder auf einen anderen Punkt konzentriert, kann der Psychologe Menschen dahin führen, ihre Umwelt und ihr Verhältnis zu ihr neu zu interpretieren. Er wird dann keine bereits gebauten Neuordnungen anbieten, sondern wahrscheinlich eine viel gründlichere Arbeit leisten, indem er menschliche Konstrukt-Systeme interpretiert, denn das ist das eigentliche Ziel seiner Tätigkeit.
Über Neuordnung und Veränderung spricht man typischerweise im Konjunktiv, nicht im Indikativ. Die Aufforderung, alternative Denkweisen zu entwickeln,

wird in folgender Form gemacht: »Nehmen wir einmal an, daß man Leute dazu ermutigen könnte, einer sitzenden Beschäftigung bei 15° C nachzugehen, was folgte daraus...?«, oder »Wollen wir einmal annehmen, daß Fußböden keine harte Oberfläche hätten, was folgte daraus...?«, oder »Nehmen wir einmal an, daß unsere Angestellten nicht von Grund auf faul und verantwortungslos wären, was folgte daraus für den Entwurf unserer Büroräume...?«
Diese Aufforderung weist uns in die Zukunft und setzt uns in die Lage, einen solchen Hinweis zu prüfen, aufzugeben und neu zu überlegen. Ein Vorschlag wird unterbreitet, eine Möglichkeit, die ganz im Gegensatz zu dem stehen könnte, was nur allzu offensichtlich ist. So geht die Wissenschaft vor: durch etwas, das als eine fantastische Vortäuschung erscheinen kann, nähern wir uns einem besseren Verständnis der Vorgänge. Die Aussagen der angewandten Wissenschaften, die auf sichere Ergebnisse zurückgreifen, sind damit nicht zu vergleichen. Es wäre ein schwarzer Tag für die Architekten, an dem sie – bei der zur Zeit üblichen unsinnigen Paarung ihrer Tätigkeit mit Naturwissenschaften und Technologie – sich dem weitverbreiteten Stereotyp des Wissenschaftlers als eines kargen, auf dem Boden der Tatsachen stehenden, fantasielosen Menschen anpassen würden. Bei vielen ihrer unerläßlichen Routinetätigkeiten können sie sich so verhalten, aber wo es wirklich darauf ankommt, müssen sie mit Vortäuschungen operieren, mit Vorschlägen in Form eines »als ob«. Da, wo es wirklich auf Tätigkeiten des Architekten ankommt, bei seiner engen Beziehung zu seinem Bauherrn nämlich, kann er es sich nicht leisten, ihm in seinem Entwurf Endgültiges anzubieten. Das wird, um dies gleich vorwegzunehmen, diesen Bauherrn in dem, was er in seinem Lebensbereich zu tun und zu erfüllen hat, behindern oder sogar lähmen. Er sollte ihm vielmehr Vermutungen aufbürden oder besser noch, vorschlagen. Das mag ihn zwar verwirren und ängstigen, aber dieses Risiko muß er auf sich nehmen.

Dem Bauherrn Gewißheiten aufzudrängen ist ein bequemer Weg, um einer echten Beziehung zu ihm auszuweichen. Es ist angenehmer, ein Experte zu sein als ein Mensch. Es ist leichter, sogenanntes Wissen anzubieten, anstatt die Erfahrung zu machen, wie man seinen Kunden allmählich kennenlernt, anstatt sein Konstrukt-System zu ermitteln, zu entdecken, wo dessen Schwächen liegen und wo es für eine Änderung durch einen bestimmten Entwurf offen ist. Ohne eine solche Erfahrung des Konstrukt-Systems einer Person und dessen Möglichkeiten, sich so oder so zu verändern, kann kein Entwurf wirksam werden, es sei denn, daß er durch einen glücklichen Zufall alle diese Forderungen erfüllt. Dasselbe gilt für den Psychologen auf dem Gebiet architektonischer Probleme. Nur wenn er sich ganz entschieden auf die Interpretation und Neuordnung der Persönlichkeit eines Menschen einläßt, der gezwungenermaßen oder freiwillig einer Periode großer Veränderungen entgegensieht, wird es ihm gelingen, bei anderen Veränderungen auszulösen oder ihnen Mittel dazu vorzuschlagen. Es gibt an jedem Punkt einer Entwicklung so viele alternative Konstrukt-Systeme, daß es unermüdlicher Aufmerksamkeit bedarf, um sie alle zu erfahren. Wie unabhängig auch immer ein Psychologe sein möchte, er kann, wenn er seine Aufgabe wirklich

erfüllen will, ein solches Engagement nicht vermeiden. Das alles geht für den Architekten weit über ein Engagement hinaus, und so sollte es auch für den Psychologen sein. Es ist eine Frage der Verpflichtung. Sobald jemand über die Antizipation von Vorgängen hinausgeht und versucht, sie zu beeinflussen oder tatsächlich zu verändern, hat er sich unwiderruflich verpflichtet. Er hat sich entschieden, selbst ein Ereignis in der gleichen Welt zu sein, sich selbst zu einem Vorgang oder Ereignis zu machen. Veränderungen herbeizuführen oder andere dazu zu bringen, die Welt umzugestalten, erlegt allen, die das tun, eine sehr schwerwiegende Verantwortung auf, Architekten und Psychologen eingeschlossen.
Der wissenschaftliche Hang, eine Theorie zu entwickeln, die vielleicht zu besseren Voraussagen über die Zukunft befähigt, entstammt nicht dem akademischen Wunsch, beobachtend beiseite zu stehen und selbstzufrieden festzustellen, daß man von Ereignissen weniger überrascht wird als andere; er entstammt nicht dem Bedürfnis, sie dadurch zu beeindrucken, daß es ihnen zunehmend besser gelingt, sichere Voraussagen zu treffen. Die Welt ist nicht nur eine Abfolge von Vorgängen oder eine Darbietung interessanter Gegenstände. Zweck der Voraussage ist einzugreifen, und das wiederum ist ein Mittel der Neuordnung und Umgestaltung. Wir versuchen, antizipierte Vorgänge umzulenken, indem wir in sie eingreifen. Dabei hoffen wir, daß dies uns befähigen wird, neue Beziehungen zu beobachten, die zu einer veränderten Betrachtungsweise der Welt anregen könnten. Wir sind daran interessiert, die Implikationen unseres eigenen Eingreifens zu deuten und greifen ein, weil wir meinen, vielleicht einen Vorgang oder eine Beziehung übersehen zu haben. Der Architekt greift in unsere Umwelt ein, um seine Voraussagen zu prüfen und seinen Auftraggebern und sich selbst neue vorzuschlagen. Die Voraussagen, an denen ein Architekt interessiert ist, können kaum überprüft werden, ohne daß er in das Umweltgeschehen eingreift. Man sollte aber betonen, daß eine solche Überprüfung seiner Überzeugung nach lohnt, da hier die Möglichkeit für ein besseres Verständnis der Mensch-Umwelt-Beziehung liegt. Es ist ein glücklicher Umstand, daß der Architekt die Mittel, mit denen er seine Voraussagen anstellt, sichtbar hinterläßt, weil wir dadurch gezwungen sind, alle damit zusammenhängenden Umstände zu interpretieren. Da diese niemals die endgültige Lösung des Problems »Mensch–Umwelt« anzeigen, mahnen sie uns fortwährend daran, das Problem sowie die Beziehungen, die wir beobachten, neu zu überdenken.
Das unmittelbare Eingreifen des Psychologen drängt sich weniger auf. Die meisten Leute, die sich durch Psychologen beängstigt fühlen, sind durch deren Rolle als neutrale Beobachter ihres eigenen Verhaltens verwirrt. Der Umstand, daß sie ohne unmittelbaren Zugang zu ihrem Konstrukt-System als Person verstanden werden können, ist ihnen unangenehm. Dieses Vorgehen ist einerseits ungehörig, da es gerade die Konstrukt-Systeme sind, die eine Person als psychologische Einheit ausmachen. Wenn man andererseits zugibt, daß sich einige Konstrukt-Systeme zum großen Teil aus beobachtetem Verhalten ableiten lassen, könnte es als Exploitation betrachtet werden. Denn natürlich verwendet der Psychologe die Konstrukt-Systeme anderer, um sich in seiner Berufsrolle und vielleicht auch als Person weiterzuentwickeln. Wenn jedoch der Psychologe wirklich

eingreift, und zwar in einem solchen Ausmaß, daß er sich verantwortlich fühlt für die Persönlichkeitsentwicklung anderer, wird sein Eingreifen wahrscheinlich als viel weniger störend bemerkbar werden.

Die Wichtigkeit der Kommunikation

Ich begann meinen Vortrag, indem ich darauf anspielte, wie wichtig Kommunikation in der Forschungstätigkeit ist. Beteiligtsein bedeutet Kommunikation. Zu oft entwirft der Architekt, was ihm vorgeschrieben wird, und liefert es ab. Wenn der Bauherr es nicht gebrauchen kann, um so schlechter für diesen. Aber ist es die Aufgabe des Architekten, lediglich darauf zu achten, daß Gebäude nach gewissen vagen Angaben errichtet werden? Liegt es nicht vielmehr in seiner Verantwortung, dafür zu sorgen, daß der Bauherr sein eigenes Verhalten auf eine Weise verändert und neu strukturiert, die es womöglich wirksamer und ausgeglichener macht? Wenn er will, daß der Bauherr seine Haltung der Umwelt gegenüber und sein Verhalten in bezug auf sie ändert, muß er seine Konflikte, Besorgnisse und Neigungen verstehen; er muß die Art, wie sein Auftraggeber Vorgänge in der Welt zu antizipieren sucht – und zu diesen Vorgängen gehören seine Beziehungen zu seiner besonderen Umwelt – als System begreifen. Ein guter Architekt spielt eine entscheidende Rolle in dem persönlichen Vorstellungs- und Begriffssystem seines Auftraggebers, und das muß er auch, um seine Ziele zu erreichen. Er will ihn nicht in ein Gebäude hineinstoßen und ihn diesem überlassen, sondern er versucht, ihn dazu zu bewegen, seine Umwelt und sich selbst neu zu organisieren und zwar so, daß er sie besser verstehen und nutzen kann. Am ehesten sind solche Veränderungen über verschiedene Wege der Kommunikation zu erreichen.

Der Psychologe, der an Architektur interessiert ist, tut, wie ich ja die ganze Zeit betonte, vieles, was zur Tätigkeit des Architekten parallel läuft. Kommunikation ist gleichermaßen entscheidend für seine Ziele: ob er nun seine jeweiligen Auftraggeber dazu befähigen will, ein klareres Verhältnis zur Umwelt zu gewinnen, wenn sie vor ganz bestimmten Problemen stehen; oder ob es ganz allgemein um ein besseres Verständnis von individuellen Konstrukt-Systemen geht und gleichzeitig darum, Architekten oder anderen einige Hypothesen an die Hand zu geben, die ihnen eine Orientierung auf die Zukunft hin erleichtern. Nur wenn die Forschung des Psychologen – falls er seine Arbeit als solche versteht – im Rahmen solcher individueller Wahrnehmungssysteme erfolgt, nur wenn dieser sieht, inwieweit sie außerhalb liegt und welche Umstrukturierung er angehen muß, um seine Arbeit assimilierbar zu machen, nur dann arbeitet er nicht ins Leere.

Ein überflüssiger Begriff

Ich hoffe, daß jetzt verständlich wird, warum ich kein schriftliches, auf harten Tatsachen aufbauendes Konzept liefern wollte. Ich schätze solche Konzepte keineswegs gering – sie passen durchaus in unser Interessengebiet. Aber sowenig wie Architekten es sich leisten können, bloße Technologen zu sein – die Wissenschaftler hier, die an psychologischen Prozessen interessiert sind, können es sicherlich noch weniger. Es schien mir zu diesem Zeitpunkt so wichtig, in einer umfassenden Weise zu versuchen, das zu verstehen, was wir alle tun, so daß ich nicht wagte, Sie mit Bruchstücken einer etablierten Denkordnung zu beschweren und damit Ihr Konstrukt-System an die Kette zu legen, wie man es von mir verlangt hatte. Ich will nicht versuchen, Ihre festgefügten Vorstellungen von Wissenschaft oder solche, die Sie beim gegenwärtigen Stand der Dinge zeitweise für angemessen halten mögen, über den Haufen zu werfen. Ich habe versucht, einen Zugang zu unserer Problematik zu zeigen, der hinreichend allgemeingültig ist, um die Gemeinsamkeiten zwischen Architekten, Psychologen und allen anderen Menschen deutlich zu machen. Ich hoffe, daß ich es vermieden habe, Psychologie auf Architektur anzuwenden, daß ich meine Aufgabe erfüllt und eine Interpretation von beiden angeboten habe, die beide befähigt, zusammenzuarbeiten. Und damit könnte der Begriff »Architekturpsychologie« überflüssig werden.

David V. Canter

Sind die Benutzer von Gebäuden als Personen oder Gegenstände zu behandeln?

Zusammenfassung des Herausgebers

Die verschiedenen Anreize, Forschung auf Gebieten zu betreiben, in denen Architektur und Psychologie sich überlagern, sowie die verschiedenen Annahmen, aus denen diese Anreize sich erklären. Es wird gezeigt, wie diese unterschiedlichen Annahmen zu verschiedenen Ansätzen führen, sowohl innerhalb der durch eine Tätigkeit bestimmten Rolle als auch im Verhalten gegenüber Benutzern von Gebäuden. Diese Grundhaltungen sind dadurch gekennzeichnet, daß einmal Menschen als Subjekte behandelt werden, deren Erfahrung interessiert, das andere Mal als Objekte, deren Verhalten interessiert.
Anschließend wird eine Forschung über Sitzplatzwahl in Seminarräumen und über individuelle Unterschiede in der Reaktion auf die dingliche Umwelt beschrieben, um zu erläutern, wie wichtig die Koppelung beider Ansätze ist.

Motivationen der Forschung

Einer der Gründe, warum der Bereich der Architektur eine solche Anziehung auf Psychologen ausübt, ist womöglich in der Tatsache zu suchen, daß man es hier auch damit zu tun hat, Entscheidungen über die wirkliche Welt zu treffen. Der Entwurf von Gebäuden muß Psychologen manchmal an die Versuche erinnern, von denen sie träumen. Verglichen mit traditionellen Forschungsstandards läuft die Untersuchung kontinuierlich, die Zahl der betroffenen Subjekte ist unendlich und die Hilfsquellen, um einen solchen Forschungsapparat aufzubauen, sind großartig. Die Möglichkeit ist gegeben, einen Vorgang in Lebensgröße, außerhalb der einschränkenden Bedingungen des Laboratoriums, zu beeinflussen und zu beobachten. Der Architekturpsychologe ist eine Person, deren Beweggründe für die Forschung sich von denen vieler akademischer Kollegen unterscheiden. Gerade dieser Unterschied hat ihn wahrscheinlich dazu gebracht, Interesse auch an Problemen zu haben, die nicht unbedingt als Kernprobleme der Psychologie betrachtet werden. Man könnte womöglich viel über die Probleme, Hypothesen und Ereignisse erfahren, aus denen Architekturpsychologie heute besteht, wenn man verschiedene Beweggründe von Forschern auf diesem Gebiet untersucht.
Der »Psychologie-Architekt« (dieser Begriff wird mangels eines passenderen Begriffs gewählt) wird oft dadurch zu diesem Gebiet hingezogen, daß er, wenn auch noch fern, die Möglichkeit sieht, Gebäude herzustellen, von denen Menschen beeinflußt oder die von ihnen so benutzt werden, wie es der Architekt wirklich beabsichtigt hat. Er hält nach grundsätzlichen Informationen Ausschau, die ihn

befähigen, die erwünschten subjekt-objekt-bezogenen Wirkungen zu erzielen. Manchmal artikulieren Architekten diesen Bedarf in der Frage, wann wohl die Psychologen ihren »Leistungskatalog« vorlegen können. Dieses unschätzbare Dokument würde Listen aller Größen, Formen und Beziehungen enthalten, die in Gebäuden möglich sind, und gleich daneben würden die Reaktionen darauf genau nach DIN klassifiziert – nach Angaben aus sehr kleinen Bevölkerungsgruppen – aufgeführt sein.

Menschliche Motivationen

»Architekturpsychologen« und »Psychologie-Architekten« sind beide von dem Wunsch bewegt, zu begreifen, wie genau Gebäude auf Menschen wirken. Diesem Wunsch liegen Annahmen über die Ursache menschlicher Aktivität zugrunde. Beide Gruppen nehmen an, daß irgend etwas das Verhalten bestimmt. Die Meinungsunterschiede, die in bezug auf diese Annahme bestehen, teilen die Architekten und Psychologen in zwei Lager. Diese Differenzen können so zusammengefaßt werden: einige Forscher scheinen zu denken, daß Menschen sich aus sich selbst bewegen, und andere, daß sie geschoben werden. Das bedeutet, daß einige theoretische Formulierungen sich aus der Vorstellung zu entwickeln scheinen, Menschen würden durch Kräfte angetrieben, die entweder tief in ihnen selbst ruhen oder aber vollständig von außen her auf sie einwirken, Kräfte jedenfalls, die sie immerzu in Bewegung halten und die schwierig zu kontrollieren sind. Andere Theorien gehen davon aus, daß die Menschen versuchen, ihre Umwelt zu verstehen und zu ordnen und ihr eine annehmbare Gestalt zu geben, um sie dadurch in den Griff zu bekommen.

Die Vertreter beider Positionen werden zu Formulierungen über menschliches Verhalten veranlaßt, die unmittelbar von ihren Grundüberlegungen beeinflußt sind. Sie nehmen auch grundverschiedene Haltungen ein gegenüber ihrem Versuchsmaterial, dem Menschen. Diese Überlegungen haben folglich eine weitreichende Wirkung auf die Art der Probleme, die zu lösen sie sich anschicken, und auf die Methoden, die ihnen hierfür angemessen erscheinen. Die Einstellung der einzelnen »Umweltwissenschaftler« (wenn man so will) gegenüber den Menschen, die ihnen Versuchsdaten liefern, ist der wichtigste Begleitumstand der verschiedenen Grundannahmen. Diejenigen Theoretiker, die davon ausgehen, daß die Menschen von außen angetrieben werden, betrachten ihre Subjekte von außen, und dies so sehr, daß es angemessen wäre, sie Objekte zu nennen.

Definition aus Chambers Dictionary: »Subjekt – ein Ding, das unabhängig bestehen kann; die Vernunft wird als die denkende Kraft betrachtet und dem Objekt entgegengesetzt, über welches es nachdenkt.«

Die Forschung, die von solchen Theoretikern betrieben wird, hat es mit »*sprachlosen*« Mechanismen zu tun, deren innere Vorgänge nur mittels äußerer Handlungsabläufe erklärt werden können. Ihre Forschungsobjekte sind nicht als Menschen der uns bekannten Art zu erkennen, sondern weit eher sehr komplexe

Primaten, die von – manchmal dunklen – Urtrieben beherrscht werden. Sie verkehren miteinander durch einfache Signale oder Ausdrucksübertragung und auf der Grundlage abstrakter räumlicher Regeln, die aus angeborenen Bedürfnissen abgeleitet werden. Es ist überflüssig zu sagen, daß es für diese Theoretiker leichter ist, Tiere als Studienobjekte zu benutzen als wirkliche Menschen, und es gelingt ihnen gewiß eher, ihre detaillierten theoretischen Formulierungen aus Untersuchungen abzuleiten, die anhand einfacher und oft bedeutungsloser Aufgaben mit Tieren oder Laboratoriumsobjekten angestellt wurden. Die Vertreter der anderen Theorie – jene also, die davon ausgehen, daß Menschen sich im wesentlichen aus sich selbst bewegen – benutzen Menschen häufig als Subjekte in ihren Experimenten. Diese Subjekte sind oft bemerkenswert »*gesprächig*«. Es wird angenommen, daß sie mehr oder minder genau wissen, was sie von ihrer Umwelt erwarten. Sie sind sich bis zu einem Grade der Methoden bewußt, durch die sie mit ihrer dinglichen Umwelt in eine Wechselbeziehung treten, und sie haben ständig den Wunsch, diese zu ändern und schöpferisch zu gestalten, damit sie ihren eigenen Vorstellungen entsprechen. Diese Subjekte sind dann aktiv und zielstrebig handelnde Organismen. Sie wissen, was sie wollen, und sie nehmen jede Gelegenheit wahr, es zu bekommen. Folglich ist die Befragung der beste Weg, diese Subjekte zu studieren und festzustellen, welche Umwelt ihnen angemessen ist.

Der Unterschied zwischen diesen beiden Einstellungen zum Problem wird am besten durch die Gegensätze verdeutlicht, die zwischen ihnen bestehen. Wenn die erste Gruppe von Theoretikern Auskunft gibt über ihre Untersuchungsobjekte, weigert sich die zweite Gruppe, diese Objekte als Menschen anzuerkennen und besteht darauf, daß sie aller Menschlichkeit beraubt worden seien. Wenn aber die zweite Gruppe Einzelheiten aus den Antworten ihrer Subjekte mitteilt, besteht die erstere darauf, daß diese Antworten wertlos sein müssen, da kein Subjekt sich selbst objektiv sehen könne. Ja selbst, wenn eine Person das könnte, würde sie hinter den Handlungen des Untersuchers verborgene Anlässe vermuten und würde demzufolge die eigenen Antworten abwandeln, um dadurch den Untersucher zu veranlassen, so auf sie zu reagieren, wie sie es will.

Berufliche Rollen

Am Anfang sagte ich, daß einer der Hauptanziehungspunkte der Architekturpsychologie für Mitglieder der beiden beteiligten Berufsgruppen in der Möglichkeit liege, Verhalten zu beeinflussen oder Entscheidungen zu fällen, die für viele Menschen wichtig sind. Diese Anziehungskraft kann als allgemeines politisches Bewußtsein und als Interesse an der Gesellschaft betrachtet werden. Als Folge werden aus den jeweils verschiedenen Hypothesen über Menschen wahrscheinlich Berufsrollen entstehen, die von verschiedenen politischen Neigungen bestimmt sind. Wenn jemand seinen Bauherrn oder Gebäudenutzer als Objekt betrachtet, dann ist es wahrscheinlich, daß er alles besser weiß, und ihm also eine *autoritäre*

Lösung des Problems am angemessensten erscheinen wird. In den meisten Berufen verhält man sich so gegenüber den Empfängern der angebotenen Dienstleistungen. Diese Terminologie soll keineswegs eine ablehnende Haltung gegenüber einer solchen Einstellung andeuten. Bei vielen Gelegenheiten gehört es entscheidend zu einer Berufsrolle, den Kunden zu überreden oder dahingehend zu beeinflussen, daß er sich in einer ganz bestimmten Weise verhält. Wenn man den Benutzer als Subjekt betrachtet, so führt das zu einer Annäherung an die Berufsrolle, die man *demokratisch* nennen könnte. Wenn diese Rolle oft gespielt wird, ist es das Ziel des beruflichen Kontaktes, herauszufinden, was der Benutzer oder Auftraggeber verlangt, und einen Prozeß in Gang zu setzen, der ihn befähigt, das, was er haben will, auch zu bekommen. Die Aufgabe des »Umweltwissenschaftlers« entspricht dann einem Kommunikationskanal. Er muß so genau wie möglich herausfinden, was die Leute wünschen; vielleicht hat er es auszulegen und an den Entwerfer weiterzugeben. Ich hoffe, es ist inzwischen deutlich geworden, daß die zweite Serie von Auffassungen den Studien über Benutzer-Bedürfnisse zugrunde liegt (welche höchst interessanterweise von Regierungsstellen entwickelt wurden), während die erste Serie viele akademische Ergüsse zutage fördert, wie zum Beispiel die Theorien über den Anspruch auf Lebensraum oder die Reiz-Reaktionstheorie.

Forschungsprobleme

Die oben beschriebene Zweiteilung stellt natürlich nur eine theoretische Annäherung an das dar, was wirklich existiert. Nur wenige Individuen bleiben immer auf einer Seite des Zaunes sitzen und wagen sich niemals zur Tür des Nachbarn. Der Zaun zieht sich in der Tat quer durch ein so schwieriges Gebiet, daß viele Leute, womöglich ohne zu wollen, ebensoviel Zeit auf der einen wie auf der anderen Seite verbringen. Ich selbst bin da keine Ausnahme. Ich meine jedoch, daß es uns hilft, zentrale Forschungsprobleme zu bestimmen, wenn wir uns dieser Unterscheidung bewußt sind; und daß es dazu beiträgt, Situationen aufzuzeigen, in denen der eine Ansatz tatsächlich zur Lösung eines Problems beitragen kann, das sich vom anderen Ansatz her stellt. Um die Schwierigkeiten anschaulich zu machen, die dadurch auftreten, daß jemand stets nur auf einer Seite steht, schlage ich vor, sich mit zwei Gruppen von Untersuchungen zu beschäftigen, die ich entwickelt habe, und aus ihren Ergebnissen ein Vorgehen abzuleiten, das die beiden obengenannten Methoden miteinander verbindet.

Wahl eines Sitzplatzes

Eine der Theorien, die den Menschen weitgehend als Objekt behandelt, erklärt den Abstand, den sie voneinander halten, mit Begriffen wie »territoriale Situation« beziehungsweise »persönlicher Bereich«. Man vermutet darin (siehe Hall [9.1]

zum Beispiel) einen womöglich angeborenen Mechanismus und erachtet es als sicher, daß dieses Verhalten analog zu den bei Tierversuchen beobachteten Erscheinungen ist. Nehmen wir an, daß individuelle Territorien um jeden einzelnen herum in Form von Feldern oder »Blasen« existieren. Dann kann ein bestimmtes Verhalten als Versuch gewertet werden, zu verhindern, daß eine Blase zerstört oder ein Feld betreten wird.
Faszinierende Forschungsversuche in dieser Richtung hat Sommer [9.2] angestellt. Er hat dabei gezeigt, daß in zahlreichen ganz bestimmten Situationen ein Verhalten zu beobachten ist, das mit der Annahme von »Blasen« oder mit einer Theorie des »Individualraums«, wie Sommer ihn nennt, übereinstimmt.
Die Vorteile dieses Ansatzes sind, wenn die Einzelheiten nur festgelegt werden könnten, für den autoritären Architekten natürlich ungeheuer. Wenn die Menschen sich wirklich in ihrem Verhalten an verhältnismäßig einfache Regeln halten, die ihnen Anstöße geben und zwar unterhalb ihrer bewußten Wahrnehmung, dann sollte es möglich sein, Räume zu entwerfen, die einen Vorteil von diesen Regeln hätten. In Strathclyde waren wir vor allem an einem Raum interessiert – an einem Seminarraum – und hier wiederum besonders an der zwischenmenschlichen Entfernung, nämlich der zwischen Studenten und Lehrer. Wie ließen sich Seminarräume entwerfen, die diese Entfernung optimieren? Unser Interesse für dieses Problem entwickelte sich an der Beobachtung, daß Studenten häufig im Hintergrund eines Raumes Platz nehmen, auch wenn es freie Plätze im vorderen Teil gibt. Wir fragten uns, ob dies auf das Wirksamwerden des »persönlichen Bereichs« hindeutete, und auf den Versuch, die Entfernung zum Vortragenden oder zur Rückwand des Raumes zu optimieren.
Wir prüften dieses Problem zweifach, durch Fragebogen und durch Beobachtung. Ich werde mich nur mit dem Beobachtungsergebnis befassen. Die Fragebogen bestätigen diese Ergebnisse voll und ganz.
Ein Vorlesungsraum in der Architekturabteilung wurde gewählt. Im ersten Fall wurden die Stühle in einem Halbkreis angeordnet, wie Abb. 1 zeigt. Gruppen von jeweils acht Studenten wurden gebeten, in diesen Vorlesungsraum zu gehen und an einem Experiment teilzunehmen. Wenn sie den Raum betraten, wurden sie von einer Lehrperson angesprochen und erhielten Fragebogen. Man bat sie dann, Platz zu nehmen und die Fragebogen auszufüllen. Die Lehrperson notierte die Plätze, die die Studenten einnahmen.
Diese Situation wurde unter zwei Bedingungen durchgespielt. Bei Fall eins war die Lehrperson ungefähr einen halben Meter von den Studenten entfernt (A), im zweiten Fall betrug die Entfernung etwa zwei Meter von der ersten Reihe (B) (Abb. 1).
An beiden Versuchssituationen waren drei Studentengruppen beteiligt. Es wurde untersucht, ob die Reihe oder der Winkel der Stühle (zur Raumlängsachse), die unter den beiden Bedingungen besetzt wurden, sich irgendwie unterschieden. Es konnten keine signifikanten Unterschiede festgestellt werden. Es trat jedoch ein klares Muster unter beiden Bedingungen auf. Wie Abb. 1 zeigt, ist ein Hang bei den Studenten festzustellen, sich zu beiden Seiten der Symmetrielinie des

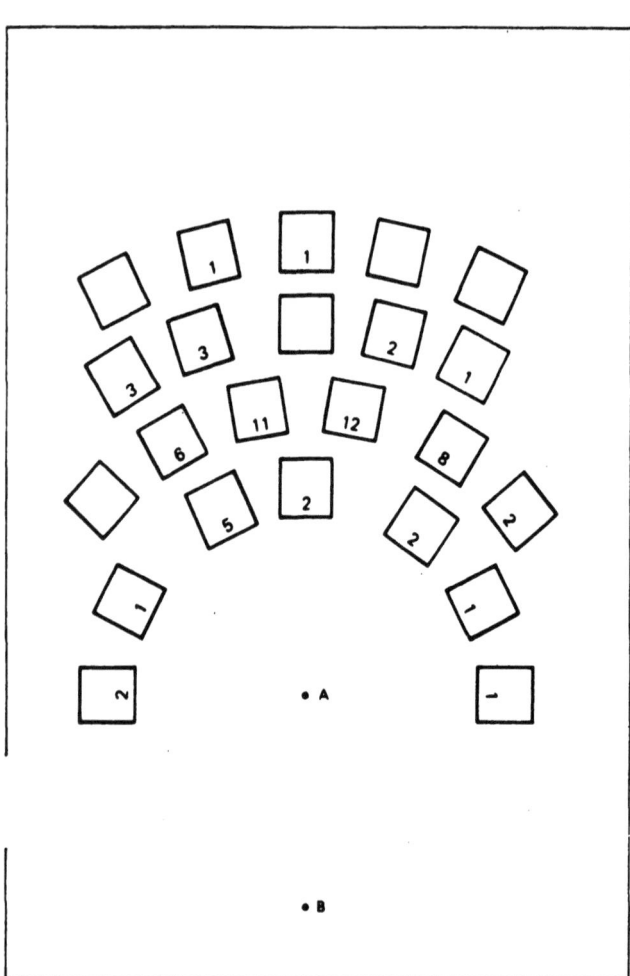

A = »Naher« Standort des Vortragenden
B = »Entfernterer« Standort des Vortragenden

Abb. 1: Häufigkeit, mit der jeder Platz von einem Studenten eingenommen wurde, bei insgesamt über vier Versuchen mit »nahem« Standort des Vortragenden und vier Versuchen mit »entfernterem« Standort des Vortragenden

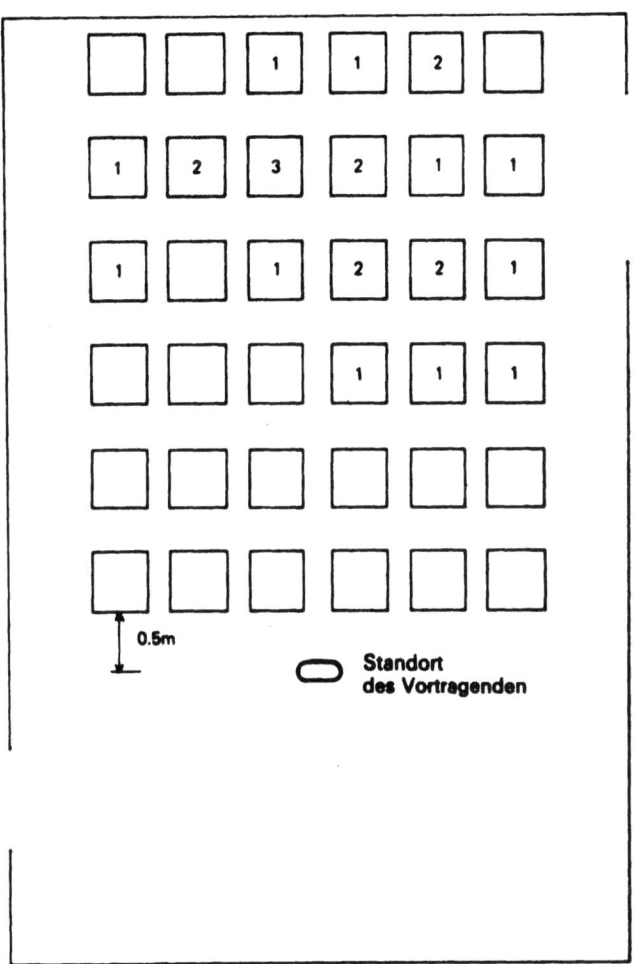

Abb. 2: Häufigkeit der Platzwahl in rechtwinklig angeordneter Möblierung während drei Sitzungen, bei denen der Vortragende »nah« war

Halbkreises hinzusetzen. Das bedeutet, daß, unabhängig von der Entfernung des Lehrers, Lernende nicht gern in seiner Blickrichtung sitzen möchten.
Eine der Schwierigkeiten eines autoritären Verhaltens gegenüber Menschen wird in diesem Ergebnis offenkundig. Sie lassen sich nicht so leicht manipulieren, sondern sie neigen dazu, mit ihrer Umgebung in Interaktion zu treten. Tätigkeiten, mit denen sie beschäftigt sind, stören diese Interaktion.
Die zweite Versuchsanordnung bestand aus rechtwinklig aufgestellten Stühlen, wie in Abb. 2. Es wurden wiederum die zwei Versuchsvarianten eingeführt: der Abstand der Lehrperson wurde verändert. Abb. 2 zeigt die Stühle, die von den Studenten eingenommen wurden, wenn die Lehrperson nahe zur ersten Stuhlreihe saß, Abb. 3 die Plätze, die die Studenten belegten, wenn er weiter weg saß. Varianzanalysen ergaben, daß diese beiden Tests zur Ermittlung des bevorzugten Platzes signifikant voneinander abwichen.
Bei der eben geschilderten Studie ist es offensichtlich, daß die von den zuerst eingetretenen Studenten bereits besetzten Plätze die Wahlmöglichkeiten für später dazukommende Studenten einschränken. Folglich gibt es eine Beziehung sowohl zwischen den Benutzern untereinander als auch zwischen Benutzern und ihrer Umwelt. Eine Möglichkeit, diese Komplikation bei dieser besonderen Untersuchung zu umgehen, bestand darin, den Studenten einen Testbogen mit einem Sitzplan darauf zu geben und sie zu fragen, welchen Sitz sie bevorzugen würden. Das wurde getan; die Abb. 4 und 5 ermöglichen den Vergleich der beiden Beobachtungsreihen. Es wird aus diesen Darstellungen klar, daß eine starke Ähnlichkeit zwischen den Vorzugsmustern bei den zwei verschiedenen Arten der Datensammlung auftritt.
Der Gebrauch eines Fragebogens in dieser Situation zielt darauf ab, von den Studenten zu erfahren, was sie über den Raum denken, wo sie gerne sitzen würden oder in welcher Weise der Raum oder ihr Platz im Raum sie wohl beeinflussen könnte.
Diese Information über die Gedanken und Gefühle von Studenten ist sehr wichtig. Ohne sie könnten die Mechanismen, die es zu untersuchen galt, gar nicht ganz verstanden werden. Die Benutzung von Fragebogen ist ein erster Schritt, um den Benutzer dahin zu bringen, über die Wirkung der dinglichen Umwelt Hypothesen aufzustellen und seine eigene Wechselbeziehung zu ihr zu erläutern. Mit anderen Worten, das »Subjekt« wird veranlaßt, zu einem beträchtlichen Teil die Rolle des Experimentators zu übernehmen. Der eigentliche Experimentator beobachtet lediglich, wie das Subjekt die Ergebnisse eines theoretischen Ansatzes einschätzt, den auch der Experimentator nicht genau kennt. Das ist wirklich das wesentliche der demokratischen Methode. Der Untersuchende behauptet nicht, die Natur der Mechanismen zu verstehen, die das Subjekt im Umgang mit seiner dinglichen Umwelt bestimmen, oder darüber Vermutungen anzustellen; er bringt vielmehr das Subjekt dahin, zu zeigen, ob und wie sehr es einverstanden ist mit dem Funktionieren der Umwelt, in der es lebt. Es ist sehr schwierig, die Ergebnisse dieses Experiments zur Platzwahl mit rein objektiven Begriffen zu erklären. Eine Vorstellung, wie die des persönlichen Bereichs, ist schwer anzuwenden, es sei

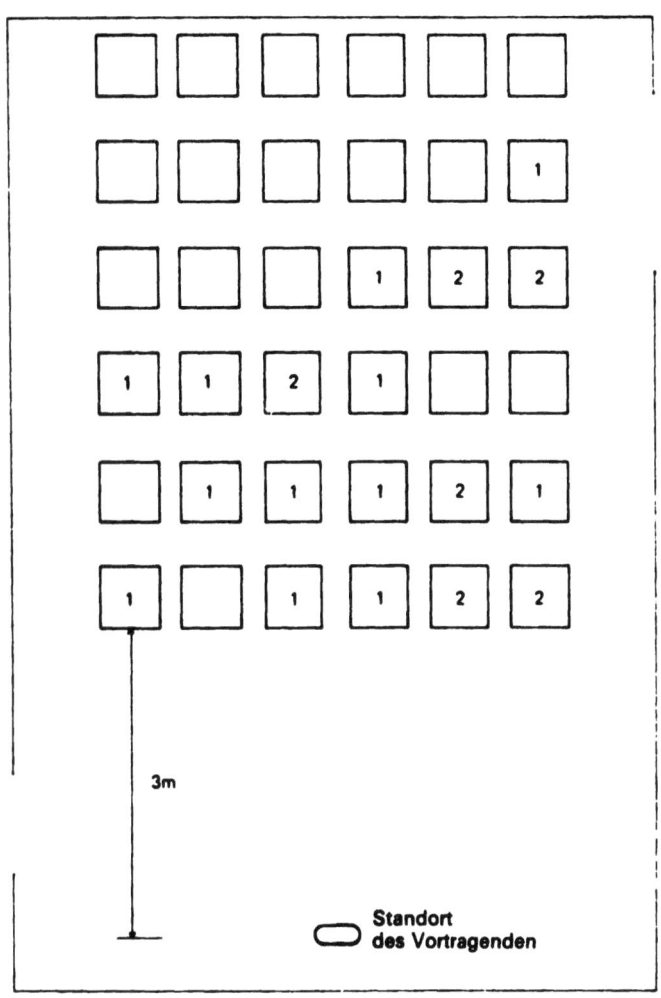

Abb. 3: Häufigkeit der Platzwahl in rechtwinklig angeordneter Möblierung während drei Sitzungen, bei denen der Vortragende »entfernter« war

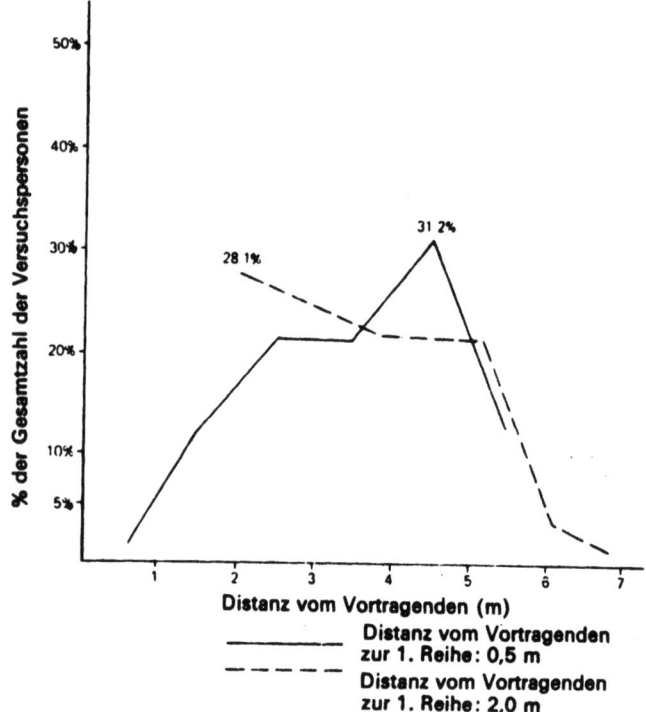

Abb. 4: Fragebogenergebnisse

denn, man verändert auf irgendeine Weise auch die Form dieses »Individualraums« durch die Anordnung der Möbel. Diese Veränderung müßte ziemlich komplex sein, wenn sie die entscheidend anderen Wirkungen des Standortes einer Lehrperson bei den verschiedenen Versuchsanordnungen erklären soll. Bei jeder solcher Veränderung müßte die Auslegung der Situation durch das Subjekt in Rechnung gezogen werden. Wenn wir diese Ausdeutung jedoch in unsere Überlegungen einbeziehen müssen, warum nehmen wir sie nicht gleich zum Ausgangspunkt? Wenn wir es tun, entsteht das folgende weit weniger komplexe Bild: beim Eintreten in den Raum informiert die Anordnung der Möbel die Versuchspersonen (Subjekte) über die Art der Vorgangs, an dem sie teilhaben sollen. Wenn sie diese Vorgänge formell auffassen, dann versuchen sie, ihren Abstand zur Lehrperson zu optimieren. Wenn sie sie als informelle Tätigkeit betrachten, dann bedeutet die Entfernung von der Lehrperson nichts, dafür üben andere Faktoren einen Einfluß aus. Im Augenblick haben wir nur oberflächliche Beweise

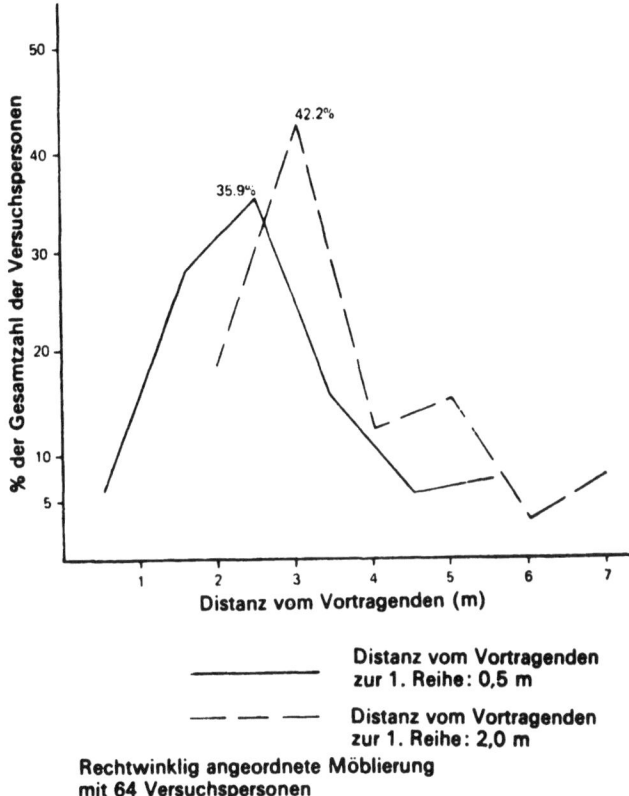

Rechtwinklig angeordnete Möblierung
mit 64 Versuchspersonen

Abb. 5: Ergebnisse der Beobachtungen

für die verschiedenen Annahmen in dieser Auseinandersetzung. Erstens: Untersuchungen, die von Canter [9.3], Canter und Wools [3.1] und von Wools vorliegen, zeigen, daß die Möblierung Einfluß hat auf die Interpretation dessen, was in einem Raum vorgeht. Zweitens: Sommer [9.2] hat gezeigt, daß die Anzahl der Wechselbeziehungen zwischen Lehrer und Student, an denen ein Student teilhat, bei einer rechtwinkligen Anordnung der Möbel recht viel mit dem Platz zu tun hat, auf dem der Student sitzt. Man kann deshalb vermuten, daß auch die Intensität, mit der Studenten an einem Seminar teilnehmen, in Beziehung steht zu dem Platz, auf dem sie sich zu Beginn der Lehrveranstaltung setzen. Diese Entscheidung wiederum ist zu beziehen auf einen komplexen kognitiven Ablauf, dem der Versuch zugrunde liegt, die Art des Seminars vorherzusagen.

Individuelle Unterschiede

Daraus folgt, daß sich die beiden Untersuchungsmethoden, die ich beschrieben habe, ergänzen. Ohne Menschen als Objekte sowie ihr tatsächliches Verhalten zu beobachten, ist es schwierig, vorauszusagen, wie sie in einzelnen Situationen reagieren werden. Andererseits ist es für den Forscher nicht leicht, eine hinreichend differenzierte Theorie zu entwickeln, die ihm auch erlaubt, mit den meisten der alltäglichen Zufälligkeiten fertig zu werden, ohne zu verstehen, was Menschen über ihre Situation fühlen und denken und wie sie die Auswirkungen der Umwelt einschätzen. Der Untersuchende kann an jeder Stelle in diesen Fragenkreis eintreten. Selbstverständlich aber muß es von größtem Wert für ihn sein, die Denkweise der Handelnden (der Subjekte) und also ihrer verbalen Antworten auf die dingliche Umwelt zu kennen.

Bei dem Versuch, die Reaktionen der Menschen auf ihre Umwelt zu untersuchen, liegt das große Problem jedoch in der Entscheidung, welche Personen man untersucht. Soll man sie nach ihrer Vergangenheit, ihrer Erfahrung, nach Alter, Geschlecht, Persönlichkeit oder einer Kombination von alldem auswählen, oder soll man der Untersuchung die Verschiedenheit ihrer Reaktionen auf die Umwelt zugrunde legen?

In Strathclyde haben wir die zweite Möglichkeit erforscht. Die wenigen Forschungsarbeiten, die auf den zuerst beschriebenen Auswahlmöglichkeiten beruhen, haben sich bekanntermaßen erfolglos bemüht, das Verständnis für die Übereinstimmung von Menschen mit ihrer Arbeitswelt beziehungsweise für die Deutung, die sie ihr geben, zu erleichtern. Wie Sie sehen werden, haben wir versucht, soweit wie möglich eine Gruppe von Subjekten auszuwählen, die sich in ihren Reaktionen auf die dingliche Umwelt in einer *bekannten* Weise von anderen Bevölkerungsgruppen unterscheiden. Durch das Studium dieses Personenkreises hoffen wir vollständiger zu begreifen, auf welche Weise die Umwelt auf Menschen wirkt. Außerdem erwarten wir einen höheren Wirkungsgrad unserer Forschung, wenn wir die Hauptfehlerquellen unserer Studien eliminieren, nämlich diejenigen, die auf individuelle Unterschiede zurückzuführen sind. Um das zu erreichen, müssen wir unsere Subjekte als Objekte behandeln und versuchen, die Struktur ihrer verbalen Äußerungen zu klassifizieren.

Wir haben die Reaktionen auf die dingliche Umwelt vor allem unter dem Aspekt betrachtet, in welchem Maße ein Subjekt fähig ist, Unterschiede in realen Bestandteilen der *dinglichen Umwelt* wahrzunehmen und in welchem Maße es ihm gelingt, die *verschiedenartigen Beschreibungen der dinglichen Umwelt* zu erkennen. Wir meinen, daß das Maß der Verfeinerung, das sich in Vorstellungen, Beschreibungen und Ausdeutungen der dinglichen Umwelt ausdrückt, vermutlich davon abhängt, wie sehr die betreffende Person mit dieser Umwelt übereinstimmt. Allerdings ist zu erwarten, daß dieser Zusammenhang sehr komplex ist. Darüber hinaus stellen wir die Hypothese auf, daß die Verfeinerung des Unterscheidungsvermögens davon abhängt, wie vertrauenswürdig das Subjekt (als Person) ist. Wir haben versucht, für diesen Aspekt der Erkenntnisfähigkeit auf verschiedene

Weise Maßstäbe zu finden. Ich denke, daß die dahinterstehende Vorstellung klarer wird, wenn man die angewandten Meßtechniken untersucht.
Eine der ersten Techniken, die ich angewandt habe, wurde von Sherif [2.1] übernommen. Lehrern wurden 44 Fotografien verschiedener Klassenzimmermöblierungen gezeigt, es waren Bilder von Modellen, die wir ganz besonders ausgearbeitet hatten. Ein Beispiel dafür ist Abb. 6. Jeder Lehrer sollte die Fotos in beliebig viele Stöße aufteilen und zwar unter dem Gesichtspunkt, inwieweit sie eine zufriedenstellende Lehrsituation darstellten. Nachdem der Lehrer das getan hatte, wurde er gefragt, welcher der Stöße Klassenräume enthielt, die ihm annehmbar erschienen und welcher die nicht annehmbaren. Übrig blieb eine Anzahl Fotos, die eine neutrale Kategorie ausmachten. Unsere These war: je weniger fein ein Lehrer zwischen den Klassenzimmern zu unterscheiden vermochte, desto mehr Fotos würde er in die neutrale Gruppe einordnen. Lehrer mit einem hohen Maß an Unterscheidungsvermögen, die in einer differenzierten Weise mit Klassenräumen umgehen, würden in der Lage sein, sich bei jedem Klassenzimmer zu entscheiden, ob es annehmbar ist oder nicht.
Ungefähr eine Woche, nachdem die Lehrer diese Aufgabe gelöst hatten, bat ich sie, Erhebungsbogen zu erstellen, die sich mit Klassenräumen befaßten (siehe Bannister und Mair [1.3]).
Für den Bogen entwickelten sie selbst die Elemente (oder Orte), indem sie auf meine Fragen nach einer Reihe von solchen Orten antworteten, an denen sie sich eine Lehrtätigkeit vorstellen konnten. Die im Erhebungsbogen verwendeten Konstrukte beziehungsweise die Beschreibung von Orten ergaben sich durch die Methode der Triadenbildung (Dreierkombination) und in der Diskussion mit den Lehrern über die Ähnlichkeiten und Unterschiede zwischen den Klassenräumen, die sie für mich aufgelistet hatten. Dann wurden die Lehrer aufgefordert, jeden der Unterrichtsräume der Bewertung entsprechend in jede der Raumbeschreibungen einzufügen.
Was mich als besonderes Charakteristikum dieser Einstufungen interessierte, war das Maß an Übereinstimmung in den verschiedenen Beschreibungen der Lehrer. Mit anderen Worten: mich interessierte die Frage, ob alle Unterrichtsräume in bezug auf jedes einzelne Konstrukt unter das gleiche Wertsystem fielen oder unter völlig verschiedene. Je übereinstimmender die Wertsysteme waren, desto größer war die Übereinstimmung in der Art, wie die Lehrer die einzelnen Konstrukte anwandten. Ich hätte erwartet, daß ein Lehrer, der fähig ist, zwischen vielen verschiedenen Aspekten der Umwelt zu unterscheiden, die Räume in jeder Beschreibung in einer anderen Rangfolge anordnen würde. Um dieses wesentliche individuelle Charakteristikum richtig einzuschätzen, ermittelte ich die Korrelationen zwischen den einzelnen Konstrukten. Auf dieser Grundlage addierte ich die höchste Korrelationsquote für jedes Konstrukt und machte den Durchschnittswert aus allen Korrelationen zum Maß für die Fähigkeit, zwischen Konstrukten zu unterscheiden. Je höher dieser Durchschnittswert ist, desto weniger ist eine Person in der Lage oder bereit, Unterschiede zwischen verschiedenen Konstrukten festzustellen. Ich möchte annehmen, daß zwischen diesem Mittelwert und der

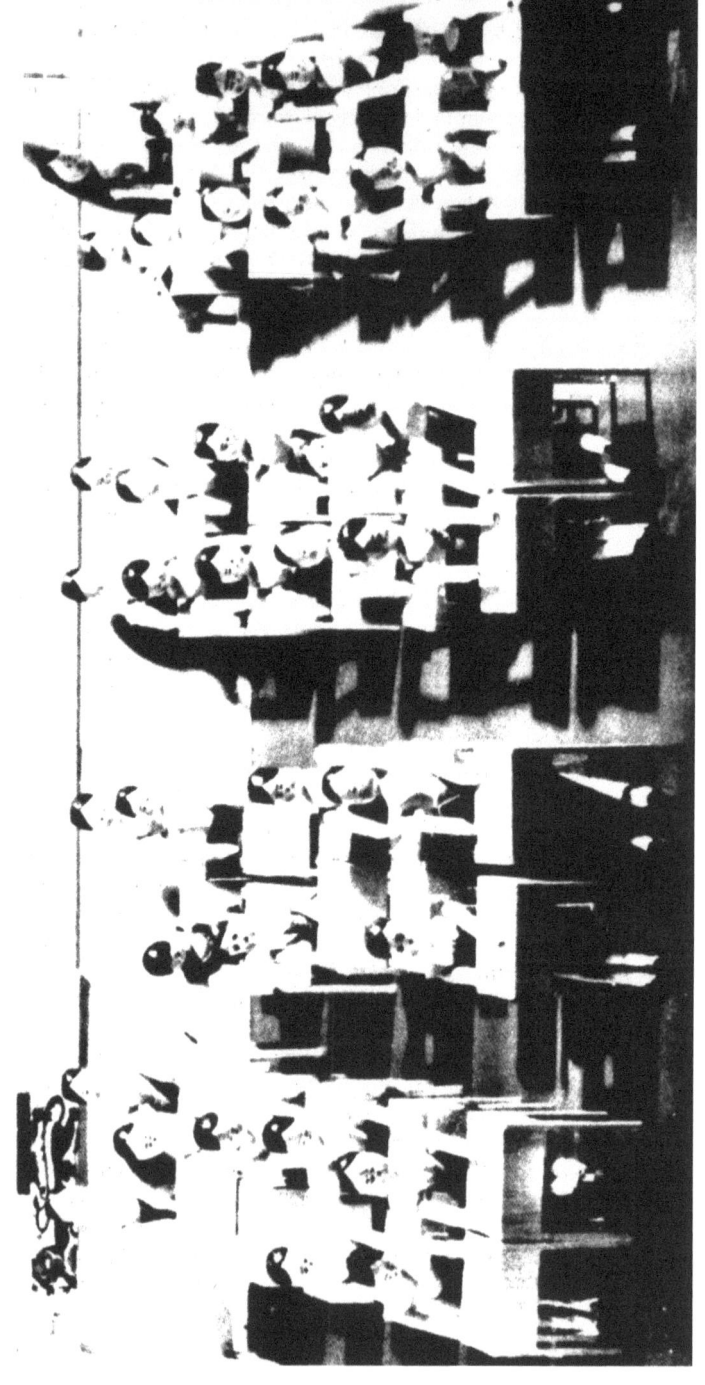

Abb. 6: Eine der Photographien, die bei dem »Verfahren der eigenen Kategorien« benutzt wurde

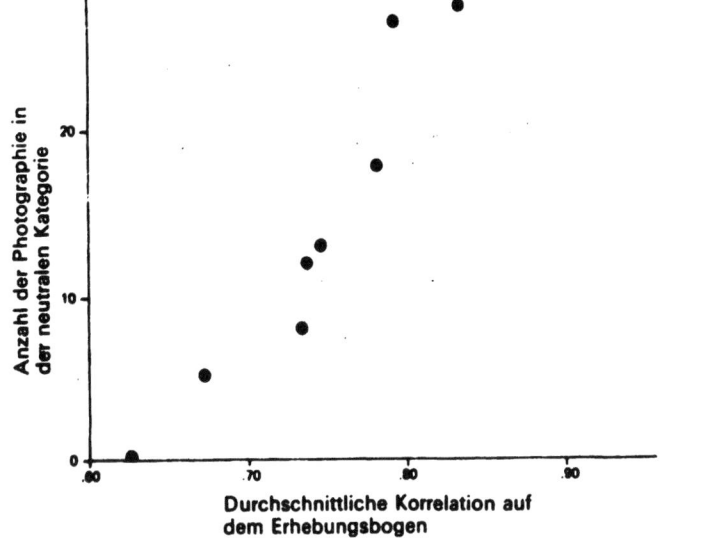

Abb. 7: Beziehung zwischen dem »Verfahren der eigenen Kategorien« und der »kognitiven Komplexität«

Anzahl der Bilder in der neutralen Kategorie, die wir in den vorangegangenen Versuchen feststellten, eine Beziehung besteht, denn beide messen dieselbe Sache, nämlich eine Reaktion auf die feinen Unterschiede in der dinglichen Umwelt. Die Anzahl der Bilder auf dem neutralen Stoß hat mit der Unterscheidung von *Orten* zu tun, die Durchschnittskorrelation mit der Unterscheidung von *Beschreibungen.*
Abb. 7 zeigt die Beziehung, die gefunden wurde. Sie nähert sich einer Korrelationsgeraden der Rangfolgen. Trotz der geringen Zahl der Versuchsteilnehmer bestätigte sich die Vermutung, daß eine verfeinerte Reaktion auf die dingliche Umwelt ein Aspekt des Individuums ist, der über längere Zeit unveränderlich bestehenbleibt, auch wenn man ihn mit zwei verschiedenen Methoden mißt.
Ein weiterer Nachweis für die Beständigkeit dieses Aspektes ergab sich aus einer anderen Untersuchung, die wir mit unseren Studienanfängern durchführten. Die Studenten füllten den Grundfragebogen aus (Tab. 1). Anhand verschiedener Beschreibungen sollten sie Räume bewerten, die sie womöglich beim Studium benutzen würden. Statt nun auf die durchschnittliche Korrelation (der so gefundenen Werte) zu achten, wie wir es vorher getan hatten, fertigten wir nach dem Verfahren von Patrick Slater [2.2] eine Analyse der Hauptkomponenten an.
Ich vermutete, daß sich ein noch genauerer Durchschnittswert für die Korrelationen mit dem Prozentsatz der Varianten ergeben würde, die die Hauptkomponenten in der Analyse zeigen; Bannister und Mair [1.5] sehen in diesem Prozent-

Name	Ihr Wohnzimmer zu Hause	Ihr Schlafzimmer zu Hause	Ihre Küche zu Hause	Ihr Arbeitsplatz in dieser Schule	Ein Tisch in der Bibliothek	Eine Parkbank an einem Sonnentag	Ein Arbeitsraum zu Hause	Ein Arbeitsraum in dieser Schule z.B. Lehrerzimmer	Ein idealer Arbeitsplatz
Privatheit (1. Rang für viel)									
Heizung und Lüftung (1. Rang für viel)									
Kontrolle über den Raum (1. Rang für viel)									
Weg zur Vorlesung (1. Rang für kurz)									
Verfügbarkeit von Informationen (1. Rang für viel)									
Maß der Ablenkung (1. Rang für wenig)									
Verfügbarkeit von Mahlzeiten (1. Rang für leicht zu bekommen)									
Vorzüge insgesamt (1. Rang für die meisten Vorzüge)									
Freundlichkeit der Umgebung (1. Rang für sehr freundlich)									
Passende Einrichtung (1. Rang für sehr passend)									
Beleuchtung/Belichtung (1. Rang für gut)									
Zwanglosigkeit der Kommunikation mit anderen (1. Rang für leicht)									
Wo arbeiten Sie gewöhnlich?									

satz einen Schätzwert für die »kognitive Komplexität« (komplexe Denk- und Erkenntnisfähigkeit eines Individuums). Ihre Definition der kognitiven Komplexität bezieht sich eng auf die oben beschriebene verfeinerte Unterscheidungsfähigkeit (siehe Canter u. a. [10.2] zur weiteren Diskussion dieser Frage). Zwei Monate, ehe die Studenten den Fragebogen ausfüllten, hatte man ihnen eine Reihe von Zeichnungen vorgelegt, die sie nach einer Skala von zehn gegensätzlichen Adjektiv-Paaren bewerten sollten. Man ging davon aus, daß die Spannweite der Bewertungen um so größer sein würde, je feiner das Unterscheidungsvermögen der Studenten war. Ein Student, der nicht genau zwischen zwei Zeichnungen zu unterscheiden imstande war, würde sie zum Beispiel entweder für »gut« oder für »schlecht« halten. Um diese Spannweite der Bewertungen messen zu können, wendeten wir eine von M'Comisky (siehe Canter u. a. [10.2]) entwickelte Methode an, die im wesentlichen eine non-parametrische Variantenmessung ist.

Die Korrelation zwischen dem Prozentsatz der Varianz in den Hauptkomponenten und der »Spannweite« des Urteilsvermögens liefert einen Test für die Beständigkeit der Variablen »kognitive Komplexität«. In unserem Fall, der 28 Versuchspersonen und zwei Tests in einem Abstand von zwei Monaten (einschließlich der Weihnachtsferien) umfaßte, erhielten wir eine Produkt-Moment-Korrelation von 0,40. Das ist signifikant für das 2,5%-Niveau. Was immer das Merkmal »kognitive Komplexität« bedeutet, es scheint von ziemlich beständiger Qualität und einiger Wichtigkeit für eine beträchtliche Reihe von Methoden zu sein, mit denen sich Reaktionen auf die dingliche Umwelt aufzeichnen lassen.

Hat man eine beständige Variable ermittelt, die sich darauf bezieht, wie eine Person über die dingliche Umwelt denkt, das heißt, ist es in gewissem Umfange gelungen, die »Objekte«, die wir zu »subjektiven« Reaktionen stimulieren, in Kategorien zu fassen, dann müssen wir als nächstes klären, in welcher Beziehung diese Variable zu der Übereinstimmung einer Person mit der dinglichen Umwelt steht.

Zu diesem Zweck haben wir die in den Fragebogen der Studenten ermittelten Daten benutzt. Wir versuchten also einzuschätzen, in welchem Maße die Studenten mit ihrem Studier-Schlafzimmer zufrieden waren. Auf den Fragebogen, die wir den Studenten gegeben hatten, war eines der zu bewertenden Elemente der ideale Platz zum Studieren. Um herauszufinden, wie zufrieden ein Student mit dem Raum war, in welchem er zur Zeit arbeitete, mußten wir ermitteln, inwieweit der Raum seinem Ideal entsprach. Die statistischen Methoden, die hier angewendet werden müssen, sind etwas verzwickt. Es läuft darauf hinaus, die Gesamtheit der Bewertungen des tatsächlich benutzten Arbeits-Schlafzimmers zu vergleichen mit der Gesamtheit der Bewertungen des Ideal-Raums. Wir nahmen an, daß ein Student um so eher einverstanden mit seinem tatsächlichen Arbeits-Schlafzimmer sei, je mehr sich die gesamten Bewertungen glichen. Abb. 8 zeigt das Streuungsdiagramm für die Beziehung der nach der vorher beschriebenen Methode ermittelten Spannweite im Urteilsvermögen der Studenten zum Grad an Übereinstimmung in den beiden Gesamtbewertungen (die ich gerade dargestellt habe). Daraus läßt sich ablesen, daß die Varianz zwischen den Studenten in

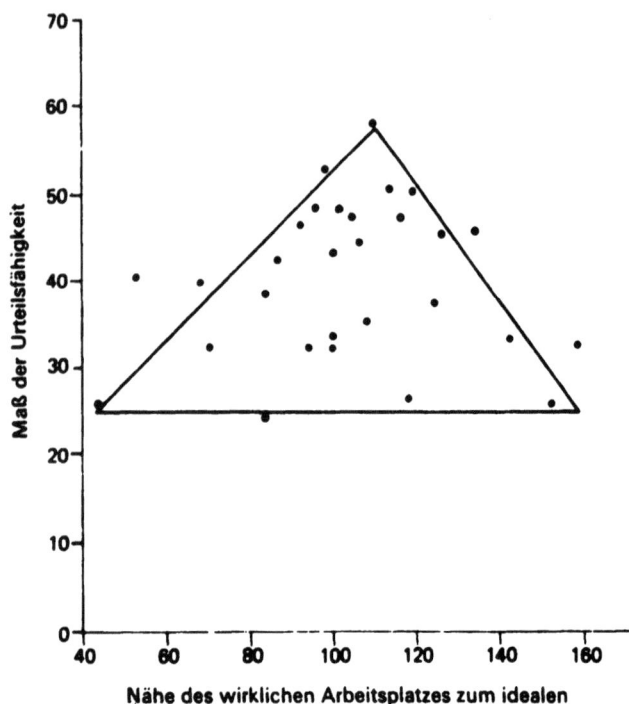

Abb. 8: Beziehung zwischen »kognitiver Komplexität« und »Zufriedenheit«

dem Maße abnimmt, wie die Spannweite, das heißt der Grad des Unterscheidungsvermögens, zunimmt. Dieser Gedanke ist schematisch durch das Dreieck dargestellt, das über die Einzelergebnisse in Abb. 8 gezeichnet wurde. Der Unterschied der Varianz zwischen der oberen und der unteren Hälfte in Abb. 8 ist bei Prüfung mittels F-Test auf dem 5%-Niveau signifikant. Der Unterschied in den Durchschnittswerten für die beiden Hälften ist ohne Bedeutung.
Eine Erklärung für Abb. 8 ließe sich etwa so vorstellen: je fähiger ein Individuum ist, zwischen verschiedenen Aspekten seiner Umwelt zu unterscheiden, desto eher wird es ihm gelingen, auf sehr verschiedenen Wegen einen Zugang zu der Umwelt zu finden, in der er lebt. Folgerichtig wird er, wenn er zum Beispiel sein Arbeits-Schlafzimmer bewerten soll, verschiedene Gesichtspunkte zur Geltung bringen. Das bedeutet, daß sein Urteil über den Raum der Durchschnittsmeinung näherkommt. Andererseits würde eine Person mit geringem Unterscheidungsvermögen ihr Urteil auf nur einen oder zwei Aspekte gründen, und das hieße, daß dieses Urteil extremer ausfallen würde als das von Personen

mit größerer kognitiver Komplexität. Wenn diese Relationen sich in künftigen Untersuchungen bestätigen, könnte ihr Wert ganz beachtlich für die Praxis sein. Denn so ergibt sich die Möglichkeit, Personen auszuwählen, deren Reaktion in höherem Maße mit der ihrer Mitmenschen übereinstimmt, also mit größerer Wahrscheinlichkeit typisch für die Gesamtbevölkerung und vermutlich auch zuverlässiger und beständiger ist als die durchschnittliche. Man kann schließlich hoffen, solche Personen, die gültige subjektive Antworten geben können, »objektiv« herauszufinden und brauchte außerdem weniger »Subjekte« als Versuchspersonen. Die oben dargestellten Relationen haben vor allem theoretischen Wert: sie liefern einen ersten Einblick in die Art und Weise, wie Menschen mit ihrer dinglichen Umwelt umgehen. Weitere Studien haben dazu beigetragen, die Beziehung zwischen kognitiver Komplexität und Einverständnis mit der dinglichen Umwelt zu klären. Sie haben gezeigt, daß in einigen Fällen diese Beziehung linear ist, das heißt, daß Personen mit komplexeren kognitiven Strukturen eher mit einem ganz bestimmten Aspekt der Umwelt übereinstimmen. Außerdem lieferten sie Hinweise darauf, daß Bauten von sich aus die Komplexität eines Benutzers beeinflussen, und zwar hinsichtlich seiner Reaktionen auf bestimmte Aspekte der Umwelt.

Subjekte oder Objekte?

Aus alledem läßt sich folgern, daß ein Verständnis für die Wechselwirkung zwischen Menschen und Gebäuden sowie die Weiterentwicklung der verschiedenen Rollen der Umweltwissenschaftler nicht gefördert werden kann, wenn man Menschen ausschließlich als Objekte behandelt. Sie müssen dringend ihre eigenen Gedanken und Gefühle in bezug auf die Umwelt kennenlernen, ob der Entwerfende sich nun in einer autoritären oder einer demokratischen Beziehung zu seinem Auftraggeber befindet. Weiterhin wäre vorzuschlagen, daß Architekturpsychologen und Entwerfer keine Bedenken haben sollten, ihre Auftraggeber und die Benutzer von Gebäuden mit dem Blick eines Außenstehenden zu betrachten. Das gilt vor allem für die Auswahl von Versuchspersonen. Nur, indem wir allmählich ein Verständnis schaffen für die Wechselwirkung zwischen allen Hypothesen, die Menschen als Subjekte (mit Erfahrung) ansehen und in anderen, die sie als Objekte behandeln, können wir hoffen, aus der Architektur eine Wissenschaft zu machen, die fest in der Psychologie wurzelt und aus der Psychologie eine Wissenschaft, die von Bedeutung ist für unsere alltägliche Welt.

Terence R. Lee
Brauchen wir eine Theorie?

Zusammenfassung des Herausgebers

Darlegung der Erfordernisse für eine Theorie, die sich mit den Beziehungen zwischen Personen und Gebäuden befaßt. Es wird vorgeschlagen, Objekte – und zwar in Hinblick auf den Ort, an dem sie sich befinden – in ein begriffliches System einzubringen. Auf diese Weise lassen sich Schemata oder »begriffliche Landkarten« ausbilden, in denen Gegenstände jeweils auf Orte bezogen sind. Die Ergebnisse von Untersuchungen solcher »Landkarten« – zu Nachbarschaften, zu Entfernungen, die beim Einkauf zurückgelegt werden, zur Frage, wie sich die Länge eines Schulwegs auf die soziale Anpassung eines Kindes auswirkt – dienen als Beweis für die Theorie der »begrifflichen Landkarten«.

Es ist ein höchst verblüffendes Paradoxon der Umweltpsychologie, daß es einerseits deren Hauptaufgabe ist, bestimmte Phänomene der menschlichen Psyche zu untersuchen, die eine große Ähnlichkeit mit wissenschaftlichen Theorien haben, und daß man andererseits, um das zu tun, wissenschaftliche Theorien entwickeln muß.
Die zerebralen Phänomene, auf die ich mich hier beziehe, sind die umfangreichen und geordneten Wissensstrukturen, die jeder von uns während seines Lebens von der Lage vertrauter Objekte im Raum entwickelt. Dieses räumliche Grundwissen ähnelt einer Theorie, weil es eine große Anzahl allgemeiner, vereinheitlichender Prinzipien – wie zum Beispiel »hier/dort«, »Nord/Süd«, »herauf/herunter«, »backbord/steuerbord« – miteinander verknüpft und außerdem eine unendliche Zahl fragmentarischer Zusammenhänge herstellt, wie zum Beispiel, daß man Eier häufig in Verbindung mit Speck, Schornsteine auf Hausdächern und Bier in Gasthäusern findet. Diese allgemeinen wie auch besonderen Zusammenhänge können für Voraussagen verwendet werden. Daß wir eine wissenschaftliche Theorie über die Orientierung im Raum brauchen, ist für mich nahezu so selbstverständlich wie für den legendären »Mann auf der Straße«, daß er, um sich zurechtzufinden, wissen muß, wo welche Gegenstände sich befinden. Mit Hilfe einer Theorie kann ein Forscher sich schneller auf Ziele zubewegen, die als Marksteine für künftige Untersuchungen dienen können. Er kann Voraussagen machen für noch unbekannte beziehungsweise ungewohnte Situationen und diese Voraussagen bis zur Entdeckung und Bestätigung (des vermuteten Sachverhalts) weiterverfolgen. Er verirrt sich nicht vor lauter Bäumen im Wald. Da es aber Psychologen gibt, die sich damit zufriedengeben, jeweils nur ein einzelnes Problem zu lösen (oder auch nur eine einzige Reise zu unternehmen), mache

ich mich zum Sachwalter einer solchen Theorie. Sie wendet sich an Umweltpsychologen – im Unterschied zu Architekturpsychologen –, da nach meiner Ansicht die aus der einen Disziplin abgeleiteten Gesetze auch für die andere gelten. Auch eine noch so systematische Darstellung des Forschungsgebietes müßte vermutlich die Veränderungen einschließen, die dadurch, daß der Mensch seine eigene Umwelt bewußt manipuliert, das menschliche Verhalten nachhaltig geprägt haben.

Sie werden bereits entdeckt haben, daß ich vorhabe, meinen persönlichen Standpunkt darzulegen. Tatsächlich gibt es nicht allzuviel, worauf sich aufbauen ließe, was einen allerdings nicht hindern sollte, einen Anfang zu machen. Natürlich werden einige der Ansicht sein, wir sollten den Aufbau unseres Spezialgebiets ausschließlich daran orientieren, ob es dazu beiträgt, die Probleme von Architekten und Planern zu lösen. Andere meinen, daß, wenn wir überhaupt eine Theorie brauchen, sich diese nicht auf die Orientierung im Raum, sondern auf Empfindungen und Gefühle beziehen, also vorwiegend ästhetischer Natur sein sollte. Ich hoffe mich mit diesen und anderen Standpunkten auseinandersetzen zu können, indem ich dafür plädiere, uns so rasch wie möglich eine Theorie anzueignen und indem ich meine eigene Formulierung der Theorie als Vorschlag anbiete. Wenn es mir auch vielleicht nicht gelingt, Sie von meinen Gedankengängen zu überzeugen, so hoffe ich doch, Sie zu eigenen Überlegungen anzuregen.

Die Grundstruktur von Theorien

Welche Grundvoraussetzungen hat eine Theorie? Zunächst braucht man Vorstellungen und Begriffe (Konstrukte) – als Bausteine eines Systems. Sie können abstrakter Natur sein, aber sie sind nutzlos, wenn sie nicht auf wahrnehmbare Größen bezogen werden können. Wir müssen in der Lage sein, die Begriffs-Einheiten im System genau abzugrenzen, indem wir, um ihr Vorhandensein anzuzeigen, ein – auch für weitere Beobachter akzeptables – Verfahren entwickeln, das allgemeingültige Beobachtungen und Messungen ermöglicht. Glücklicherweise wird uns das nur wenig Kopfzerbrechen bereiten. Auf viele unserer Vorstellungen hat man sich bereits allgemein geeinigt – wie zum Beispiel auf »Tür«, »Haus«, »Korridor« usw. Andere sind weniger klar definiert, so wie etwa »Nachbar«, »Gemeinschaft« usw., aber ich sehe keine allzu großen Definitionsschwierigkeiten voraus, besonders dann nicht, wenn wir das Verfahren anwenden, Vorstellungen jeweils durch diejenigen Handlungsabläufe zu definieren, die man provoziert, um sie beobachten zu können. Festinger und andere [17.1] haben zum Beispiel in ihrer klassischen Untersuchung über die Auswirkung von Wohnhausgrundrissen auf Freundschaften »Freunde« als solche Personen definiert, die jeweils auf die Frage genannt werden: »Mit wem sind Sie am häufigsten in diesem Wohnbereich zusammen?« Mintz [15.1] hat bei seinem Experiment über die Auswirkung von angenehmen und abstoßenden Räumen auf die Stimmung der Bewohner »Stimmung« auf das Maß von Wohlwollen bezogen, das von Test-

personen einem Satz von beliebig interpretierbaren Personenfotos entgegengebracht wurde.
Sicher werden Nicht-Wissenschaftler auch weiterhin kritisieren, wir hätten das wahre Wesen von Objekten und Bedingungen mit dieser Verfahrensweise nicht eingefangen. Wir müssen erwidern, daß man in der Wissenschaft gewöhnlich mit aufeinanderfolgenden Annäherungswerten arbeitet; und zwar nicht so, daß man die mutmaßliche »wirkliche Welt« jeweils »einkapselt«, sondern indem man das gerade betrachtete Fragment so sorgfältig beschreibt, daß spätere Beobachter es nicht mit etwas anderem verwechseln können. Sorgfältige und systematische Beobachtung der Konstrukte wird gewisse Regelmäßigkeiten in der Art, wie sie sich gegenseitig beeinflussen, zutage fördern. Da wir uns sicher genug fühlen, die Besonderheit dieser Beziehungen im einzelnen zu beschreiben, können wir unsere Vorstellungen bekräftigen, indem wir in die Situation eindringen und die Dinge bewußt manipulieren, um zu prüfen, ob sie so reagieren, wie wir es vorhergesagt haben. Diese Art des Vorgehens wird, wie man weiß, als Experiment bezeichnet.

Weiterhin verlangen wir von unserer Theorie eine Reihe von Verbindungen zwischen den Begriffen, um die Beobachtungen symbolisch darzustellen; und hier erwächst der Psychologie recht wenig Hilfe durch den Vergleich mit anderen Naturwissenschaften. Wir haben noch kein abstraktes Meßsystem, noch keine Reihe mathematischer Ausdrücke, welche die Begriffe untereinander verbinden und uns in die Lage setzen, Ableitungen innerhalb des Systems vorzunehmen und die Begriffe so zu bestätigen. Wir müssen uns größtenteils mit dem Gebrauch unserer Alltagssprache begnügen, um allgemeine Aussagen über Beziehungen oder Gesetze zu machen oder um Modelle zu beschreiben. Es ist eine weitverbreitete, jedoch nicht unvermeidliche Übereinkunft innerhalb der Psychologie, diese Verbindungen zwischen Begriffen kausal zu formulieren und insbesondere den Bezug zu den Menschen zu betonen. Auf dem Gebiet der Umweltpsychologie führt das zwangsläufig zu einer Theorie darüber, wie die dingliche Umwelt das menschliche Verhalten prägt. Die deterministische Komponente scheint mir wesentlich und unvermeidbar für diesen Denkansatz zu sein, während die Richtung, in die unsere Theorie zielt, lediglich durch Zweckmäßigkeit bestimmt ist.

Mit anderen Worten: Es ist gleichermaßen wahr, daß der Mensch seine Umgebung beeinflußt. Eines Tages wird eine vollständige Theorie diese Wechselbeziehung darlegen, wobei das einfache kausale Konzept durch ein Konzept der fortschreitenden gegenseitigen Interdependenz ersetzt werden wird. Fürs erste jedoch sollten wir versuchen, eine Theorie aufzubauen, bei der Eingangswerte (inputs) Aspekte der gebauten Umwelt und die Ergebnisse (outputs) das menschliche Verhalten und Fühlen sind. Die Eingangswerte, die Ergebnisse und ihre Beziehungen untereinander werden durch Symbole dargestellt werden und diese werden dann ein sich entfaltendes System bilden.

Wird sich das für den Beruf auszahlen?

Ich muß sofort gestehen, daß ich Mitgefühl mit einem Architekten habe, der eine schnelle Entscheidung treffen muß – zum Beispiel, wo er einen Spielplatz anlegen oder ob er Geschoßwohnungen oder Maisonettes bauen soll, und dem man lediglich ein »zu entwickelndes System von Symbolen« an die Hand gibt. Er wird es kaum glauben können, daß die Strategie, die ich befürworte, zu seinem Besten sei. Es fällt leichter zu erklären, daß sie zum Besten der Gesellschaft ist, und zwar aus folgenden Gründen:

Erstens, wenn wir uns mit isolierten Fällen beschäftigen, anstatt sie als Beispiele zu benutzen, die zu möglichen Verallgemeinerungen führen, werden wir feststellen, daß schon bei geringfügig veränderten Begleitumständen unsere Erklärungen oder die Praktiken, die wir darauf aufbauend empfohlen haben, nicht länger zutreffen. Wir werden dann schnell in Mißkredit kommen.

Zweitens werden wir selbst uns offensichtlich absurden Widersprüchen und Unvereinbarkeiten gegenübersehen. Sie werden unlösbar sein, wenn wir nicht über den Einzelfall hinausblicken.

Drittens werden wir feststellen, daß wir auf dem Niveau einer Faustregel operieren, es sei denn, wir präzisieren unsere begrifflichen Definitionen. Diese treffen nur manchmal exakt zu, da die genauen Vorbedingungen im einzelnen nicht beschrieben sind.

Zum letzten wird sich die Zunahme sinnvollen Wissens peinlich langsam vollziehen, wenn wir nicht fortgesetzt fragen, warum die Tatsachen so sind, wie sie uns erscheinen und ihre Auslegung immer weiter zurückdrängen, um neue Verbindungen zwischen bisher völlig unvereinbaren Begriffen herzustellen.

Das Aufstellen wissenschaftlicher Theorien ist demnach eine Strategie, die eher lang- als kurzfristig funktioniert, aber die Erfahrung hat schon gezeigt, daß das Verhältnis von Kosten zu Gewinn in der Tat sehr hoch ist.

Wir wollen nun diese ziemlich abstrakte Ebene verlassen und einige Aspekte der zwei Berufsgruppen betrachten, die an der vorgeschlagenen Unternehmung beteiligt sind.

Der Psychologe muß sich bewußt sein, daß seine berufliche Aufgabe von ihm verlangt, jedes kleinste Teilergebnis zur Diskussion zu stellen, damit es seine Kollegen mit ihren eigenen Ergebnissen abstimmen können. Ein hervorragendes Beispiel solcher Offenheit war Sigmund Freud. Als Arzt fühlte er sich vor allem seinen Patienten verpflichtet, aber er trug eine ungeheure Anzahl klinischer Beobachtungen zusammen und bearbeitete sie wieder und wieder, so daß sie ein theoretisches Gerüst bildeten, das dann schließlich in Teilen mit den Arbeitsergebnissen anderer übereinstimmte.

Ein solches Verfahren muß einen Rückkoppelungsprozeß enthalten. Die Umweltpsychologen haben noch kaum begonnen, die Bedeutung bereits bestehender psychologischer Theorien für Architektur und Planung ausfindig zu machen. Besonders auf dem Gebiet der Wahrnehmung enthält die Arbeit von Bartlett [1.4], von den »Gestaltpsychologen« Gibson [21.1], Neisser [1.5], Hedson [1.6] und anderen vieles, was bereits angewandt werden kann. Für das Gebiet der Verhaltensweisen und des Urteilsvermögens sind die Gleichgewichtstheorien höchst relevant, und auf dem Gebiet der sozialpsychologischen Theorie gibt es etliches, das zum Verständnis von Gruppenreaktionen auf Architektur verhelfen und dazu beitragen könnte, Techniken für die Beteiligung von Betroffenen bei Planungsmaßnahmen zu entwickeln.

Was nun den Architekten angeht, so ist sein größtes Dilemma bei diesem Gemeinschaftsunternehmen uns bereits auf einer anderen Ebene bekannt. Er ist seit langem daran gewöhnt, Entscheidungen zu treffen, für die er eine Vielzahl einander widersprechender variabler Größen in Einklang bringen muß. Er muß zum Beispiel entscheiden, ob er dicke Wände mit gutem Schallschutzverhalten und minimalem Wärmeverlust, aber hohen Erstellungskosten verwenden will oder dünne Wände mit höherer Flexibilität und niedrigen Erstellungskosten, aber unzulänglicher Wärmedämmung, die nur durch höhere Heizkosten wettgemacht werden kann. Viele andere Faktoren machen sich störend bemerkbar, wie zum Beispiel der Druck des Fertigstellungstermins, die Verfügbarkeit von bestimmten Baumaterialien am Ort, die damit zusammenhängende Oberflächenbearbeitung, die vorhersehbare Lärmentwicklung vor Ort usw. Wenn er, wie wir ja hoffen, nun noch anfängt, Variable menschlichen Verhaltens in Betracht zu ziehen, wird er eine ebenso große, wenn nicht noch größere Vielfalt von Zusammenhängen entdecken. Werden die Humanwissenschaften, so wird er fragen, je in der Lage sein, ihm eine Reihe von Formeln an die Hand zu geben, die ihm wirklich helfen könnten? Zur Zeit erhält er Informationen über allenfalls eine unter Dutzenden von Variablen, die für ihn wichtig, aber noch unerforscht sind. Man sollte also Nachsicht mit ihm haben, wenn er meint, sich nach wie vor genausogut auf seine »Intuition« verlassen zu können.

Die Antwort hat zwei Seiten. Da Theorien im Entstehen begriffen sind, sollte er seine Haltung dahingehend ändern, daß er sich eher bereit findet, Variable, die dem Menschen dienen, in Betracht zu ziehen. Unser Ziel wiederum sollte es sein, sein Urteilsvermögen zu stärken, indem wir ihn aus unserer theoretischen Kenntnis ständig mit besseren Informationen versorgen, damit seine Entscheidungsprozesse – auch wenn er sie subjektiv noch als »Intuition« erfährt – dennoch genauer werden.

Eine andere und grundlegendere Berufsfrage, die Architekten heute in Bewegung bringt, befaßt sich mit ihrer Rolle in der Gesellschaft. Anscheinend erkennen viele von ihnen an, daß der Architekt ein Diener der Gesellschaft ist und daß seine Pflicht lediglich darin besteht, die Bedürfnisse seines »Herrn« im voraus zu kennen und sie zu befriedigen. Welche Art Haus, so fragen die Architekten, wird der Mensch des Jahres 2000 haben wollen? Ebenso akzeptieren sie die Verpflichtung, eine Auswahl von Lebensweisen anzubieten, unter denen der Bauherr auswählen kann. Eine Theorie sollte vor allem darauf ausgerichtet sein, die mögliche Bedürfnisbefriedigung der Konsumenten vorauszusagen. Die Beobachtungen, auf denen sie basiert, ließen sich durch Meinungsumfragen und Untersuchungen

zusammentragen, indem man die Menschen befragt, was sie gern haben würden oder ob ihnen das, was sie haben, gefällt.
Dies scheint mir allerdings eine sehr niedere Verfahrensebene zu sein. Erstens funktioniert diese Methode nicht gut, weil die Menschen nicht wissen, was sie wollen, solange sie keine alternativen Erfahrungen gemacht haben. Das hindert sie natürlich nicht, einem höflichen Interviewer eine Antwort zu geben. Zweitens haben sie eine außerordentliche Fähigkeit, sich an das, was man ihnen anbietet, anzupassen und es mit freundlichen Augen zu betrachten. Die Ansicht, daß es eine große bewegliche Bevölkerungsgruppe gibt, die – so unbeirrt wie Wasser seinen Weg findet – in eine optimale architektonische Umgebung ziehen würde, sobald sie angeboten wird, ist sicherlich irrig.
Für die Ohren eines Nicht-Fachmanns auf diesem Gebiet klingt diese Ansicht höchst unökonomisch, denn sie würde doch wohl voraussetzen, daß – über den eigentlichen Bedarf hinaus – ständig ein Überschuß an gebauter Umwelt vorhanden ist, um diesen dauernden Bevölkerungsfluß zu gewährleisten. Meine persönliche Meinung in der Sache ist, daß der Architekt, der ja weiß, daß Menschen Häuser bauen, sich beruflich vor allem mit der Tatsache befassen sollte, daß Gebäude ihrerseits Menschen »machen«. Die menschliche Persönlichkeit blüht und gedeiht nicht einfach so aus innerem Antrieb und strebt nicht von selbst in eine Umgebung, in der ihre natürlichen Neigungen »Ausdruck finden«. Vielmehr prägt und formt die dingliche – und noch mehr die gesellschaftliche – Umwelt, die der Mensch vorfindet, seine sich entwickelnde Persönlichkeit. Sicher können Psychologen den Architekten helfen, das Wesen dieser Wechselwirkung richtig einzuschätzen; zunächst aber befassen wir uns mit der Philosophie, die sich für den Beruf des Architekten daraus ergibt. Das bedeutet nämlich, daß der Architekt, als ein rechtmäßig beauftragter Vertreter der Gesellschaft, in Kenntnis gesetzt werden muß über die Richtung, die die Gesellschaft einschlagen und über die menschlichen Werte, die sie gefördert sehen möchte. Er muß dann die gebaute Umwelt entsprechend beeinflussen und diese Entscheidungen vor anderen in den Entwurfsprozeß einfließen lassen, damit diese menschlichen Ziele erreicht werden.
Zur Zeit kann er die Konsequenzen aus Alternativentwürfen für das menschliche Verhalten und Fühlen noch nicht voraussagen, und das ist der Punkt, an dem die Wissenschaften, die sich mit dem menschlichen Verhalten beschäftigen, ihm helfen sollten. Es gibt vielleicht drei verschiedene Wege, wie dies geschehen kann, und sie liegen auf verschiedenen Stufen eines wünschbaren Ganzen. Der erste ließe sich als Systemanalyse kennzeichnen. Sie sollte für jeden Bau oder Plan, der unter Gebrauchsbedingungen bewertet werden soll, zur Routinehandlung werden. Wir sollten systematisch Rückkoppelungsdaten sammeln und diese auf einer höheren und allgemeineren Ebene als der des einzelnen Architekten einsetzen. Es ist schwer zu sagen, wer eine solche Procedere bezahlen soll, doch das ist ein administratives Problem. Es ist schwer zu sagen, wer das bezahlen soll, doch ist das ein Problem der Verwaltung. Jedermann würde jedenfalls daraus Nutzen ziehen, und hinsichtlich der Wirksamkeit für den Menschen würde der Aufwand eine hohe Dividende abwerfen. Diese Informationen würden nach Begriffen der Gebäude-

kunde gegliedert werden; es ist ermutigend, daß für verschiedene Nutzungen, wie zum Beispiel Schulen, Krankenhäuser und Büros, die Sache bereits läuft.
Die zweite Möglichkeit für Psychologen, sich ganz besonders nützlich zu machen, liegt auf dem Gebiet der »Kompatibilitäts«-Studien, Untersuchungen mit dem Ziel, eine möglichst glückliche Übereinstimmung der gebauten Umwelt mit den Bedürfnissen, Maßen und Neigungen der Benutzer herzustellen. In diesen Untersuchungen wird das Wissen vermutlich vor allem nach Begriffen der menschlichen Sinneswahrnehmung gegliedert werden müssen, wie sie bei Aufnehmen von Lärm, Temperatur, Beleuchtung, Berührung und Geruch gegeben sind. Die Theorien auf diesem Gebiet werden zwar über Gebäude- und Menschentypen hinausgehen, werden aber durch diese Variablen bestimmt werden. Zu den angewandten Methoden gehört die Verwendung von Versuchspersonen als »menschliche Meßinstrumente«, um einen von Professor Hopkins verwendeten Begriff zu benutzen. Das Ziel besteht darin, verschiedene Wahrnehmungsschwellen festzulegen. Praktisch angewandt, setzen sie Normen, die den praktizierenden Architekten als Richtlinien oder annehmbare Grenzwerte dienen können.
Drittens gibt es eine theoretische Strategie, die die beiden vorher beschriebenen Wege einschließt, aber noch darüber hinausgeht: Hier wird nämlich der Versuch unternommen, Verbindungen herzustellen zwischen allen Arten von materiellem (dinglichem) Input und dem Output von menschlichem Verhalten und zwar mit Hilfe dazwischenliegender oder vermittelnder Variablen, die dazu beitragen, die Struktur zu gliedern. Eine solche Theorie werde ich jetzt zu beschreiben versuchen.

Theorie der sozial-räumlichen Schemata

Wir müssen davon ausgehen, daß der Mensch ein Organismus ist, der nur überleben kann, wenn eine ihm angemessene Wechselwirkung mit seiner Umwelt stattfindet. Im Grunde macht diese Wechselwirkung das menschliche Verhalten aus. Die Form, die es annimmt, scheint sich nur in sehr geringem Maße auf Programme zu gründen, mit denen wir zum Zeitpunkt unserer Geburt ausgestattet sind. Dies steht in auffälligem Gegensatz zu einfacheren Organismen: Diese nämlich beruhen auf Instinkten, die durch Umweltsignale gesteuert werden. (Dennoch stellen Umwelt-Psychologen, offenbar angeregt durch die Ethologie, immer wieder unbekümmert derlei Analogien her.)
Der Mensch muß in bezug auf seine Umwelt zwei grundsätzliche Erfahrungen machen: er muß den Wert der verschiedenen Objekte, auf die er trifft, beurteilen und ihre Lage im Raum abschätzen lernen. Die Information erreicht ihn durch Empfänger, die auf die physikalische Energieausstrahlung der Objekte eingestimmt sind. Ihm wird jedoch die Unzweckmäßigkeit wiederholter Erforschung und Entdeckung dadurch erspart, daß er eine gewaltige Speicherkapazität für die Residuen vergangener Wahrnehmungen hat. Dieser Speichermechanismus für Umwelterfahrungen und die Erinnerung daran arbeitet jedoch nicht in der einfachen Art einer statischen Anhäufung von Wissensfragmenten, die in der Reihen-

folge, wie sie ankommen, gestapelt werden. Ganz im Gegenteil scheinen wir eines andauernden Ausleseprozesses fähig zu sein, in dessen Verlauf neue Informationen dem bereits bestehenden gleichartigen Material hinzugefügt werden. Sie werden in entsprechende »Abteilungen« befördert und, wenn nötig, mehrmals vervielfältigt und an eine Fülle verschiedener Plätze verteilt. Auf diese Weise besitzt jeder von uns einzigartige Informationspakete von verschiedenen Bereichen der Umwelt; diese werden langsam und mühselig während des Ablaufs sich wiederholender Vorgänge in unserem zentralen Nervensystem aufgebaut und zwar wahrscheinlich jeweils, nachdem diese Vorgänge beendet sind.

Mit der fortschreitenden Entwicklung eines Kindes werden diese inneren Darstellungen äußerer Objekte seiner Kontrolle immer mehr zugänglich und zwar in Abwesenheit der äußeren, »realen« Objekte. Mit anderen Worten: die Objekte erzeugen Bilder, »Schemata«, die jederzeit überprüft werden können. Diese Bilder haben auch die Funktion, dem neuen Input einen Sinn zu geben, etwas, das losgelöst von dem bereits Vorhandenen nicht erfahrbar ist. Die Umwelt – und zwar die natürliche, die soziale und die gebaute – findet also eine im eigentlichen Sinne einzigartige Darstellung im Nervensystem jedes einzelnen, der sie erfährt.

Sobald dieser Prozeß einmal in Gang gekommen ist, wird jede neue Wahrnehmung zu einem Akt von Begriffsbildung, die dem bereits hergestellten Bezug folgt. Jeder Akt dieser Art verändert den Organismus früher oder später bis zu einem gewissen Grade.

Aus diesem Grunde haben die meisten Psychologen schon lange jeden Versuch aufgegeben, Theorien zu bilden, die ohne Umwege, sozusagen mit einem einzigen Schritt, vom Umweltreiz zur menschlichen Reaktion darauf führen. In das Erläuterungssystem müssen vermittelnde Variable wie etwa »Haltung«, »Verhaltensweise«, »Temperament« oder »Schema«, eingefügt werden.

Was wir bisher beschrieben haben, ist hinreichend bekannt. Es ist ein Versuch, uns Rechenschaft abzulegen über die Art, wie menschliche Wesen lernen, zwischen Objekten der Umwelt zu unterscheiden – ihren Wert und ihr »Sosein« zu erkennen. Umweltpsychologen sollten sich, wie mir scheint, allerdings auch mit dem bislang vernachlässigten Aspekt der Örtlichkeit, dem »Wosein« der Objekte befassen.

Die für uns erforderlichen oder von uns begehrten Objekte sind in der Umwelt verstreut und durch etwas voneinander getrennt, das wir als Raum bezeichnen. Raum ist »Nicht-Objekt«, man kann ihn nicht berühren, ausgießen, sehen, hören, brechen, biegen oder durchbohren. Er kann nur mittelbar, als Intervall zwischen Gegenständen erfahren werden, so wie Zeit nur als Intervall zwischen Vorgängen erfahrbar ist. Die Größe des Intervalls hängt davon ab, wie wir die Wege zwischen den Objekten erfahren. Diese Phänomene haben eine so grundsätzliche Bedeutung für jegliche Existenz in der Umwelt, daß wir zusätzlich zu Informationen über das »Sosein« von Objekten auch noch Informationen über ihr »Wosein« in unser Begriffssystem einordnen und speichern. Es ist so gut wie unmöglich, sich einen Gegenstand vorzustellen, der nicht gleichzeitig einen festen Platz im Raum hat.

Selbst Objekte wie Gras, das zunächst überall zu sein scheint, wird als »irgendwo«

registriert, und wir wären sehr überrascht, wenn es plötzlich auf unserem Frühstückstisch hervorsprießen oder auf dem Dach unseres Autos wachsen würde. Es würde uns gleichermaßen stören, wenn der Mond sich auf dem Rasen oder auf einem Wurstteller niederließe oder Kartoffelbrei sich in den Zweigen eines Baumes verfangen hätte. Das hat seinen Grund darin, daß die Objekte, obgleich uns ihr Sosein völlig vertraut ist, auch noch ein »Wosein« haben, das wir tief in unser Gehirn aufgenommen haben und das unser Verhalten bestimmt. Ohne diese Grundkenntnis könnten wir den Standort von Objekten nicht bestimmen. Ein großer Teil unseres Verhaltens besteht darin, uns im Umkreis einer Armlänge zu bewegen bis hin zu dem Raum, der die Erde vom Mond trennt. Diese außerordentliche Fähigkeit des Menschen zur Orientierung im Raum und zur Mobilität sowie die Faktoren, die sie bestimmen, sollten, meiner Meinung nach, die Grundlage bilden für eine Theorie der Umwelt-Psychologie.

Jeder Weg, den der Mensch unternimmt, muß eine mehr oder minder bewußte Überlegung einschließen, ähnlich einer Gewinn-Verlust-Rechnung. Er muß das, was er gewinnt, wenn er ein Ziel erreicht (wobei er sich auf sein »Sosein-Schema« verläßt), gegen die »Reisekosten« abwägen. Auf die Verlustseite gehört gewissermaßen die bedauerliche Feststellung, daß, wenn wir ein bestimmtes Objekt ansteuern, wir nicht gleichzeitig ein anderes genießen können, wenn es sich anderswo befindet. Offensichtlich aber müssen wir uns vor allem unserer räumlichen Schemata bedienen, wenn wir uns über den Standort eines Objekts klar werden und wissen wollen, wieviel Energie verbraucht werden muß, um ihn zu erreichen. Diese subjektive und mit den Sinnen vollziehbare Berechnung, die auf einer einzigartigen und ganz persönlichen Wahrnehmung der Welt beruht, entscheidet darüber, ob wir uns zu einem Ziel auf den Weg machen.

Als nächstes brauchen wir einen Plan. Wir haben die Fähigkeit, lange Bildfolgen in uns hervorzurufen und sie zu überprüfen. Wir erfahren dies, als bewege sich unser Ich durch ein statisches Bild hindurch. (Vermutlich weil wir sehr früh gelernt haben, die wirkliche Welt stillstehen zu lassen, während wir uns durch sie hindurchbewegen.) Hingegen verhält es sich natürlich so, daß wir eine Bildfolge an einer Art Fenster in unserem Bewußtsein vorbeilaufen lassen und zwar weitaus schneller als im tatsächlichen Verhalten. Dieser Mechanismus läßt sich ganz einfach testen, indem man sich fragt, wie viele Kreuzungen zwischen zwei beliebigen wohlbekannten Punkten in einer Stadt liegen. Manchmal ist der so entstehende Plan sehr lückenhaft, und wir laufen gewissermaßen unserem eigenen Verhalten in der sicheren Hoffnung davon, daß, sobald wir in die betreffende Gegend vordringen, neuer Input weitere Bilder oder Schemata in uns beleben wird, mit deren Hilfe wir dann unseren Plan vervollständigen können. Diese Schemata, die wir heranziehen oder auch ignorieren, die wir auswählen, ordnen und zusammenfügen können, sind der Rohstoff für unser Vorstellungsvermögen, unser Denken, Träumen und Planen. Räumliche wie auch andere Schemata sind Strukturen, die für besondere Zwecke organisiert werden. Wir entwickeln zunächst ein Grundschema und legen dann die aufeinanderfolgenden Schichten fest, von denen jede die vorhergehende enthält. Dabei kann es sich zum Beispiel

um Innenräume, Häuser, Straßen, Nachbarschaften, Städte, Regionen, Länder, die Welt, das Universum etc. handeln. Alle zusammengenommen machen den Raum aus, den wir bewohnen und den Bildervorrat, aus dem wir auswählen, um einen Plan zu entwickeln.
Für die Mehrzahl unserer Orientierungen beziehen wir uns lediglich auf diese Schemata. Gerade ihre Einzigartigkeit jedoch kann zu Schwierigkeiten führen, sobald wir nämlich unser Verhalten im Raum mit dem anderer Personen koordinieren sollen, deren Bilder-Systeme zweifellos von unseren abweichen. Diese Behinderung wird durch eine große Anzahl von Techniken überwunden, die nicht nur entwickelt worden sind, um die Reichweite einer genauen Orientierung auszudehnen, sondern auch um nach allgemein anerkannten Normen vorzugehen. Auf diese Weise entwerfen wir Maßstäbe, Kompasse, Landkarten, Pläne, Diagramme usw., die uns dazu nötigen, den nächsten Schritt in unserer geistigen Verfahrensweise zu tun, nämlich Bilder in Symbole zu verwandeln. Wir können eine Örtlichkeit mit Hilfe einer Landkarte oder durch die Positionsangabe eines Kompasses genau bestimmen und einen Weg mit einer Reihe von Wörtern beschreiben.
Die so entstehende Vieldeutigkeit wird auf heutigen Landkarten durch die Benutzung standardisierter Meßtechniken für Distanz- und Richtungsmessungen beseitigt. Aber auch dann kann die äußere Symbolbildung nur dazu dienen, innere Schemata zu erzeugen, zu beleben oder zu bekräftigen – oder sie von einer Person auf eine andere zu übertragen. Äußere Symbole können nicht von sich aus eine Handlungsfolge programmieren – das gelingt nur den Schemata. Darüber hinaus verhindert die Existenz, ja sogar der tatsächliche Gebrauch einer genauen Karte nicht, daß jemand sich in Übereinstimmung mit seinem subjektiven und »genauen« Schema verhält.
Der größte Vorzug der Symbolbildung liegt wahrscheinlich in der Möglichkeit, auf diese Weise räumliche Informationen in größeren Mengen zu speichern, als ein einzelnes Individuum aufnehmen kann, sie dauerhafter zu speichern als das zentrale Nervensystem und darin, daß sie ein Mittel liefern, die Schemata mehrerer Personen aufeinander abzustimmen. Es ist interessant festzustellen, daß die verschiedenen Formen von Karten, Plänen und Fahrplänen nichts anderes sind als nach außen projizierte Darstellungen oder Symbole innerer Schemata. Sie existieren nicht, solange sie nicht vom Menschen gemacht werden. Deformierungen können in zwei Phasen auftreten – bei der Wahrnehmung wie bei der Ausführung.
Wenn jeder einzelne durch Lernen an der Umwelt ein Repertoire von Schemata entwickelt, die seine Mobilität steuern, so können diese in einer Theorie als vermittelnde (mediating) Variable verwendet werden. Es muß sowohl gesetzmäßige Beziehungen zwischen der dinglichen Umwelt und den verschiedenen Typen von Schemata geben als auch solche, die die Schemata mit dem Verhalten verknüpfen. Da wir uns mit aufeinander bezogenen Bündeln von gespeicherten Wahrnehmungen beschäftigen, kann die Anzahl der Verbindungen viel kleiner sein, als wenn wir uns mit völlig unverbundenen Einheiten befassen würden. Für die Entdeckung solcher Beziehungen sollten wir uns interessieren; sie wird ganz greifbar, wenn

man zum Beispiel Menschen auffordert, ihre inneren Schemata oder Bilder in Form einer Zeichnung oder einer wörtlichen Beschreibung darzustellen. Die Ergebnisse können dann mit der dinglichen Umwelt verglichen werden, in der sie sich entwickelt haben und mit dem Verhalten, das sie bewirken. Im letzten Teil meiner Arbeit beschreibe ich kurz einige praktische Beispiele zu dem geschilderten Denkansatz.

Einige praktische Beispiele zur Theorie

Die städtische Nachbarschaft. Vielleicht war das am meisten umstrittene Problem der Nachkriegs-Planung das der städtischen Nachbarschaft. Dieses Konzept tauchte als Reaktion auf die öde und anonyme Gleichförmigkeit einer ungezügelten Entwicklung im Wohnungsbau der dreißiger Jahre auf. Der Begriff ist nicht fest umrissen; charakteristischerweise aber wird empfohlen, einer »sozial-ökonomisch ausgewogenen« Wohnbevölkerung von etwa 10 000 Bewohnern eine ausgeprägte Identität dadurch zu geben, daß man die Grenzen des Gebietes durch flankierende Hauptstraßen, Grüngürtel usw. betont. Dabei sollen eine Schule, ein Gemeindezentrum und ein Einkaufsgebiet im Mittelpunkt eines radialen Netzes von Wohnstraßen liegen. Viele der Häuser sollen nach dem »Radburn-Modell« durch Fußgängerwege erreichbar sein. Industrie soll an den Rändern der Einheiten angesiedelt werden. Die Ziele sind ästhetischer, ökonomischer und, was das wichtigste ist, sozialer Natur, das heißt, es soll ein »Sinn für das Gemeinwesen« entstehen.

Die Nachbarschaft hat eine lange Geschichte mit einem starken Beigeschmack von sozialem Idealismus*. Sie wurde von vielen der bedeutendsten Architekten und Planer unterstützt und für viele Nachkriegsplanungen offiziell übernommen, die meisten der frühen »New Towns« eingeschlossen. Jedoch breiteten sich Zweifel an diesem Prinzip immer mehr aus und zwar mit der Begründung, daß es eine veraltete Form von »Dorfanger«-Planung sei, eher sehnsüchtig rückgewandt als wirklichkeitsnah und gänzlich ungeeignet für den vermutlich äußerst mobilen Stadtbewohner des 20. Jahrhunderts. Die Untersuchung (Lee [17.2]) war in bestimmten Grenzen ein Versuch, den Wert dieses Planungsmodells nachzuprüfen. Im theoretischen Ansatz wurde versucht, ein Problem zu umgehen, das die Soziologen Jahre hindurch beunruhigt hat, nämlich: ob die städtische Nachbarschaft eine soziale Gruppe voneinander abhängiger Bewohner ist oder lediglich ein territorialer Teil des Stadtgebiets. Das wurde erreicht, indem »Nachbarschaft« dort untersucht wurde, wo sie sich besonders deutlich abzuzeichnen schien, nämlich in den Köpfen der Menschen. Man fand heraus, daß sie weit davon entfernt war, ein vergessenes Phänomen zu sein; vielmehr konnte ein hoher Prozentsatz der

---

* Vgl. hierzu: Bernd Hamm, Betrifft: Nachbarschaft (Bauwelt Fundamente, Bd. 40), Düsseldorf 1973

interviewten Hausfrauen ihre Grenzen in eine Karte eintragen – so stark waren sie sich ihres besonderen sowohl als Ort wie durch die Menschen gekennzeichneten Lebensbereichs bewußt.
Als dann aber die Karten übereinandergelegt wurden, stimmten die Grenzen fast nie überein, nicht einmal für Bewohner, die nahe beieinander wohnten. Es zeigte sich, daß »Nachbarschaft«, obwohl sie sich deutlich abzeichnet, von jedem einzelnen ganz einzigartig erfahren wird.
Der nächste Schritt war, die Ursache dieser individuellen Unterschiede in einem für die Stadt repräsentativen Querschnitt zu analysieren. Das geschah, indem man den vollständigen Bestand an Häusern, Geschäften, Freizeiteinrichtungen in der Nachbarschaft mit dem entsprechenden Bestand in einer normalen städtischen Umwelt verglich, wobei man jeweils einen Umkreis von 800 m Radius um das Haus der Testperson zugrunde legte (Abb. 9).
Nachbarschaftsbereiche werden, obgleich ihr Umfang sehr verschieden ist, nicht auf die Bevölkerungsdichte bezogen. Es wird im allgemeinen nicht die günstigste Einwohnerzahl benannt, sondern ein bestimmtes Areal (durchschnittliche Größe etwa 30–40 Hektar) abgegrenzt. Die Einwohnerzahl ergibt sich dann aus der in diesem Gebiet bestehenden Bevölkerungsdichte. Die sozialen Aspekte eines individuellen Schemas sind hingegen von den dinglichen nicht zu trennen. Eine gewisse Anzahl von Bewohnern ist in das nachbarschaftliche Bewußtsein einbezogen (was notwendig bedeutet, daß diese Interaktion offenkundig ist). Dies, weil sie bereits innerhalb des ausgewählten Gebietes wohnen. Aber dieses Gebiet wird auch erweitert oder eingeschränkt, um bestimmte Bewohner ein- oder auszuschließen.
Bei der Bestimmung der Größe und Komplexität einer Nachbarschaft nach quantitativen Begriffen und ihrer Anpassung an die jeweilige Örtlichkeit, zeigte es sich, daß es einen Aspekt des Nachbarschaftsinteresses gibt, der von anderen Variablen abhängt, wie zum Beispiel Alter, Zugehörigkeit zu einer sozialen Gruppe, Wohndauer und Lage des Arbeitsplatzes des Mannes.
»*Lex Brennan*«. Ein anderer Untersuchungsbereich, der benutzt werden kann, um diesen allgemeinen Ansatz zu illustrieren, geht vom Einkaufsverhalten aus. Brennan stellte aufgrund einer Planungsauswertung in Wolverhampton (Lee [17.3]) die Behauptung auf, daß Hausfrauen es vorziehen, in Richtung auf die Innenstadt gelegene Geschäfte zu benutzen, selbst wenn diese nicht die nächstgelegenen sind.
»Die Beobachtung, daß der magnetische Pol, der die Gewohnheit der Bewohner auf sich zieht, von dem wahren geographischen Pol abweicht, ist so wichtig für Stadtplaner, daß es erlaubt sein sollte, von einer ›Lex Brennan‹ zu sprechen« (Smith und Sarget Florence [17.4]).
Die empirischen Ergebnisse werden ausreichend durch einige Daten bestätigt, die ich in Cambridge gesammelt habe (siehe Abb. 10). Wenn man Hausfrauen in solche aufteilt, deren nächstes Einkaufs-Subzentrum in Richtung Innenstadt und in solche, deren Einkaufszentrum in der anderen Richtung liegt, so läßt sich ein wesentlicher Unterschied in den Einkaufsgewohnheiten erkennen. Der Zu-

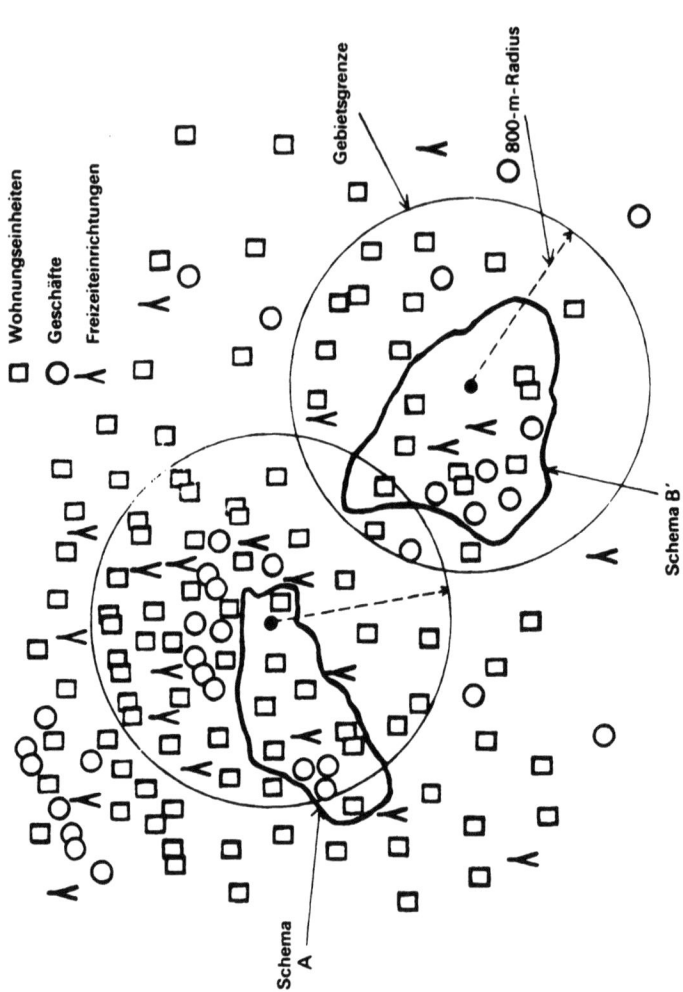

Abb. 9: Beispiele zweier Nachbarschafts-Schemata. Die durchschnittliche Fläche der Nachbarschaft bleibt konstant bei gleichzeitig unterschiedlicher Wohndichte. Wenn man den Umfang der Nachbarschaften (Anzahl der Häuser, Geschäfte, Freizeiteinrichtungen) im Verhältnis zum Umfang eines durchschnittlichen städtischen Gebietes von 800 m Radius darstellt, ist es möglich, ihre dingliche und soziale Zusammensetzung zu vergleichen

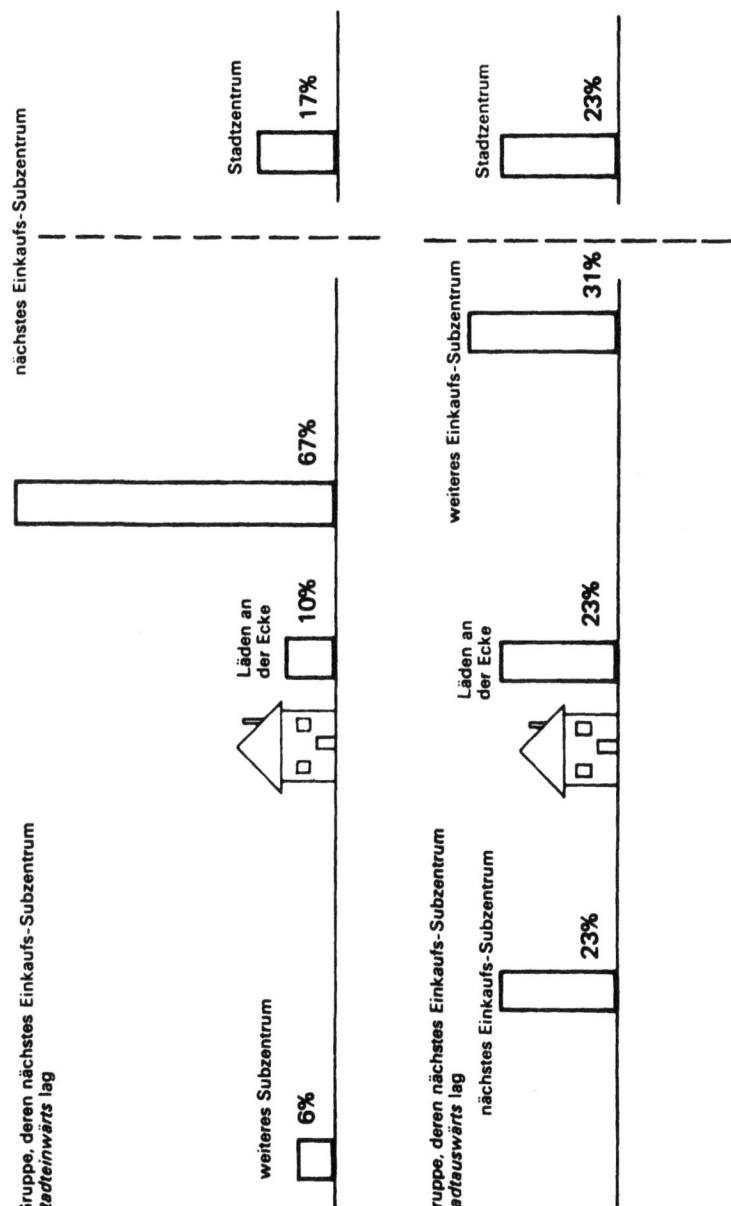

Abb. 10: Versuchsergebnisse aufgrund des »Gesetzes von Brennan« über das Einkaufsverhalten«. Prozentsatz der Personen, die verschiedene Einkaufsgelegenheiten für ihren täglichen Lebensmitteleinkauf benutzen

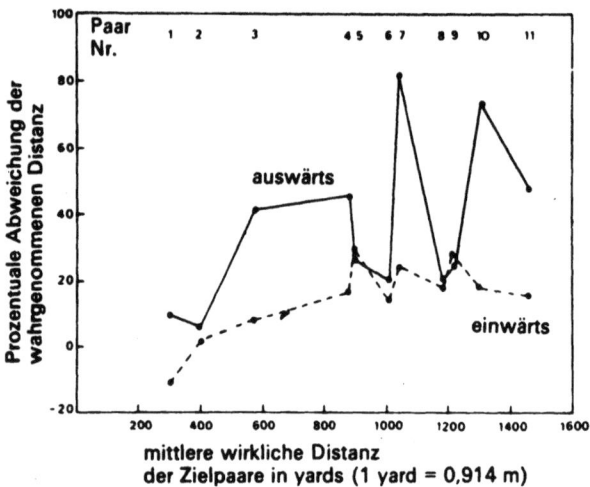

Abb. 11: Rangfolge der Zielpaare nach Entfernung

spruch ist sehr hoch, wenn die Nähe mit der erwünschten Richtung zusammenfällt. Wenn jedoch die beiden Variablen sich widersprechen, so scheint die Richtung einen stärkeren Einfluß zu haben als die Nähe. Brennans Erklärung war, daß dieses Verhalten der Bewohner das »Prinzip des geringsten Aufwands« nicht wirklich in Frage stelle. Es bedeute lediglich, das daß örtliche Einkaufszentrum auf ihrem Weg in die Innenstadt und zurück liegt. Ich fand jedoch heraus, daß Gänge zum Stadtkern selten mit solchen innerhalb des Wohngebiets zusammengelegt werden. Und wenn diese Beobachtung auch eine wahrnehmungspsychologische Erklärung nicht ausschließt, so muß man jedenfalls annehmen, daß das subjektive Verhältnis zur Stadt nicht aus der Häufigkeit eines offensichtlichen Verhaltens abzuleiten ist. Ebensowenig hängt es von der in Richtung Innenstadt zunehmenden Größe und Attraktivität der Einkaufszentren ab, denn im vorliegenden Falle war die Stadt durch Eingemeindung großer Dörfer gewachsen, und dort bestehen Subzentren von mindestens gleicher Attraktivität.

Es scheint nötig zu sein, bei einer Theorie Hilfe zu suchen, wie zum Beispiel dem sozial-räumlichen Schema mit seinen subjektiven Maßstäben, das teilweise von dem den Objekten zugemessenen Wert bestimmt wird. Nach dieser Theorie üben die vom Stadtkern angebotenen Bedürfnisbefriedigungen eine brennpunktartige Wirkung auf die Orientierung im Stadtplan aus und lassen alle Entfernungen in Richtung Innenstadt verkürzt erscheinen. Diese Schlußfolgerung führt uns weit über das Einkaufsverhalten hinaus, das so gesehen nur als besonderer Fall eines allgemeinen Prinzips erscheint.

Dazu testeten wir eine Versuchsgruppe von Studenten, die die Aufgabe hatten, innerhalb der Stadt Dundee 22 verschiedene Entfernungseinschätzungen vorzunehmen. Sie trugen jede einzelne Schätzung in beliebiger Reihenfolge in ein Koordinatensystem ein, das eine Metereinteilung hatte. Es waren elf Zielpunkte, jeweils ein Paar in etwa gleicher Entfernung, ausgewählt worden, wobei der eine einen Weg in die Innenstadt, der andere an den Stadtrand erforderte. Die Ergebnisse zeigt Abb. 11. Es wird deutlich, daß eine allgemeine Tendenz vorliegt. In fast allen Fällen wird der Weg stadtauswärts weitaus stärker überschätzt als der stadteinwärts. Dieses Ergebnis ist statistisch überaus signifikant. Eine der beiden möglichen Erklärungen war einleuchtend: daß nämlich der Weg in die Innenstadt komplexer ist, eine größere Vielfalt erwünschter Objekte und also interessanter Erfahrungen enthält und daß dieser Umstand ihn subjektiv kürzer macht (um einen Analogieschluß aus den Ergebnissen auf dem verwandten Gebiet der Zeit-Wahrnehmung zu ziehen). Diese Annahme wurde durch den Vergleich der Schätzungen getestet, die bei einem experimentellen Entwurf mit drei Variablen in bezug auf einen einzelnen Standort angestellt wurden: »nach innen – nach außen«; »vielfältig – einfach« sowie »darauf zu – weg von«. Bei dieser Untersuchung war die »nach innen – nach außen«-Unterscheidung wiederum signifikant. Die anderen Variablen zeigten keine Auswirkung auf die Schätzungen, aber die Anzahl der berücksichtigten Wege war klein, und die Ergebnisse müssen daher als vorläufig betrachtet werden.
Es gibt noch eine Variable der dinglichen Umwelt, die offensichtlich einigen Einfluß auf die Ausbildung räumlicher Schemata der Stadt hat. Das ist die Geradlinigkeit von Wegen. Es ist noch nicht möglich zu sagen, ob dieser Faktor auf Brennans Gesetz bezogen werden kann, aber er findet sicherlich beim Entwurf sowohl des Äußeren als auch des Inneren von Gebäuden Anwendung.
Die Hypothese ist, daß geradlinige Wege kürzer erscheinen als Wege mit vielen Kurven und daß das Ausmaß der Wirkung von der Anzahl der Kurven abhängt. Es war bislang nicht möglich, das durch Feldarbeit zu testen, aber eine Simulation, die mit Linien arbeitet, hat positive Ergebnisse gebracht. Die Versuchspersonen wurden gebeten, einen ausziehbaren Linien-Apparat zu verändern und ihn mit einer Reihe von vorgelegten Diagrammen zur Deckung zu bringen. Es wurden Linien von drei Längen und mit 0, 3, 5 und 7 Kurven benutzt, die Entfernung zwischen Ausgangs- und Zielpunkt wurde für jede Linienlänge gleich gehalten. Die Ergebnisse, die in Abb. 12 gezeigt werden, lassen eine Überschätzung der Länge bei steigender Anzahl der Kurven erkennen.
Die sozial-räumlichen Schemata von kleinen Kindern auf dem Land. Mein letztes Beispiel kommt aus dem Bereich der Erziehung. Seit einigen Jahren haben Erziehungsbehörden auf dem Lande eine Verwaltungspolitik verfolgt, die auch die Schließung von Zwergschulen vorsieht, was für diese Kinder einen ausgedehnten Schulweg zu den größeren Schulen per Bus oder zu Fuß bedeutet. Über die Auswirkungen dieser Politik, sowohl auf Landgemeinden als auch auf die Kinder selbst, wurden Zweifel geäußert. Wir befassen uns mit der zweiten Gruppe. Hier hat sich die Besorgnis auf die Möglichkeit konzentriert, daß Kinder, die lange

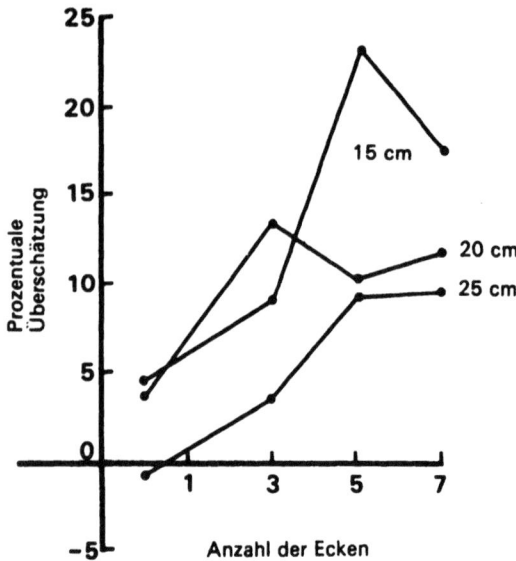

Abb. 12: Visuelle Schätzung der Länge als Funktion der Anzahl der Ecken (nicht veröffentlichte Versuchsergebnisse)

Strecken zurücklegen, vielleicht müde und gereizt sind, wenn sie in der Schule ankommen.

Die Untersuchung (Lee [17.5]) wurde in 57 Landschulen in Devonshire durchgeführt und betraf 883 Schulkinder zwischen sechs und acht Jahren. Meßwerte für die Anpassung der Kinder an die Klassenzimmersituation wurden in einer Reihe von Bewertungen durch ihre Lehrer ermittelt. Diese schlossen Größen wie zum Beispiel »Fähigkeit zur Konzentration«, »Aggressivität«, »Reaktion auf Zuwendung« usw. ein, und als sich zeigte, daß elf von insgesamt dreizehn solcher Charakteristika dasselbe Muster aufwiesen, wurden sie zu einem einzigen »Index der Anpassungsfähigkeit« zusammengefaßt. Dieser wurde dann auf die Länge und die Art des Weges, den die Kinder zurücklegten, bezogen und man fand, daß sowohl für den Schulweg per Bus als auch für den Schulweg zu Fuß die Anpassungsfähigkeit der Testgruppe fortschreitend mit der Dauer des Weges abnahm. Das erstaunlichste Ergebnis war jedoch, daß die Buskinder jedesmal mehr betroffen waren als diejenigen, die zu Fuß zur Schule kamen (Abb. 13). Dies zeigte mit großer Deutlichkeit, daß körperliche Ermüdung als Erklärung des Problems ausschied.

Eine bessere Übereinstimmung mit den Ergebnissen bietet folgende Hypothese: Kinder, die zu Fuß zur Schule gehen, haben zwei ihnen geläufige sozial-räumliche

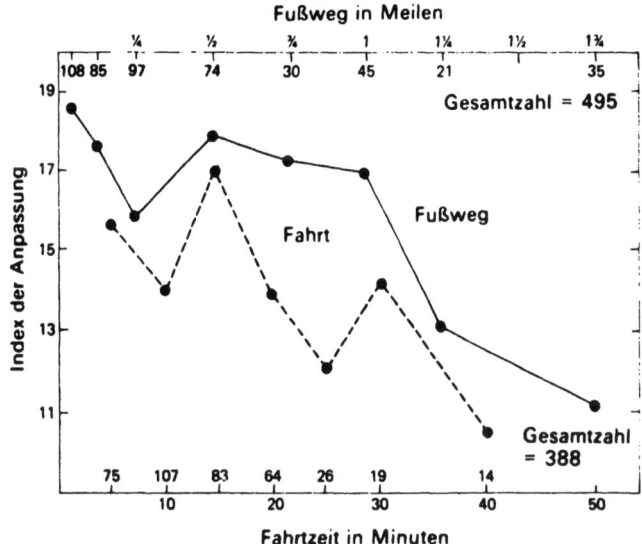

Abb. 13: Index der geschätzten sozio-emotionalen Anpassung (hoher Wert – »gute« Anpassung) als Funktion von Art und Dauer des Schulweges

Schemata, das Zuhause und die Schule. Diese Schemata sind durch einen Straßenzug gut verknüpft, den sie selbst als jederzeit und nach eigener Willensentscheidung durchmeßbar erfahren und der sie durch wohlbekanntes und gut gegliedertes Gebiet führt. Buskinder andererseits haben zwei ziemlich getrennte Schemata, die durch ein Niemandsland geteilt sind, das sie von dem Zeitpunkt an, zu dem der Bus sie auslädt, bis zu dem etwa sechs Stunden später unter keinen Umständen durchmessen können.
Ich hoffe, Sie mit dem Gesagten hinreichend davon überzeugt zu haben, daß, wenn wir unsere Kenntnisse vorantreiben und uns die Voraussagen über die Wirkung der gebauten Welt auf das Verhalten von Menschen erheblich erleichtern wollen, wir als vermittelnde Variable die geordneten inneren Abbilder dinglicher und sozialer Beziehungen einschließen müssen, die ich als sozial-räumliche Schemata bezeichnet habe. Mit diesen Schemata läßt sich relativ leicht arbeiten, sowohl in der unmittelbaren Beobachtung wie durch Schlußfolgerungen. Sie scheinen mir deutlich die Verwirrung unter den Daten zu vermindern und dazu beizutragen, unsere theoretischen Vorstellungen zu ordnen.
Am dringendsten aber möchte ich dafür plädieren, ernsthaft über ein *theoretisches Gerüst* für unser sich rasch ausweitendes Forschungsfeld nachzudenken und nicht so sehr über eine ganz *spezielle Theorie*.

II. Laboruntersuchungen

Dieser Abschnitt enthält vier (in der Originalausgabe fünf, der Herausgeber) Beiträge, die sich mit Laboruntersuchungen befassen. Das Laboratorium ist für viele Wissenschaften die Quelle harter Fakten, denn es bietet die Möglichkeit zu intensiver Überprüfung und vielfältiger Differenzierung. Daraus ergeben sich allerdings Schwierigkeiten bei der Auslegung und Verallgemeinerung von Laborergebnissen. Es scheint, als ob durch die Genauigkeit der Laborarbeit nur Fakten entstehen könnten, die für die Realität kaum von Bedeutung sind; aber das muß keineswegs so sein. Es lassen sich vielmehr bei der nötigen Sorgfalt im Labor wichtige Realitäts-Beziehungen aus ihrer alltäglichen Verflochtenheit herauslösen und genau untersuchen. Außerdem lassen sich (obgleich das schwieriger ist) Laborergebnisse extrapolieren. Trotz der großen Schwierigkeiten, die dieses Vorgehen mit sich bringt, ist der mögliche Wissensgewinn den Aufwand wert.
Die folgenden Untersuchungen wurden also mehr wegen ihrer potentiellen als wegen ihrer unmittelbaren Bedeutung für die Wissenschaft in diese Veröffentlichung einbezogen. Jeder einzelne Beitrag erschließt eine beträchtliche Reihe in der Zukunft denkbarer Forschungsbereiche. Aus diesem Grunde wurde eine kurze Zusammenfassung der Hauptpunkte eingefügt, die sich jeweils in der Diskussion dieser Arbeiten ergaben. Auch die übrigen Beiträge dieser Veröffentlichung wurden eingehend diskutiert, jedoch erwies sich die Diskussion der experimentellen Beiträge als besonders ergiebig. Die Argumente, die dabei vorgebracht wurden, könnten – als ganz bestimmter Ausgangspunkt für weitere Überlegungen – höchst fruchtbar werden.
Es ist interessant festzustellen, daß alle, die einen Beitrag lieferten, damit befaßt sind, Methoden zur Verhaltensmessung oder zur Auslösung von Wirkungen im Labor zu entwickeln. Und es ist zu hoffen, daß ihre Pionierarbeit andere Experimentatoren dazu anspornen wird, ihre Techniken zu verfeinern und weiterzuentwickeln.
Der folgende Abschnitt beginnt mit einem Beitrag von Ian D. Griffiths. Er stellt die Verbindung zum ersten Abschnitt des Buches her, indem er klar darlegt, daß eine enge Verbindung zwischen Theorie und Experiment besteht. Griffiths zeigt, wie die psychologische Stimulations- oder Aktivierungs-Theorie, richtig verstanden, dazu führen kann, genaue Meßwerte für die psychologische Wirkung von Temperatur zu entwickeln. Ifan Payne geht von der gleichen Grundtheorie aus und veranschaulicht, wie Messungen der Pupillengröße als Schätzwerte für das Interesse an Farbdiapositiven oder die durch sie ausgelösten Gefühlsreaktionen angewandt werden können.
Die Arbeit von Adrian Hill hat einen pragmatischeren Ausgangspunkt. Hill versucht Labortechniken zu entwickeln, um zu bewerten, in welchem Ausmaß

Menschen den Wunsch haben, aus den Zimmern ihres Hauses hinauszusehen und andere in ihre Zimmer hineinsehen zu lassen. Jackie Lau untersucht ein Kernproblem aller Laborexperimente, nämlich die Notwendigkeit, Realität modellhaft zu simulieren. Die Arbeit von Roger Wools könnte auch ebensogut in den Abschnitt III aufgenommen werden. Wools beschreibt einen Fragebogen, den er entwickelt hat, um eine Reihe von Innenräumen bewerten zu lassen, und außerdem einige Versuche, bei denen Testpersonen die von ihm entwickelte Wertskala benutzen sollten, um Diapositive zu beurteilen. Diese Wertskala ist auch bei Feldarbeit außerhalb des Labors benutzt worden.

Ian D. Griffiths

Behagen als Wärmewirkung – Eine Verhaltensstudie

Zusammenfassung des Herausgebers

Untersuchungen von Testpersonen zur Behaglichkeit als Wärmewirkung werden diskutiert und bewertet. Außerdem werden Forschungsarbeiten über die Beziehung zwischen Wärmebedingungen und der Durchführung psychomotorischer Aufgaben beschrieben. Eine theoretische Möglichkeit, diese beiden Verfahrensweisen durch ein Stimulationskonzept zu verbinden, wird vorgestellt. Es folgt ein Experiment, bei dem sich zeigt, daß die Ausführung einer nach den theoretischen Anweisungen entwickelten Aufgabe von Temperaturveränderungen in einer Weise beeinflußt wird, die sehr genau der Behaglichkeitsbewertung entspricht. Die für die Wechselwirkung zwischen Behaglichkeit und Leistungsfähigkeit charakteristischen Begleitumstände werden diskutiert und die Veranstalter des Experiments um eine sorgfältige Auslegung der experimentellen Ergebnisse gebeten. Die Versuchsarbeiten wurden zusammen mit Dr. P. R. Boyse ausgeführt.
Die vorliegende Arbeit beschäftigt sich mit der Behaglichkeit als Wärmewirkung in einem sehr weiten Sinne. Es wird darin sowohl das im allgemeinen als wichtig für diesen Gegenstand angesehene Material erörtert als auch insbesondere das Leistungsverhalten bei thermischer Belastung untersucht. Es folgt der Versuch einer Synthese aus beiden Verfahrensweisen. Die Arbeit erfaßt die Literatur zu dieser Frage keineswegs erschöpfend. Auch werden die praktischen Ergebnisse dieser Untersuchungen für Ingenieure und Architekten nicht diskutiert.

Subjektbezogene Behaglichkeitsuntersuchungen

Bei Untersuchungen über das Behaglichkeitsempfinden des Menschen verfuhr man bezeichnenderweise so, daß man die sogenannte Behaglichkeitbewertung – nach einer mehrstufigen Wertskala, – mit physikalischen Umweltdaten in Verbindung brachte. Verschiedenartige Regressionsversuche ergaben Formeln, die fast immer vier Hauptvariable enthalten: Lufttemperatur, durchschnittliche Strahlungstemperatur, Luftgeschwindigkeit und Dampfdruck. (Sie können aber auch andere Faktoren einschließen, wie zum Beispiel Bekleidungsgrad, Ausmaß der Tätigkeit usw.) Aufgrund dieser Faktoren kann eine optimale Behaglichkeitsbedingung als der Zustand beschrieben werden, der im Durchschnitt als behaglich bewertet wird. Ein Pionier auf diesem Gebiet war Thomas Bedford, dessen Sieben-Stufen-Skala heute noch in Gebrauch ist. Im allgemeinen haben die Benutzer dieses Verfahrens die Werte der Korrelationskoeffizienten, die sich aus deren Regressionen ergaben, nicht veröffentlicht. Bedford [12.1] jedoch stellte bei einer

Untersuchung mit Fabrikarbeitern eine sehr niedrige Korrelation (0,51) zwischen deren Bewertungen und seinem Wärme-Index mit vier Variablen fest. (Die Korrelationen liegen bei der amerikanischen Forschung [ASHRAE] höher; man darf annehmen, daß dies im allgemeinen mehr für Laborexperimente als für Feldarbeit zutrifft.) Webb [12.2] hat erst kürzlich nachweisen können, daß die enttäuschenden Ergebnisse von Bedford sich verbessern lassen, wenn der Umfang der untersuchten Bedingungen erweitert wird und, was noch wichtiger ist, wenn die Korrelation zur Testperson selbst und nicht zwischen Testpersonen hergestellt wird. Eine solche Veränderung des Experiments hat die Korrelation auf 0,78 gesteigert. Sie läßt sich, wenn gleichzeitig die Bedingungen des Experiments erweitert werden, auf 0,9 erhöhen. (Bedfords Einschätzungen ergaben zu 70% »weder kühl noch warm«.) Wenn meine Rechnung stimmt, so heißt das, daß in der ursprünglichen Relation sich nur etwa 25% der Varianten in den Behaglichkeitsempfindungen erklären lassen, während bei der auf die Testperson selbst bezogenen Berechnung sich der prozentuale Anteil auf 61 erhöht. Webb schreibt dies der unterschiedlichen Reaktion auf Wärme zu. Aber es läßt sich nicht sagen, wieviel von diesen alarmierenden 36% auf eine erhöhte Empfindlichkeit durch die Verwendung der Bewertungsskalen zurückzuführen ist. Webb weist darauf hin, daß die beste Einzelvariable zu seiner Bewertungsskala eine Korrelation von 0,84 ergab und daß dieses Ergebnis nur durch das Hinzufügen von drei neuen Variablen auf 0,92 gebracht werden kann. Das zeigt uns, daß die Verwendung zusätzlicher Variablen die Varianz der Behaglichkeitsempfindungen nur um 14% vergrößert. Verglichen mit den 36% an Varianz, die sich aus persönlichen Faktoren ergeben, ist dies gering. Alle diese Werte, muß ich hinzufügen, sind auf Messungen und Bewertungen bezogen, die an einem einzigen jungen Mann vorgenommen wurden. Sie können also nur als Beispiele gelten (obwohl Webb [12.3] über Versuche mit vier verschiedenen Testpersonen berichtet, bei denen die Durchschnittskorrelation mit 0,905 dem Wert von 0,92 bei einer Einzelperson sehr nahe kommt, und bei Bedford [12.1] die zusätzlichen drei Variablen die erklärte Varianz nur von 24% auf 27% erhöhten). Von hier aus gesehen erscheint es vielleicht überraschend, daß viele Gleichungen zur Bestimmung von Behaglichkeitsempfindungen, die mehr für größere Personengruppen als für Einzelpersonen entwickelt wurden, so aufgestellt sind, daß sie eher zu optimalen Lösungen führen als zur Festlegung verschiedener Behaglichkeits-Bedingungen. Die Bandbreite ist hier, wenn sie überhaupt gegeben ist, sehr weit gefaßt. Und es ist schwierig vorauszubestimmen, was eine solche brauchbare Bandbreite, in Begriffen der Behaglichkeitsbewertung ausgedrückt, ausmachen kann. Als jedoch Bedford [12.4] sich entschloß, alle Bedingungen in die Behaglichkeitsbewertung aufzunehmen, die von den Antwortenden als »nicht unbehaglich« empfunden wurden, ergab sich eine alarmierende Streuung von etwa 8 Grad Celsius wirksamer Temperatur, die er nicht hinnehmen konnte. Er hielt es daher für nötig, seine Kriterien hinterher abzuwandeln, indem er die Bewertungen »angenehm warm« oder »angenehm kühl« als Ausdruck von Mißbehagen auslegte.

Es hat keinen Sinn, zu lange bei Bewertungsskalen zu verweilen, denn es wurden noch andere Methoden angewandt. Man kann menschliche Wesen wie einen Ein- und Ausschalt-Mechanismus benutzen, der die An- oder Abwesenheit von Mißbehagen anzeigt. Chrenko [12.5] zum Beispiel hat dieses Verfahren bei der Untersuchung von Decken- und Fußbodenheizungen angewandt. Man könnte erwarten, daß diese Methode tatsächlich keine Probleme zu lösen in der Lage ist und zwar insofern, als zweifellos der Grad des Unbehagens, der hingenommen wird, ehe die Bewertung »unbehaglich« erfolgt, für jedes Individuum und im Vergleich zwischen den Individuen verschieden ist. Zum Beispiel haben Bem und seine Mitarbeiter argumentiert, daß die Wahrnehmung (= Anzeige) eines Reizes als schmerzhaft sich aus der Beobachtung des eigenen Verhaltens ergeben kann. So beurteilen Testpersonen, denen man erlaubte, sich aus einer bestehenden Schocksituation zu befreien, den Schock als unangenehmer als solche, die nicht ausweichen konnten. Andere Experimentatoren (Zimbardo, Cohen, Weisenberg und Firestone [12.6]) berichten, daß schmerzhafte Schocks von freiwilligen Versuchspersonen weniger schmerzhaft empfunden werden als von solchen, die dazu verpflichtet wurden. Diese Untersuchungen lassen den Schluß zu, daß Menschen, die man auffordert, ihr eigenes Behaglichkeitsempfinden zu bewerten, daß heißt subjektive Urteile abzugeben, sich in ihren Antworten sowohl auf kognitive Faktoren (Denkfaktoren) als auch auf die emotionalen (Gefühlsfaktoren) beziehen, die zu untersuchen wir uns bemühen. Bem meint allerdings, daß diese subjektbezogene Methode nicht weiterführe. Seine Versuche scheinen zu zeigen, daß die subjektive Reaktion entscheidend von Verhaltensbeobachtungen abhängt, die unbetroffene Beobachter ebensogut machen können wie Testpersonen.

Es wurden Versuche unternommen, ein anderes einfaches Modell zur Feststellung von Behaglichkeit durch Wärmeeinwirkung anzuwenden: Mindestens zwei Gruppen von Experimentatoren haben die Methode des Paar-Vergleichs benutzt, die in einem Falle nur verhaltensorientiert war. Houghten und Yaglou [12.7] ließen Testpersonen zwischen zwei miteinander verbundenen Räumen hin- und hergehen, deren Temperatur kontrolliert wurde. In dem einen blieben die Bedingungen konstant, in dem anderen änderte sich die Temperatur von spürbar kühler zu wärmer. Die Testpersonen beurteilten diesen Raum im Vergleich zum gleichbleibend temperierten Raum als kühler, gleich warm oder wärmer. Techner [12.8] hat eingewandt, daß dieses Experiment zwar im Prinzip richtig sei, daß es aber im Hinblick auf den Adaptionseffekt nicht hinreichend überprüfbar und daß die statistische Bearbeitung unzulänglich sei. Diese Kritik wäre schwierig zu entkräften, wenn man dieses Verfahren erneut anwenden würde. Teichner umreißt dann die von ihm vorgeschlagene Methode, die sich auf eine Behauptung und eine Reihe von Ableitungen aus ihr stützt.

Postulat (1) Die ertragbare Dauer des Aufenthaltes in bestimmten Temperaturen steht in Beziehung zur Höhe der zu erwartenden Belohnung.

Ableitung (1) Konstante Zustände sind für eine maximale Zeitdauer ertragbar, ohne daß eine Belohnung gegeben wird.

Ableitung (1a) Konstante nichtschädliche Bedingungen werden ohne Belohnung annähernd so lange ertragen, wie die Testperson braucht, um ein thermisches Gleichgewicht herzustellen.

Ableitung (2) Bei Fehlen einer Belohnung entspricht die ertragbare Höchstdauer etwa der Zeit, die nötig ist, um Schmerz oder Mißbehagen zu empfinden.

In diesem Schema sind die Wärmebedingungen, die den längsten Aufenthalt bei geringster Belohnung ermöglichen, die optimalen. Dieses Schema bleibt ein Schema, da der Verfasser nur ein einführendes Experiment vorstellt, dessen Zielrichtung methodologisch ist und bei dem nur das Postulat überprüft worden ist. Die Versuchspersonen wurden in einer beheizten Zelle innerhalb eines kühlen Raums untergebracht. Für die Zeitdauer, die sie in dem kühlen Raum aushielten, wurden ihnen Geldbelohnungen gegeben (2 cents/Minute bzw. 4 cents/Minute). Eine Sitzung dauerte 100 Minuten. Kaum eine der Testpersonen aus der höher bezahlten Gruppe wärmte sich auf. Hingegen wurden in der niedriger bezahlten Gruppe lineare Beziehungen, zum Beispiel zwischen Hauttemperatur und der Aufenthaltsdauer in der Zelle, festgestellt. Sicher ist diese Methode neuartig, aber es läßt sich noch nicht genau erkennen, was sonst noch in ihr steckt: die Ableitungen scheinen dem Postulat nicht zu entsprechen. Besonders Ableitung (1a) erscheint äußerst seltsam. Hier wird eine Art »thermischer Langeweile« angenommen, die vielleicht in einer Situation vorkommen mag, in der sich außer den thermischen Umweltbedingungen nichts verändert, aber kaum sonst – in einer Situation also, für deren Realität es keine eindeutigen Beweise gibt. Das führt zu der Schlußfolgerung, daß der Körper in dem Augenblick, in dem er ein thermisches Gleichgewicht erreicht, sich in seinem Verhalten aus dem Gleichgewicht gebracht fühlt. Außerdem wird die Bedeutung einer Belohnung in Gestalt einer Geldsumme zweifellos subjektiv verschieden erfahren, und damit sind vermutlich die Faktoren, die nicht zur Wärmereaktion gehören, nicht im erwünschten Maße aus der Beurteilung der inter-individuellen Unterschiede auszuschließen.
Trotz allem, was ich gesagt habe, bleibt Teichners Arbeit ein lohnender Versuch, Behagen durch Wärmewirkung in ein zusammenhängendes psychologisches Rahmenwerk einzufügen.
Im Zusammenhang gesehen, hat das subjektbezogene Verfahren bei der Feststellung des Ausmaßes von Behaglichkeitsbedingungen allem Anschein nach einen bescheidenen Erfolg zu verzeichnen. Sein Mangel ist, daß es nicht in die allgemeine Psychologie integriert werden konnte; als Mangel ist auch der allzu verallgemeinerte Gebrauch von Bewertungsskalen anzusehen.

Leistungsuntersuchungen

Viele Untersuchungen beschäftigen sich natürlich mit den Auswirkungen von Wärmebedingungen auf bestimmte Leistungen. Eine Durchsicht der einschlägigen

Literatur ist ziemlich deprimierend. Aus den Untersuchungen ergaben sich anscheinend keine Auswirkungen – hinsichtlich einer stufenweise erfolgenden Verminderung oder Steigerung – unter Bedingungen, die – bei etwa gleichen quantitativen Voraussetzungen – von den im allgemeinen erfahrenen abweichen. Es wäre vielleicht nützlich, einige dieser Untersuchungen und ihre Ergebnisse in Betracht zu ziehen, aber dieser Beitrag ist nicht als Überblick gedacht. Es gibt jedoch einen ausgezeichneten Bericht von Pepler [12.9], der von allen Interessierten herangezogen werden sollte.

Es überrascht nicht, daß derlei Untersuchungen ohne offensichtliche Auswirkung nur selten veröffentlicht werden. Dean und McGlothlen [12.10] arbeiteten mit zehn Piloten, die gleichzeitig verschiedene Aufgaben auszuführen hatten: langsames Ablesen (insgesamt 17 Vorgänge/Minute) von zwei Monitoren und zugleich die Verfolgung einer Flugspur. Das Experiment benutzte mehrere Variable; es enthielt zwei verschiedene Lärmbedingungen (70 und 110 dB) und fünf verschiedene Temperaturen (21 bis 43 Grad Celsius umgebender Temperatur bei verschiedener Luftgeschwindigkeit, so daß sich für die tatsächlich wirksame Temperatur 17 bis 34 Grad Celsius ergaben). Diese Temperaturwerte liegen möglicherweise sehr niedrig, da die Strahlungstemperatur, die bei der Messung wirksamer Temperaturen nicht berücksichtigt werden darf, hoch war. Die Untersuchung zeigte keinerlei Auswirkung von Temperatur oder Lärm oder ihrer Wechselwirkung auf die gestellten Aufgaben. Beides, Temperatur wie Lärm, hatte jedoch entschiedene Wirkungen auf die Herzfrequenz, was darauf hinweist, daß die Testpersonen physiologisch auf die Umweltveränderungen reagierten. Teichner und Wehrkamp untersuchten das Leistungsverhalten von 30 Wehrpflichtigen bei einer Spurenverfolgung an einem speziellen Testgerät. Die untersuchten Temperaturen reichten von 13 bis 37 Grad Celsius; das untersuchte Merkmal war die bis zum Ziel benötigte Zeit. Die Auswirkung von Temperatur war nur bei weniger als 1% signifikant, und die optimale Temperatur bei der Verfolgung lag bei 21 Grad Celsius. Da aber die nächsthöhere Temperatur bei 30 Grad Celsius lag, läßt sich nicht sagen, ob bei einer Temperatur, die dazwischen und näher zum Behaglichkeitsbereich liegen würde, sich eine Auswirkung feststellen ließe. Zwar wissen wir – was noch dazukommt –, daß die Versuchspersonen sich etwa 20 Minuten lang jeglicher Temperatur anpassen konnten, aber wir kennen die Bedingungen nicht, die außer der Lufttemperatur noch bestimmend waren. Holmberg und Wyon [12.12] wiesen bei schwedischen Schulkindern Unterschiede in der Lesegeschwindigkeit und in der Aufnahmefähigkeit bei Temperaturen von 21 und von 27 Grad Celsius nach. Außerdem entdeckten sie noch einige andere interessante Dinge, die wir in Kürze erörtern werden. Bursill [21.1] kombinierte das Verfolgen einer Hauptspur mit einer Aufgabe zur Prüfung der Wachsamkeit, bei der unter anderem die Anordnung von Lichtpunkten beobachtet werden sollte. Dabei war die Minderung der Werte im Falle einer Anordnung der Lichtpunkte am Rande des Sehfeldes bei einer Temperatur von 35 Grad Celsius deutlicher erkennbar als bei 18 Grad. Pepler [12.13] berichtet über den Leistungsabfall an einem Spezialtestgerät beim Ansteigen der wirksamen Temperatur um etwa 3 Grad über die optimale Behaglichkeitstemperatur bei Europäern, die sich an die Klimabedingungen von Singapur gewöhnt hatten (nach Webb [12.14] bei 25 Grad Celsius). Wie Pepler berichtet, kommen seine Ergebnisse denen von Mackworth [12.15] sehr nahe, der in Cambridge mit Männern unter künstlich erzeugten Klimabedingungen gearbeitet hat.

Schließlich können wir – in dieser Blitztour durch das Gebiet thermischer Auswirkungen auf Leistungsverhalten – noch Untersuchungen heranziehen, bei denen Leistungsmessungen steigende Werte ergaben. Pepler [12.15] zeigte, daß die Leistung bei manueller Spurenverfolgung und einer Grifflast von etwa 7 Kilogramm bei starkem wie bei schwachem Leistungsreiz zunahm, sobald die Temperatur von 24 auf 27 Grad Celsius anstieg. Holmberg und Wyon [12.12] stellten neben signifikanten Wertminderungen ein bemerkenswertes Ansteigen der Lesefähigkeit bei 30 Grad gegenüber einer Temperatur von 20 Grad Celsius fest.

Mit dem nächsten Beispiel entfernen wir uns einmal von den relativ normalen Temperaturbedingungen, die wir bisher erörtert haben. Poulton und Kerslake [12.16] untersuchten, wie sich das Eintreten in eine extrem warme Umgebung auswirkte, mit der in diesem Falle das Cockpit eines großen Zivil-Flugzeugs simuliert werden sollte. Der Simulationsversuch enthielt verschiedene Aufgaben: es sollten auf dem Amperemeter fünf verschiedene Meßpunkte festgestellt werden und zwar während sich die Nadel des Geräts alle vier bis acht Minuten ruckartig und in scheinbar zufälliger Folge bewegte. Gleichzeitig hörten die Testpersonen eine Folge von zehn Buchstaben, in der einer wiederholt vorkam. (Das bedeutete zehn Reaktionen in einer Zeitspanne von jeweils zwei Minuten.) Geübt wurde bei 21 Grad Celsius; die effektiven Temperaturen lagen während des Experiments bei 30 und 19 Grad Celsius. (Tatsächlich waren die Werte: 45 Grad Celsius, Feuchtigkeitsmenge = 10 mm Hg, Luftgeschwindigkeit = etwa 2,54 m/sec. und 25 Grad Celsius bei gleicher Feuchtigkeitsmenge und Luftgeschwindigkeit.) Die Aufgabe des Zuhörens wurde am ersten Tag bei kühlen Temperaturen eindeutig weniger gut durchgeführt ($p < 0,01$); am Ende des zweiten Tages war die Leistung bei kühlen Temperaturen ebenso eindeutig besser.

Zusammenfassend läßt sich sagen: Es ist weder möglich, genau zu definieren, wie temperaturbezogene Leistungsprüfungen beschaffen sein sollen, noch wohin die praktische Ausführung solcher Aufgaben in Reaktion auf eine thermische Belastung tendiert. Dies beruht zum Teil darauf, daß es schwierig ist, Motivationsart und -niveau von Testpersonen zu überprüfen, die, vielleicht dem Experimentator zuliebe, auch unter ungünstigen Bedingungen ihre Leistungen steigern und damit die Erkennbarkeit von Temperaturwirkungen verringern. Außerdem haben Poulton und Kerslake [12.16] auf eine Art negativer Übertragung hingewiesen: das jeweils neu erreichte Leistungsniveau entspricht offenbar ziemlich genau dem zuvor erreichten. Versuchsanordnungen, die ein Gegengewicht schaffen sollen, verfehlen so ihr Ziel. (Solche Versuche sind so angelegt, daß sie die Wirkungen einer regelmäßigen Erfahrung verschiedener Belastungsgrade ausschließen, und zwar indem sie eine gewisse Anzahl von Leistungsforderungen so vorsehen, daß sie die Wirkung der jeweils vorangegangenen aufheben.) Was jedoch wirklich fehlt, ist ein theoretischer Ansatz für Verhaltensänderungen bei thermischer Belastung. Einen ersten Schritt in dieser Richtung hat K. A. Provins [12.17] in einer Arbeit getan, in der er überzeugend darlegt, daß thermische Reize Aktivität auslösen können.

Leistungsaktivierungen durch thermische Reize

Versuche, die keine Leistungsänderung zeigen, sollten, so argumentiert Provins, nicht als Beweis für die Unwirksamkeit von Temperatur gelten. Es könne (auch bei Temperaturunterschieden) die gleiche Leistung erreicht werden, aber nur durch größere Anstrengung der Testpersonen. Er möchte »Anstrengung« in Verbindung bringen mit Duffys Begriff der »Aktivierung« (über den im nächsten Abschnitt noch ausführlicher zu sprechen sein wird). Um diesen Vorschlag zu stützen, berichtet er, daß sowohl Mackworth als auch Pepler Unterschiede in der Wirkung von Wärme auf Leistung bei guten und schlechten Versuchspersonen festgestellt haben (wobei in dieser Definition vom Begriffsniveau »kühl« ausgegangen wird). Durchschnittliche Testpersonen erzielten bessere Leistungen unter Hitzebelastungen, »gute« nicht – was dafür spricht, daß die guten bereits eine Leistungsspitze erreicht hatten, während die »schlechten« noch Spielraum für Leistungssteigerung durch Aktivierung hatten. Zusätzlich beschreibt er einen elektro-physiologischen Beweis: Hoagland [8.1] hat gezeigt, daß sich die elektrische Aktivität des Gehirns in Frequenz und Amplitude in dem Maße verändert, wie die Körpertemperatur ansteigt. Von Euler und Soderberg [8.2] wiesen nach, daß bei Katzen Veränderungen der Hirnstromtätigkeit aufgrund einer Erwärmung des Hypothalamus (des Regelorgans für die Bluttemperatur) durch das Retikularsystem* ausgeglichen wurden, das den Wachheitsgrad oder die allgemeine Aktivierung reguliert. Später beobachteten sie, daß eine maßvolle Erwärmung Hirnstromkurven bewirkte, die symptomatisch für Schläfrigkeit sind, während extremere Temperaturen Ruhelosigkeit hervorriefen.

Aktivierung, Emotion und Leistung

Es würde uns leichter fallen, eine Verbindung zwischen Leistungsmessungen und Behaglichkeit herzustellen, wenn es uns gelänge, Aktivierung mit Mißbehagen zu verknüpfen. Duffy [21.13] stellt fest, daß sich Verhalten nach Tendenz und Intensität kennzeichnen läßt, wobei sie die Dimension der Intensität mit »Aktivierung« oder »Energie-Mobilisierung« bezeichnet. Es ist vielen Forschern nicht gelungen, ein physiologisches Muster für Emotionen zu finden; sie haben jedoch

---

* Ein aus Zellkörpern und Nervenfasern zusammengesetztes, netzförmiges Gebilde in Hirnstamm und Rückenmark. *Anmerkung d. Übers.*

festgestellt, daß verschiedene Personen sehr gleichartig auf verschiedene schädliche Reize reagierten. Personen, die den Grad einer Aktivierung – und die Umgebung, in der sie stattfindet – wahrzunehmen vermögen, sind auch fähig, die eigene gefühlsmäßige Erregung zu erkennen.

Schachter und Singer [12.18] haben Testpersonen chemisch aktiviert und auf diese Weise einige ungesicherte, aber plausible Erklärungen für das Maß der Aktivierung beigetragen. Das heißt, sie haben in Personen mit den gleichen physiologischen Symptomen subjektiv verschiedene Gefühlserregungen hervorgerufen. Nisbett und Schachter [1.12] haben ein näher an der Realität liegendes Experiment durchgeführt: Die Testpersonen erhielten zunächst nur Placebo-Injektionen*, später Elektroschocks. Einigen wurde gesagt, daß die Injektionen eine aktivierende Wirkung hätten, anderen nicht. Bei den Versuchspersonen, die meinten, in einem Zustand künstlicher Aktivierung zu sein, lagen die Schwellenwerte für Schmerz und Widerstand höher. Sie schrieben also wahrscheinlich ihr durch den Elektroschock bewirktes Mißbehagen der Wirkung des vermeintlichen Medikaments zu. Aufgrund solcher Ermittlungen erscheint es zumindest plausibel, die Feststellung eines Unbehagens durch Wärmeeinwirkung wie folgt zu umschreiben: »Die einer Aktivierung ausgesetzte Versuchsperson muß diese der thermischen Belastung zuschreiben.«

Nach dieser ausführlichen Erörterung sind wir in der Lage zu überlegen, wie man Behaglichkeits-Messungen anstellen kann, ohne die üblichen Einwände gegen subjektive Meßmethoden hervorzurufen – wie man also den Aktivierungsgrad messen kann. Allerdings sind physiologische Meßmethoden schwierig zu handhaben, da die Messungen selbst schon Angst erzeugen, häufig die Bewegungsfreiheit der Testpersonen behindern und gewiß auch etwas für die Versuchsperson Befremdliches in das Experiment tragen. Offenbar schwanken überdies an sich ergiebige Messungen von Person zu Person (Schnore [12.19]); einige können unmittelbar durch körperliche Veränderungen (wie zum Beispiel die Leitfähigkeit der Haut) als Folge thermischer Bedingungen oder emotionaler Wirkung beeinflußt werden. Es scheint jedoch möglich zu sein, Aktivierung in ihrer Auswirkung auf die Leistung zu messen.

Sobald man sich zu diesem Verfahren entschlossen hat, müssen geeignete Leistungsprüfungen ausgewählt werden. Duffy [21.5] stellt mit Genugtuung fest, daß Aktivierung sich in der bekannten Leistungskurve in Form eines umgekehrten U darstellt und für die jeweiligen Aufgaben deutliche Optimalwerte zeigt (Abb.14). Easterbrook [21.4] führt ins Feld, daß der Leistungsantrieb dahin wirkt, den Bereich der Reiz-Nutzung zu begrenzen (daß also die im umgekehrten U ausgedrückte Relation auf die Aufgaben zutrifft, die nicht die Gesamtheit der Reize erfordern). Die Wirkung wird zunächst die sein, daß der Umfang der Reize sich verringert, indem die Aufmerksamkeit von weniger geeigneten Reizen abgelenkt und so –

---

* Placebo = Leerpräparat, das sich äußerlich nicht von einem wirksamen unterscheidet, zur Kontrolle von Experimenten. *Anmerkung d. Übers.*

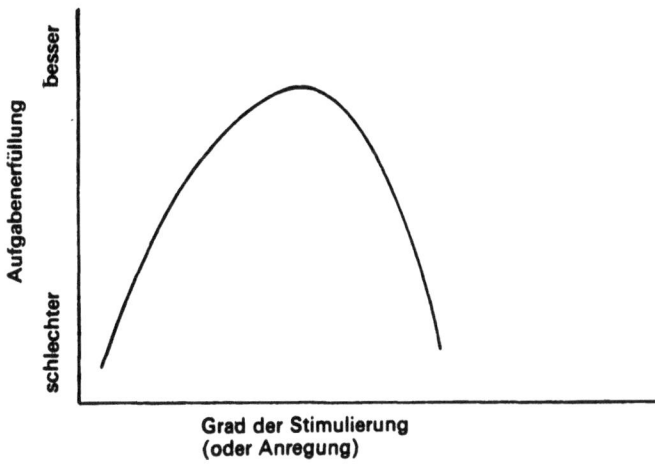

Abb. 14: Beziehung zwischen Aufgabenerfüllung und Anregung

durch verminderte Ablenkung – eine Leistungssteigerung ermöglicht wird. Aber von einem bestimmten Punkt an werden auch wichtige Reize abgewiesen, und die Leistung sinkt. Bursill [21.2] hat eine solche Wirkung für Temperatur nachgewiesen, und diese Formulierung ist in der Tat sehr verlockend. Eysenck und Willet [1.13] haben diese Hypothese unterstützt, indem sie den Tsai-Partington-Test bei antriebsschwachen und antriebsstarken Industrielehrlingen anwandten. Easterbrooks Formulierung hat selbstverständlich eine Beziehung zu Broadbents [21.5] Beschreibung der Informationsverarbeitung. Er stellt das System als einen einzigen Kanal dar, an dessen Zugang ein entsprechend beschaffener Filter nur dasjenige durchläßt, was neu, von großer Intensität und wichtig ist. Man kann Easterbrooks Vorstellung in diesem Sinne neu formulieren, indem man annimmt, daß erstens die Beschaffenheit des Filters durch eine starke Motivation verändert wird und zweitens, daß die für die Weitergabe erwünschter Nachrichten verfügbare Zeit in dem Maße verkürzt wird, das erforderlich ist, um eine größere Anzahl unerwünschter Reize abzuwehren. Eine Beschreibung der Auswirkung dieser Phänomene gibt das Yerkes-Dodson-Gesetz, das im Tierexperiment ermittelt wurde. Es besagt, daß der Schwierigkeitsgrad einer Aufgabe in Wechselwirkung mit dem Grad der Aktivierung zu einem klar erkennbaren Optimalwert der Aktivierung für jede Schwierigkeitsstufe einer Aufgabe führt (Abb. 15). Aus beiden Ansätzen läßt sich daher ableiten, daß eine gleichförmige Beziehung zwischen dem Antriebsgrad und der Leistungsminderung entstehen würde, sobald Aufgaben ausgeführt werden, die die Kapazität des Informationskanals voll beanspruchen (oder von dem größtmöglichen Umfang an Reiz-Nutzungen Gebrauch machen).

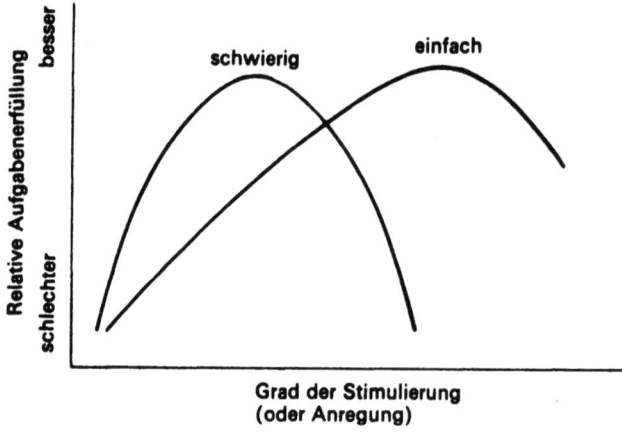

Abb. 15: Das Yerkes-Dodson Gesetz

Es läßt sich einsehen, daß ein Leistungsabfall bei einer so gestellten Aufgabe gleichgesetzt werden kann mit der Antriebssteigerung unter thermischer Belastung – also mit Mißbehagen. Aus diesen Überlegungen folgt, daß die »behaglichste« Umgebung die ist, die eine möglichst geringe Antriebssteigerung hervorruft und es zugleich erlaubt, ein Höchstmaß an Information zu nutzen. Eine solche Umgebung würde eine maximale Arbeitskapazität, jedoch nicht die höchste tatsächliche Effektivität ermöglichen. Diese würde nämlich davon abhängen, in welchem Maße die Kapazität des Informationskanals durch die jeweiligen Aufgaben beansprucht wird.

Experiment

Aus dieser Erörterung ergibt sich die Hypothese, daß eine psychomotorische Aufgabe hinreichend hohen Schwierigkeitsgrades Ergebnisse zeitigen würde, die mit Behaglichkeitsbewertungen vergleichbar wären (und das heißt, daß die Leistung mit zunehmendem Unbehagen absinken würde); außerdem ergäbe sich ein Temperatureinfluß auf die Leistung bei nur geringfügigem Abweichen vom Behaglichkeitsoptimum.

Als Test für diese Hypothese bot sich folgende Technik an: Versuchspersonen wurden aufgefordert, zwei Aufgaben gleichzeitig auszuführen. Das bietet eine Reihe von Vorteilen: Wenn man zum Beispiel eine Kombination von Ohr-Input/ Fuß-Output und Augen-Input/Hand-Output benutzt, ist es möglich, die informationsverarbeitende Kapazität einer Versuchsperson voll zu beanspruchen, ohne daß man das beteiligte Input- oder Output-System überbelastet. Hinzu kommt, daß die Versuchspersonen die Gesamtaufgabe nicht als unlösbar schwierig ansehen werden, wenn man ihnen zwei einigermaßen leichte Aufgaben stellt (was bei einer einzigen Aufgabe ähnlichen Schwierigkeitsgrades der Fall sein könnte) und die Aufgabe daher einem weiten Bereich von Fähigkeiten bei Testpersonen entspricht.

Der Versuch wurde gemeinsam mit Dr. Peter Boyce durchgeführt. Testpersonen waren 50 Forschungsbeamte des Electricity Council Research Centre. Jede der Versuchspersonen wurde durch eine Zufallsauswahl einer von fünf Versuchsgruppen zugeteilt. Alle Personen einer Gruppe führten die gestellten Aufgaben unter den gleichen Umweltbedingungen aus. Die Versuche wurden in einer regulierbaren Klimakammer etwa von der Größe eines normalen Zimmers durchgeführt. Die Beteiligten wurden einzeln getestet. Gruppe 1 arbeitete bei 15,6 Grad Celsius (Luft- und Strahlungstemperatur), Gruppe 2 bei 18,3 Grad, Gruppe 3 bei 21 Grad, Gruppe 4 bei 23,9 Grad und Gruppe 5 bei 29,4 Grad. Alle Gruppen wurden bei 40 bis 50% relativer Luftfeuchtigkeit getestet, die Luftgeschwindigkeit betrug 0,15 m/sec. Die Testpersonen hatten folgende Aufgaben auszuführen:

a) eine Punkt-Feststellung: ein elektrischer Kontakt wird hergestellt, indem man mit einem Stift durch kleine Öffnungen in einer nicht-leitenden Platte eine leitende Scheibe berührt. Diese Kontakte sind drei Grad voneinander entfernt und werden durch einen Ausschnitt von gleichfalls drei Grad betrachtet. Die beiden Scheiben rotieren mit einer solchen Geschwindigkeit, daß in jeder Sekunde ein neuer Kontaktpunkt vor der Testperson erscheint;

b) einen Aufmerksamkeits-Test (Wittenborn [21.6]): Zahlen müssen entsprechend den von den Experimentatoren festgelegten Kriterien geordnet werden, wobei die Einordnung durch einen Fußhebel anzuzeigen ist. In diesem Falle wurden 25 dreistellige Zahlen von einem Tonbandgerät angegeben.

Die Testpersonen gaben auch subjektive Beurteilungen vor und nach den Leistungstests ab. Sie bewerteten Wärme nach der Bedford-Skala, Behaglichkeit nach einer einfachen Vier-Punkte-Skala und ihre Wärmeempfindungen nach einer siebenstufigen Skala. Sie unterzogen sich einem nach genauen Normen ausgearbeiteten Training unter den Umweltbedingungen, unter denen sie die beiden Aufgaben dann lösen sollten, bevor sie aufgefordert wurden, beide gleichzeitig auszuführen. Diese Vorbereitung nahm etwa eine Stunde in Anspruch. Anschließend führten sie dann die beiden Aufgaben gleichzeitig aus, und zwar während einer Zeitdauer von jeweils fünf Minuten und mit fünf Minuten Pause zwischen den vier Arbeitsperioden. Eine Varianzanalyse wurde an den kombinierten Ergebnissen beider Aufgaben vorgenommen. Sowohl die Wirkung der Temperatur als auch die Wechselwirkung von Versuchen und Temperatur auf die Leistung waren oberhalb des Wahrscheinlichkeitswertes von 1% signifikant. Die Prüfung der Ergebnisse zeigte eine beträchtliche Varianzbreite, die auf die unterschiedliche Befähigung der Testpersonen zu Beginn der Aufgaben zurückzuführen war. Diese Fehlerquelle wurde statistisch ausgeglichen. Danach ergab eine überschlägige Prüfung der Signifikanz eine Wahrscheinlichkeit von weniger als 5%, daß die

Ergebnisse nur zufällig waren. Die Ergebnisse weisen darauf hin, daß die Wirkung der Temperatur auf die Leistung abnahm, sobald die Testpersonen geübter wurden. Das klarste Ergebnis wurde mithin in der Arbeitsperiode unmittelbar nach dem vorbereitenden Training erreicht: zu diesem Zeitpunkt lag die Signifikanz der Temperaturwirkung bei mehr als 5%. Das ergab eine optimale Leistung bei etwas weniger als 18,3 Grad Celsius (Abb. 16). Die subjektiven Bewertungen brachten Optimalwerte, die diesem Ergebnis annehmbar nahe kamen (Abb. 17).

Schlußfolgerung

Die experimentellen Ergebnisse tendieren dahin, subjektive Bewertungen in vernünftiger Weise zu Leistungsprüfungen in Beziehung zu setzen. Klar ist, daß bei entsprechender Einschränkung der Versuchs-Schwierigkeiten experimentelle Ergebnisse – gleichviel, auf welchem Wege sie erreicht wurden – sich ziemlich ähnlich sind. Diese Arbeit deutet aber auch darauf hin, daß, wenn man Umwelt zu benutzen versucht, um Leistung durch Aktivierung zu steigern, dies auch zu unerwünschten Ergebnissen führen kann, nämlich zu einer verminderten Fähigkeit, Informationen zu verarbeiten. Außerdem müssen solche Versuche natürlich fehlgehen, wenn man die Leistung länger ausdehnt; denn der Aktivierungseffekt wird im allgemeinen durch Gewöhnung verringert, und größere Anstrengungen, die unternommen werden, um in einer aktivierenden Umgebung bessere Leistungen hervorzubringen, werden sehr wahrscheinlich zu rascherer Ermüdung führen.

Schließlich weist die in dieser Arbeit dargelegte theoretische Position deutlich darauf hin, daß Informationen über die Wirkung von Umwelt auf Leistung kritisch bewertet werden müssen: kurzbefristete Aufgaben sind notwendig weniger verläßlich als längerfristige, und zwar wegen der Wirkung von Aktivierung auf Leistung bei kurzen Zeitspannen. Der Schwierigkeitsgrad ist bei der zu leistenden Aufgabe von ausschlaggebender Bedeutung: die optimale Bedingung für eine Leistung bei einer einfachen und kurzbefristeten Aufgabe wird fast mit Sicherheit »unbehaglich« sein. Wenn man also bestrebt ist, eine möglichst »behagliche« Umwelt zu schaffen, so wird man damit vermutlich auf lange Sicht auch die beste Leistung ermöglichen. Macht man aber die Umwelt »unbehaglich«, damit die Menschen härter arbeiten, so wird das wahrscheinlich auf die Urheber zurückschlagen und kann, soweit es sich um eine Sicherung der Produktivität handelt, kein Ersatz sein für wirkungsvolle Organisation und interessante Arbeit.

Überlegungen aus der Erörterung des vorliegenden Beitrags

1. Die praktische Bedeutung dieser Forschungsarbeiten besteht in genaueren Meßwerten zu den Auswirkungen neuer Heizformen auf das menschliche Verhalten.

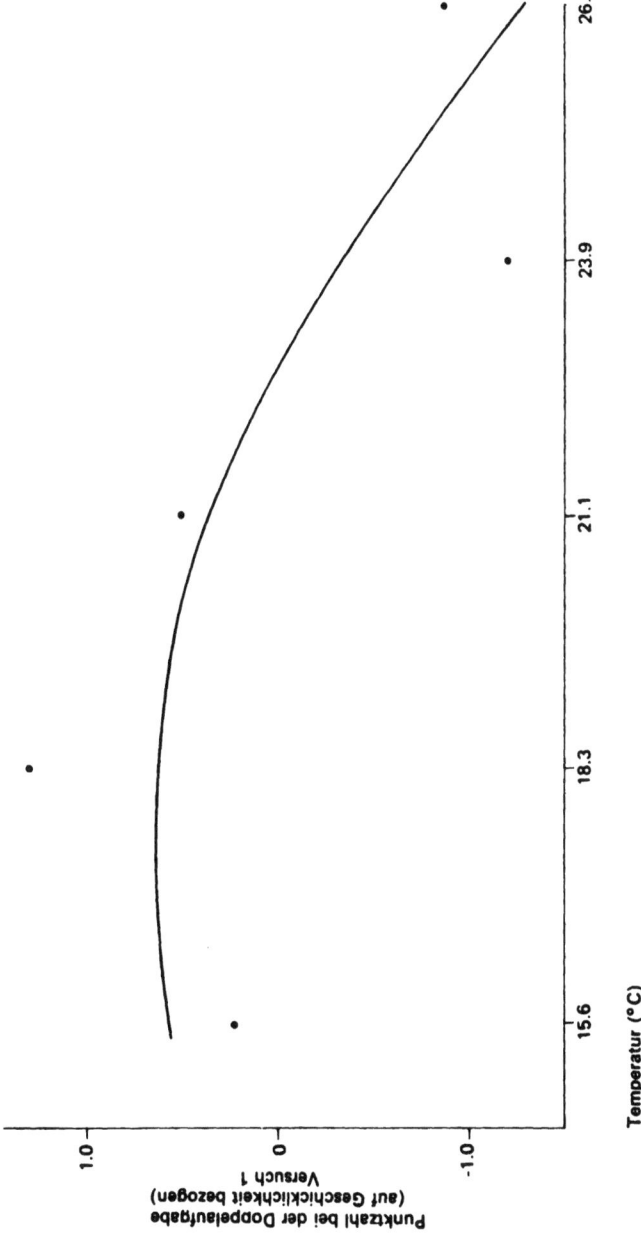

Abb. 16: Doppelaufgabe. Durchschnittliche Punktzahlen entsprechend der Temperatur

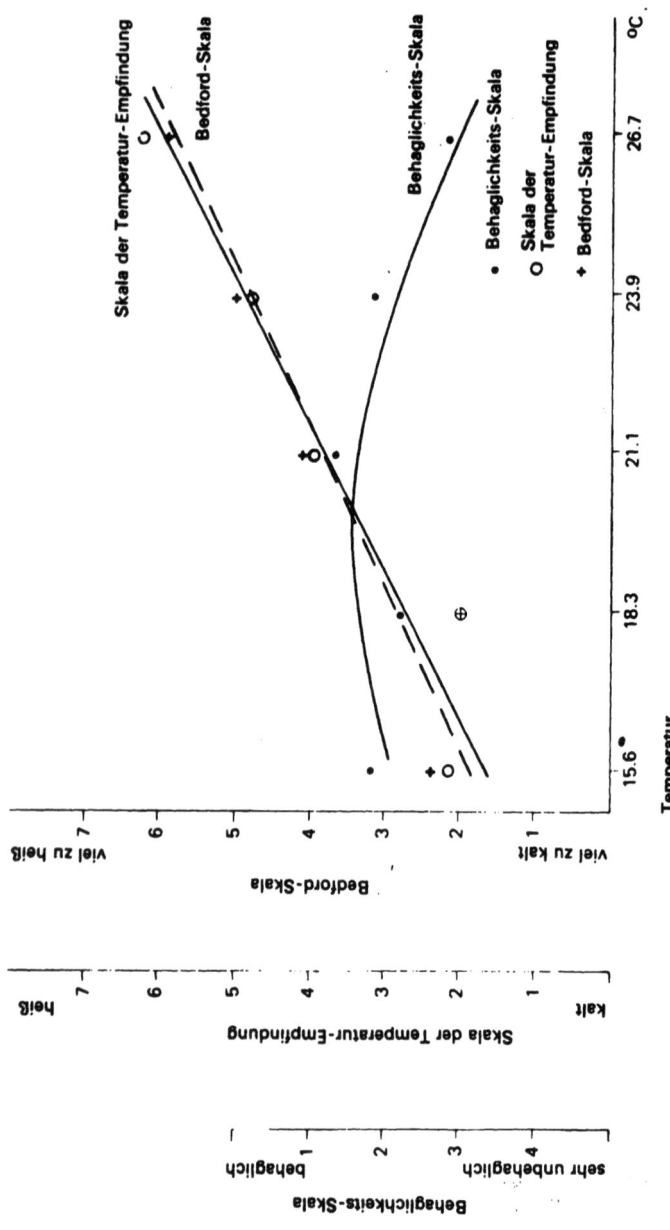

Abb. 17: Drei subjektive Bewertungen, die *entgegen* der Temperatur abgegeben wurden

Bisher wurde bei Messungen der Schwierigkeitsgrad nicht hinreichend beachtet, so daß aus diesem Grunde keine folgerichtigen Ergebnisse erzielt wurden.
2. Es wurde darauf hingewiesen, daß wahrscheinlich sinnvollere Resultate zu erzielen sind, wenn man der Testperson die Möglichkeit gibt, die **Temperatur selbst zu regulieren.** Das würde jedoch bei der langsamen und vielfältigen Reaktion der Klimaanlagen im Versuchsraum bedeuten, daß die Versuchsperson drei bis vier Tage darin zubringen müßte, bis sie ihn auf eine annehmbare Temperatur gebracht hätte. Außerdem kommt in einem realen Gebäude oft mehr als eine Person auf einen Raum, so daß man einen Gruppendurchschnitt ermitteln müßte. Die Heizung könnte dann von einer einzigen Person reguliert werden.

Ifan Payne
Pupillenreaktion auf architektonische Reize

Zusammenfassung des Herausgebers

Möglichkeiten, Pupillengröße als Index für Gefühlsreaktionen auf die gebaute Umwelt zu benutzen. Beschreibung einer Versuchsfolge, in der die Testpersonen Farbdiapositive vorgeführt bekamen und ihre Pupillenreaktion in Zeitlupe gefilmt wurde. Die Veränderung der Pupillengröße wurde jeweils in Vergleich gesetzt mit der Reaktion auf ein anfangs gezeigtes graues Diapositiv. Das erste Experiment zeigte, daß Architekten eine stärkere Pupillenreaktion aufweisen als andere Versuchspersonen. Ein weiterer Versuch machte deutlich, daß Architekten auf vielschichtige Diapositive mit einer stärkeren Pupillenerweiterung reagierten als andere Personen. Auch verbale Reaktionen wurden gesammelt; das Ergebnis der Analyse wurde mit anderen Forschungsarbeiten verglichen.
Als ich mich dafür zu interessieren begann, die Gefühlsreaktionen von Menschen auf Gebäude zu untersuchen, stellte ich fest, daß offenbar alle Methoden, mit denen man diese Art Reaktionen zu erreichen versucht, ihre Grenzen haben. Die meisten zur Darstellung solcher Reaktionen benutzten Methoden beruhen auf mündlicher oder schriftlicher Berichterstattung oder Aufzählung. Immer wieder wird von Untersuchenden die Tatsache beklagt, daß man Menschen nicht einfach über ihre Gefühle befragen kann, weil nie geradeheraus geantwortet wird. Unglücklicherweise verzerren einige Faktoren – wie zum Beispiel Erinnerungen, soziale Gesichtspunkte, Prestigedenken – die unmittelbaren Gefühlsreaktionen. Es gibt jedoch einige objektive Maßstäbe für emotionale Veränderungen, zum Beispiel galvanische Hautreaktion, Blutdruck sowie Herzfrequenz u. a. (Payne [15.2]). All dies gibt, ohne daß die Testperson es will, Auskunft über ihren emotionalen Zustand.
Eine andere Methode zur Messung von Gefühlsreaktionen, die Pupillenreaktion, hat in den letzten Jahren beträchtliches Interesse hervorgerufen. Schon 1727 stellte Du Petit die Beziehung zwischen Pupillengröße und Emotion fest, und 1765 entdeckte Fontana, daß die Pupillen, die sich während des Schlafs verengen, erheblich größer werden, wenn jemand plötzlich geweckt wird, und daß dies sogar bei hellem Licht erfolgt. Fontana stellte gleichfalls fest, daß, wenn das Auge einer Katze einem starken Lichtstrahl ausgesetzt wurde und die Katze zugleich Schmerz und Angst empfand, sich die Pupillen trotz des Lichtes weiteten und so blieben, bis sich die Katze beruhigt hatte. Darwin [21.7] notierte, daß die menschlichen Pupillen sich bei großem Schrecken ungeheuer weiten; dieses Phänomen sei auch bei Katzen und Hunden beobachtet worden. Er führte auch einen Fall an, in welchem Schmerz eine Pupillenerweiterung verursacht hatte und kam zu dem Schluß, daß »starkes Angstgefühl wahrscheinlich unmittelbar

auf das Gehirn wirkt und eine Reaktion in den Pupillen hervorruft«. Hess [21.8] meint, daß »Zauberer, die Kartenkunststücke vorführen, die Karte, an die eine Person denkt, benennen können, weil sich deren Pupillen in dem Augenblick erweitern, wenn die Karte erscheint«. Und »chinesische Jade-Händler beobachten die Pupillen eines Kauflustigen, um zu wissen, wann er von einem Stück so beeindruckt ist, daß er vermutlich einen hohen Preis zu zahlen bereit sein würde«. Auf einer mehr empirischen Ebene wurden zu Beginn unseres Jahrhunderts von Weiler, Cason, Lowenstein und Schlossberg Versuche angestellt, die alle ergaben, daß die Erweiterung der menschlichen Pupille als Reaktion auf Schmerz, Schreck, Angst oder eine plötzlich erregte Aufmerksamkeit verursacht werden kann.
Die erste umfassende experimentelle Untersuchung der Pupillenreaktion wurde 1933 von W. R. Bander [21.9] vorgenommen. Die bei dem Experiment verwendeten Stimuli waren ein Flintenschuß, ein elektrischer Schock und eine weiße Ratte, die der Versuchsperson auf die Hand gesetzt wurde. In seinem Bericht über die Versuche sagte Bander: »Alle Testpersonen – außer einer – die den emotionalen Reizen vor oder zugleich mit einer Lichteinwirkung ausgesetzt waren – ließen erkennen, daß die normale Reaktion auf Licht aufgehoben war. Der Pupillendurchmesser war im Augenblick des Lichteinfalls größer als normal und die Latenzzeit länger.« Unser gegenwärtiges Interesse an der Pupillenreaktion setzt mit der Veröffentlichung von Ekhard Hess »Attitude and pupil size« [21.8] ein. Die Versuche von Hess und die nachfolgenden Arbeiten anderer waren so zahlreich, daß es hier nur möglich ist, die wichtigeren Experimente und deren Ergebnisse aufzuführen. Ich werde mich auf die Untersuchungen der Pupillenreaktion bei Sehreizen konzentrieren. Über das erste Experiment von Hess und Polt wurde 1960 berichtet [21.9]. Bei diesem Versuch wurden bei sechs männlichen und weiblichen Versuchspersonen die Pupillenreaktionen auf Bilder von Babies, von Mutter mit Kind und auf Aktfotos fotografiert. Bei den Frauen fand man ein signifikantes Ansteigen der Pupillenausdehnung als Reaktion auf Bilder von »Babies« sowie von »Mutter mit Kind«. Dies wurde auch beim Betrachten eines »männlichen Aktes« festgestellt. Bei den männlichen Testpersonen wuchs die Pupillenreaktion bei einem »Frauenakt« signifikant an. Hess und Polt kamen zu dem Schluß, daß ihre Ergebnisse »die Möglichkeit, Material in großem Umfange auf der Grundlage des Interessenwertes einzustufen«, unterstreichen. »Es wird auch deutlich, daß Unterschiede im Interessenwert verschiedener Reize sowohl innerhalb der Geschlechter als auch zwischen den Geschlechtern festgestellt werden können.«
In späteren Versuchen benutzten Hess und seine Mitarbeiter [21.10] zehn erwachsene Männer als Versuchspersonen, von denen fünf als homosexuell und fünf als heterosexuell bekannt waren. Die reizauslösenden Bilder zeigten männliche und weibliche Akte. Es wurde festgestellt, daß die Pupillenerweiterung der Homosexuellen signifikant größer war in Reaktion auf die Fotos männlicher Akte und die der Heterosexuellen in Reaktion auf Fotos weiblicher Akte.
Ein weiterer Versuch, Reaktionsunterschiede in einer Gruppe festzustellen, wurde von J. J. Woodmansee [21.11] durchgeführt, der zwei Gruppen weiblicher Ver-

suchspersonen benutzte. Eine Gruppe bestand aus Frauen, deren Feindseligkeit gegenüber Negern bekannt war. Die andere Gruppe bestand aus Frauen, von denen man wußte, daß sie Negern eine liberale Haltung entgegenbrachten. Jeder Versuchsperson wurden Fotos von Negern gezeigt und es ergaben sich, vermutlich als Anzeichen unterschiedlicher Gefühlsreaktionen, signifikante Unterschiede in der Pupillenreaktion zwischen beiden Gruppen.
Noch zwei andere Versuche sind es wert, erwähnt zu werden. R. L. Miller [21.12] fand heraus, daß die Pupillenerweiterung als Reaktion auf chromatische Farben größer war als die Reaktion auf achromatische Farben. Dabei wurden rote, blaue, grüne und graue Diapositive benutzt, und es zeigte sich eine signifikant größere Pupillenausdehnung als Reaktion auf das rote Diapositiv als auf das grüne.
Bei allen bisher beschriebenen Experimenten wurde kein Versuch unternommen, jeweils die genaue Ursache der Pupillenreaktion zu ermitteln. Bei einem Versuch, über den 1967 berichtet wurde, zeichneten Collins, Ellsworth und Helmreich [21.13] unter Benutzung bildlicher und verbaler Reize sowohl die Pupillenreaktion als auch semantisch differenzierende Bewertungen auf. Es wurde je eine Bewertungsskala, eine Aktivitätsskala und eine Stärkeskala benutzt. Die einzige signifikante Korrelation zwischen Veränderungen der Pupillengröße und verbaler Einstufung trat bei der Stärkeskala auf (stark/schwach, groß/klein, schwer/leicht).
Es gibt bei Pupillenexperimenten im Zusammenhang mit dem Gebrauch optischer Reize leider eine Anzahl von Nachteilen und verwirrenden Variablen; ich werde diese jedoch in Verbindung mit meinen eigenen Versuchen später erörtern.

Versuch Nr. 1: Ein Gruppenvergleich

Der erste Versuch war in seiner Art einfach und hielt sich eng an Versuche, bei denen bereits, wie oben beschrieben, optische Anreize verwendet worden waren. Der Zweck dieses Experiments war, die Pupillentechnik auf architektonische Situationen anzuwenden. Dabei wurde mit zwölf durch Zufallswahl ermittelten Versuchspersonen gearbeitet. Sechs unter ihnen waren praktizierende Architekten, sechs keine Architekten. In beiden Gruppen war die Altersspanne etwa die gleiche. Die Architekten waren 25 bis 40 Jahre, die übrigen 24 bis 35 Jahre alt. Der soziale und kulturelle Hintergrund blieb unberücksichtigt. Alle Versuchspersonen wurden vor dem Versuch auf Farbenblindheit getestet.
Es gibt nachweislich Unterschiede zwischen den in den einzelnen Kulturen bevorzugten Formen. Dies ist aber bisher nur im Vergleich verschiedener Kulturkreise, nicht aber innerhalb eines Kulturkreises offenkundig geworden (Payne [21.14]).
Die kleine Anzahl von Versuchspersonen war wie bei allen Pupillenexperimenten bedingt durch die mühevolle Arbeit, die sich bei den nachfolgenden Messungen an den Einzelbildern des Filmstreifens ergibt.
Abb. 18 zeigt den Plan der benutzten Versuchsanordnung. Als Stimuli wurden fünf Kleinbilddiapositive benutzt: zwei Innenaufnahmen eines modernen Ge-

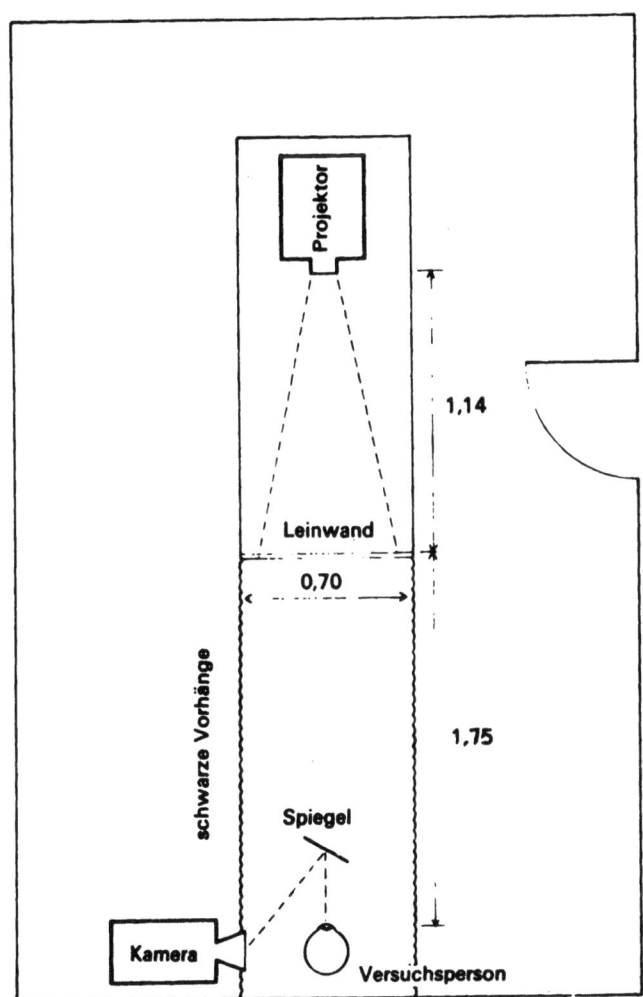

Abb. 18: Versuchsaufbau für das Pupillen-Experiment

bäudes, eine Außenaufnahme eines modernen sowie eines historischen Gebäudes, die einen Querschnitt architektonischer Stimuli darstellten, und ein neutrales, nichtarchitektonisches Bild (Blumen). Die Diapositive wurden jeder Testperson in einer anderen Zufallsanordnung vorgeführt. Die Testperson wurde aufgefordert, den Kopf auf eine Stütze zu legen, damit die Augen fotografiert werden konnten, und den Bildschirm zu beobachten. Dann wurde der Projektor eingeschaltet. Die Automatik war so eingestellt, daß alle fünf Sekunden ein Diapositiv projiziert wurde. Zu Anfang wurde allen Versuchspersonen ein graues Diapositiv von immer der gleichen Farbintensität gezeigt, so daß alle den gleichen Ausgangspunkt hatten und die spätere Berechnung der veränderten Pupillengröße auf den Ausgangswert beim ungegenständlichen grauen Diapositiv bezogen werden konnte. Die 16-mm-Filmkamera wurde nach vier Sekunden eingeschaltet, um die letzte Sekunde des vorbereiteten Diapositivs zu filmen. Unmittelbar danach wurden die Farbdiapositive in einer Abfolge von je fünf Sekunden und in einer für jede Versuchsperson vorher festgelegten Anordnung vorgeführt. Die Kamera lief mit zwölf Bildern in der Sekunde, der langsamsten Geschwindigkeit, die bei dieser Kamera möglich war, und bei Blende 2,8. Auf diese Weise erhielten wir 60 Bilder von der Pupillenreaktion aller Versuchspersonen auf jedes einzelne Diapositiv. Jedes sechste Bild des Films wurde bearbeitet, insgesamt also zehn Bilder je Diapositiv. Das heißt: die Pupillenreaktion wurde mit zwei Filmbildern in der Sekunde gemessen. Dies ist ein Standard-Maß und beruht auf den Arbeiten von Hess und Polt, Woodmansee, Miller und Bergum und Lehr. Wir mußten also insgesamt 600 Einzelbilder mit Hilfe eines speziellen Projektors für Seh-Bewegungs-Analysen auswerten. Mit diesem Gerät wurde das Pupillenbild auf eine Leinwand projiziert, auf der wir die Pupillengröße mit einem Millimetermaßstab nachmaßen.

Abb. 19 zeigt die Ergebnisse. Wir stellten fest, daß zwischen den beiden Teilnehmergruppen signifikante Unterschiede ($p < 0,01$) in den jeweiligen Veränderungen der Pupillengröße in Reaktion auf die fünf Diapositive bestanden. In allen Fällen war die Veränderung der Pupillengröße bei Architekten erheblicher als bei den übrigen Versuchspersonen.

Es gibt allerdings einige verwirrende Variable, die die Ergebnisse der Pupillenversuche über den Haufen werfen könnten. Bei diffusem Licht ist die Pupille in beständiger, oszillierender Bewegung (Hippius-Effekt). Es gibt zwei Arten pupillarer Ruhelosigkeit; bei der einen variiert die Pupillengröße über eine lange Zeitspanne beträchtlich. Aber diese Zeitspanne ist so lang, daß dieses Phänomen keinen Einfluß auf die Wirkung der Stimuli hat, wenn die Testpersonen ihnen – wie in unserem Experiment – nur fünf Sekunden ausgesetzt sind. Die andere Art der Ruhelosigkeit ist eine kurze und häufige Oszillation, die sich als verwirrende Variable auswirken kann, wenn der Versuch nicht darauf angelegt ist, diesen Effekt auszugleichen. Wie Woodmansee [21.11] gezeigt hat, kann er dadurch ausgeglichen werden, daß man entweder für die Reaktionen mehrerer Versuchspersonen auf die gleichen Stimuli oder aber einzelner Personen auf eine Reihe verschiedener Stimuli einen Mittelwert annimmt.

Bei den vorliegenden Versuchen wurde der womöglich störenden Auswirkung von häufigen kleinen Pupillenoszillationen durch die gerade beschriebene Methode der Mittelwertreaktionen Rechnung getragen. Man stellte auch fest, daß unerwarteter Lärm, Sprechen oder Angesprochenwerden der Versuchspersonen oder plötzliche Körperbewegungen einen Einfluß auf die Pupillenreaktion haben. **Das berücksichtigten wir, indem wir den Versuch in einem ruhigen Kellerraum vornahmen, die**

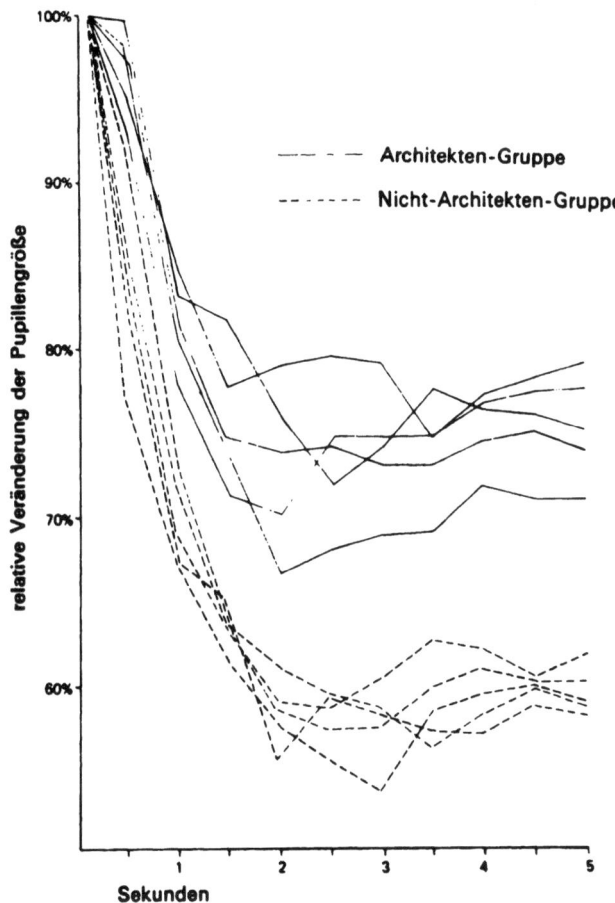

Abb. 19: Pupillengröße bei Architekten und Nicht-Architekten über 5 Sek. Belichtungszeit (bezogen auf 100% Erweiterung beim Vorbereitungsbild)

Versuchspersonen nicht ansprachen und sie baten, während der Dauer des Versuchs zu schweigen. Eine andere störende Variable ist der Akkommodationsreflex, bei dem sich die Pupillen verengen, wenn sie sich auf einen Punkt nahe dem Auge scharf einstellen. Daher wurde ein Abstand von 1,80 m zwischen der Versuchsperson und dem Stimulus (dem projizierten Diapositiv) gewählt. Auch Ermüdungserscheinungen treten bei einigen der Pupillenexperimente auf, und zwar bei einer Testdauer von mehr als 100 Sekunden. Bei keinem der geschil-

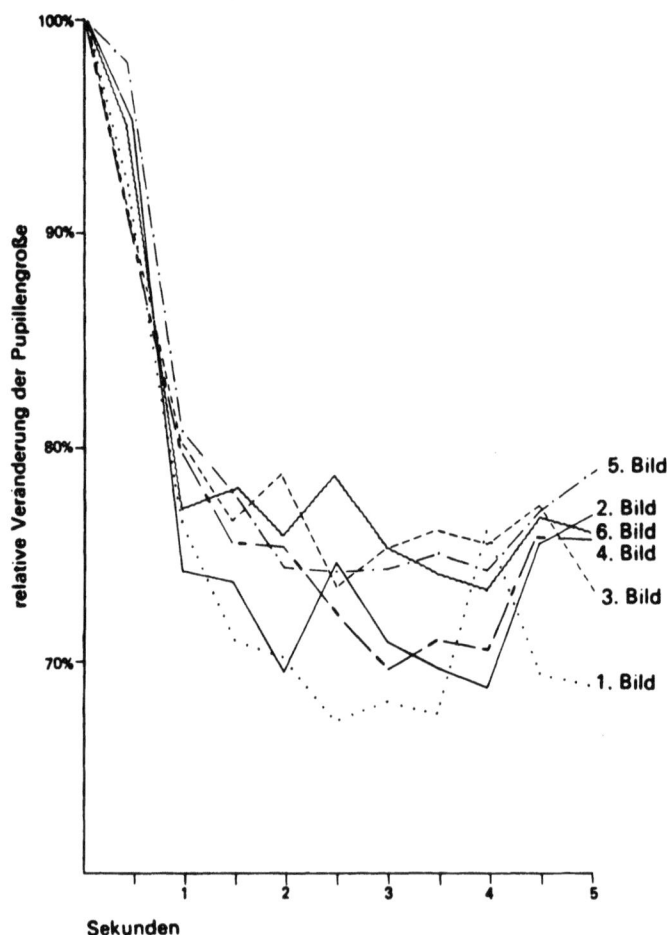

Abb. 20: Pupillengröße über 5 Sek. Belichtungszeit (bezogen auf 100% Erweiterung beim Vorbereitungsbild). Versuch mit sechs verschiedenen Farbdiapositiven

derten Versuche dauerte jedoch der Test einer Person länger als 35 Sekunden. Dem verengenden Effekt, der entsteht, wenn der Blick von dunklen auf vergleichsweise hellere Zonen der Bild-Stimuli fällt, wirkt, wie wir hoffen, die zufällig verteilte Verschiedenheit der Lichtreflex-Reaktionen bei den einzelnen Versuchspersonen entgegen.

Das zweite Experiment, das wir an der Bartlett-Architektur-Schule durchführten, war komplexer, aber gleichfalls in der Zahl der Versuchspersonen begrenzt. Wiederum war diese Begrenzung durch die zeitraubende und mühevolle Auswertung der einzelnen Filmbilder bedingt.

Versuch Nr. 2: Komplexe und einfache Modellzimmer

Der zweite Versuch setzte den ersten fort. Diesmal jedoch wurde die Pupillentechnik angewandt, um verschiedene Aspekte des architektonischen Gesichtsfeldes zu untersuchen, das heißt die Pupillenreaktion auf Modellräume von verschiedener Farbe und formaler Komplexität zu messen (Payne [15.2]). Versuchspersonen waren zwölf Studenten des 4. und 5. Semesters an der Bartlett-Architektur-Schule und zwölf Studenten anderer Fachrichtungen an der Universität London. Die Versuchsanordnung war die gleiche wie beim ersten Versuch. Die Stimuli bestanden aus sechs Farbdiapositiven von Modellräumen, die sowohl in der Farbe (rot, blau, weiß), als auch in der Vielfalt der Ausstattung variierten. Ein »einfacher Raum« war lediglich ein leerer Würfel mit maßstabsgerechter Möblierung. Beim »komplexen Raum« war der gleiche Würfel mit der gleichen Möblierung ausgestattet und außerdem noch horizontal und vertikal gegliedert. Abb. 20 zeigt die Ergebnisse.

Wie wir erwarteten, lagen die Reaktionen auf rote Diapositive signifikant höher als auf blaue oder weiße und die Reaktionen auf blaue Diapositive wiederum höher als auf weiße. Jedoch traten weder signifikante Unterschiede zwischen den Reaktionen auf einen einfachen und einen komplexen weißen Raum auf noch zwischen den Reaktionen auf einen einfachen und einen komplexen roten Raum. Es gab allerdings einen signifikanten Unterschied zwischen den Reaktionen auf einen einfachen und einen komplexen blauen Raum. Obwohl also die erwartete stärkere Reaktion auf die roten und blauen Räume im Gegensatz zu den weißen Räumen eintrat, wurde die ebenfalls erwartete stärkere Reaktion auf komplexe Räume im Gegensatz zu einfachen Räumen nicht allgemein festgestellt. Wieviel Signifikanz wir jedoch diesem letzten Punkt beimessen können, ist fraglich, da die »komplexen« Diapositive zweidimensional und statisch waren, so daß die Komplexität beträchtlich eingeschränkt war.

Versuch Nr. 3: Eine weitere Untersuchung der Komplexität

Komplexität ist als eine der wichtigsten Größen der sinnlichen Umwelt definiert worden (Rapoport und Kantor [10.5], Hawkes und Rapoport [10.6]). Darum entschlossen wir uns, die Untersuchung der Komplexität, die mit dem zuletzt beschriebenen Versuch begonnen hatte, fortzusetzen. Wir nahmen an, daß diese Größe von dem Ausbildungsniveau der Versuchspersonen abhängt, und so entwickelte sich der weitere Versuch ganz folgerichtig aus den ersten beiden.

In diesem Versuch sollte die Komplexität der im Versuch Nr. 1 verwendeten visuellen Stimuli – entsprechend der Bewertung von 60 Studenten – dargestellt werden. Und zwar:
1. die Pupillenreaktionen einer Gruppe von zwölf Architekten, also von Versuchspersonen mit einer fachlichen Vorbildung;
2. die Pupillenreaktionen von zwölf Versuchspersonen ohne fachliche Vorbildung.

Kurz gesagt: wir stellten fest, daß tatsächlich eine signifikante Korrelation (Korrelation = 1,00) zwischen den Pupillenreaktionen der Architekten und der Komplexität der Stimuli bestand, während die Korrelation bei Versuchspersonen ohne fachliche Voraussetzungen nicht signifikant (Korrelation = 0,32) war.

Trotz dieser Feststellungen scheint mir einer der wesentlichen Nachteile der Pupillentechnik darin zu liegen, daß es schwierig ist, die Art der Emotion, auf die eine Pupillenreaktion hinweist, genau zu erkennen. Man hätte außer der Komplexität noch eine Reihe anderer Größen (zum Beispiel Farbe, Ausmaß, Lichtstärke usw.) in Korrelation zur Pupillenreaktion bringen können. Und nun stoßen wir erneut auf die zweite entscheidende Grenze der lange üblichen psychologischen Experimente auf dem Gebiet der Architektur, die ich anfangs schon erwähnte. Es ist, so wage ich zu behaupten, die Begrenztheit des klassischen psychologischen Verfahrens überhaupt, und sie hat vier Aspekte:
1. Die subjektiven Größen (Glanz, Hitze, Lärm, Schönheit, Gemütlichkeit, Ausmaß usw.), die zu untersuchen sind, werden lediglich aufgrund von Intuition, Vorliebe oder persönlicher Erfahrung des Untersuchenden ausgewählt (die auch die Kenntnis der Forschungsarbeiten und -ergebnisse anderer einschließt). Das heißt, daß es keine Möglichkeit gibt, festzustellen, ob die ausgewählte Größe von Belang ist.
2. Ebensowenig läßt sich sagen, ob die ausgewählte Größe sich deutlich genug von allen anderen unterscheidet und geeignet ist, seitens der Versuchspersonen, die die Umwelt bewerten sollen, von anderen unterschieden zu werden.
3. Wenn die für eine Untersuchung ausgewählte Größe weder von Belang noch genau genug unterscheidbar ist, dann war der Versuch weitgehend eine Zeitvergeudung. Aber es gibt keine Möglichkeit, dies aus den Daten abzulesen, die man mit den bisher üblichen Experimenten erhält. Auf diese Weise können Kenntnisse nur langsam und zufällig gewonnen werden. Und es hängt zu viel von einem Glücksfall ab, daß eine wirklich wichtige Größe für das Experiment ausgewählt wird.
4. Es ist unmöglich zu wissen, ob die Meßdaten wirklich aus wichtigen Stimuli gewonnen wurden oder aus rein physikalischen, von denen die Reaktion der Versuchsperson mit beeinflußt wird.

Eine Alternative bietet sich im »konzeptionellen« Verfahren an, bei dem zunächst die Umwelt unter dem Aspekt ihres Gesamtzusammenhangs untersucht wird und dann erst die einzelnen empirischen Fakten erarbeitet werden. Diese Methode steht im Gegensatz zu dem eindimensionalen Verfahren, bei dem man ganz unten in der Hierarchie des Umweltwissens ansetzt, zahlreiche Teilinformationen sammelt und sich schrittweise in Richtung auf eine Gesamtvorstellung hinaufarbeitet.

Unser letztes Pupillenexperiment wurde nach konzeptionellen Gesichtspunkten angelegt; es sollte damit vor allem versucht werden, die subjektiven Größen zu definieren, die einen Einfluß auf die Pupillenreaktion haben könnten.

Versuch Nr. 4: Faktorenanalyse

Der erste Schritt bestand darin, die Faktoren zu bestimmen, die wichtig waren, um die subjektiven Reaktionen der Versuchspersonen auf visuelle Stimuli festzulegen, wie sie im Versuch Nr. 2 benutzt wurden. Wir wandten die Methode der Faktorenanalyse an; sie besteht darin, die grundlegenden Faktoren herauszuziehen und so die Gesamtreaktion nach einer Reihe verbaler Bewertungsskalen zu bestimmen. Sieben Faktoren wurden durch Faktorenanalyse ermittelt:
1. ein allgemein affektiver Faktor (affective factor)
2. ein Aktivitätsfaktor (activity factor)
3. ein Behaglichkeitsfaktor (comfort factor)
4. ein Intensitätsfaktor (intensity factor)
5. ein Weiblichkeitsfaktor (femininity factor)
6. ein Glücksfaktor (happiness factor)
7. ein Kohärenzfaktor (coherence factor)

Die höchste Korrelation zur Pupillenreaktion hatten unter den genannten Faktoren: der Weiblichkeitsfaktor (Korrelation = 0,80), der Intensitätsfaktor (Korrelation = 0,65) und der Glücksfaktor (Korrelation = 0,65). Aber weitaus die interessanteste Feststellung betraf die Faktorenanalyse selbst. Der »affektive Faktor« scheint eng verwandt zu sein mit dem ersten Faktor, den Canter [12.13] in vier von ihm durchgeführten Versuchen herausfand. Diese sich ähnelnden ersten Faktoren scheinen eine gemeinsame Größe darzustellen, die Canter als »allgemeinen Annehmlichkeitsfaktor« bei Reaktionen auf architektonische Stimuli kennzeichnet. Dieser Faktor scheint mir zunächst auszusagen, daß Menschen mit Räumen wie mit einem zusammenhängenden Ganzen umgehen; daß sie sehr stark auf Räume als Einheit reagieren, mehr als auf bestimmte Einzelaspekte. Aber diese Beobachtungen erfordern ganz offensichtlich noch eine Reihe weiterer Untersuchungen.

Schlußfolgerung

Statt an den Ausgangspunkt zurückzukehren und alles, was ich bisher dargestellt habe, zusammenzufassen, möchte ich lieber einen Schritt vorwärts tun und den Versuch machen, künftige Möglichkeiten anzudeuten. Ich erwähnte schon vorher die Nachteile, die, meiner Ansicht nach, die Verwendung mündlicher und schriftlicher Reaktionen zwangsläufig mit sich bringt. Dennoch wurde im Versuch Nr. 4 von einer verbalen Bewertungsskala – mit allen ihr anhaftenden Mißverständnissen und Bedeutungsnuancen – Gebrauch gemacht. Es gibt eine konzeptionelle (mit begrifflichem Erfassen arbeitende) Methode, die mir weiterzuführen scheint als der Gebrauch verbaler Maßstäbe, nämlich die multidimensionale Einstufung. Statt (wie in meinen »Komplexitäts«-Versuchen) die zu untersuchenden einzelnen Dimensionen genau zu kennzeichnen oder sprachliche Begriffe zu verwenden, geht diese Methode lediglich von dem Begriff der Ähnlichkeit oder der Unähnlichkeit aus. Bei der multidimensionalen Einstufung wird die Umwelt als – wiewohl definiertes – Ganzes angenommen, aus dem – ohne daß der Untersuchende zu irgendwelchen Annahmen genötigt wäre oder Maßstäbe und Dimensionen spezifizieren müßte – die wichtigen Größen herausgelöst werden, die subjektive Reaktionen von Menschen auf ebendiese Umwelt beeinflussen. Ich hoffe, daß es nicht erforderlich ist auszuführen, welchen Nutzen diese Methode für die Untersuchung von Verhaltensreaktionen auf gebaute Umwelt hat, und zwar nicht nur im Hinblick auf Innenräume, sondern auch auf Stadträume. Es gilt jetzt nur noch, die Grenzen dieser Methode zu erkennen.

Überlegungen aus der Erörterung des vorliegenden Beitrags

1. Ein wesentlicher Einwand war die Schwierigkeit, genau zu bestimmen, was eigentlich die Pupillenerweiterung hervorruft. Zwar wurde allgemein anerkannt, daß sich die Pupillen in Reaktion auf eine physiologische Aktivierung weiten, aber es erschien schwierig zu entscheiden, ob eine solche Reaktion Zustimmung oder Ablehnung bedeutet.
2. Es ist bekannt, daß physiologische Reaktionen in komplexer Weise miteinander in Verbindung stehen, und daß die physiologische Ausstattung der Menschen sehr verschieden ist. Um so erstaunlicher ist es, daß zwischen Architekten und anderen Personen so deutliche Unterschiede erkennbar waren.
3. Es ließe sich annehmen, daß bereits die gesamte Versuchssituation die Architekten mehr interessiert oder stärker herausgefordert hat und daß schon diese Art der Aktivierung die vorliegenden Ergebnisse gezeitigt hat. Bei dem gegenwärtigen Stand unserer Kenntnisse sagen uns also diese Ergebnisse wenig über die Wirkung der Stimuli.
4. Man erkannte übereinstimmend in den dargelegten Untersuchungen einen Hinweis auf den potentiellen Wert der Pupillenreaktion als einer Ergänzung zu den zahlreichen Meßmethoden für menschliche Reaktionen auf architektonische Stimuli.

Adrian R. Hill
Sicht und Privatheit

Zusammenfassung des Herausgebers

Beschreibung einer experimentellen Technik, mit der gleichzeitig die beiden gegensätzlichen Aspekte der Sichtbarkeit – »Ausblick« und »Einblick« – untersucht werden, die eine subjektive Optimierung zulassen. Die Ergebnisse zeigen, daß die Bedürfnisse nach »visueller Privatheit« sich folgerichtig mit den Bedingungen, unter denen gesehen wird, und mit individuellen Persönlichkeitsfaktoren ändern.

Subjektiv empfundene oder tatsächliche Privatheit?

Das schnelle Wachstum neuer Städte und Siedlungen mit hoher Wohndichte fordert dringend ein größeres Verständnis für das Bedürfnis der Bewohner nach Privatheit. Willmott [18.1) hat zum Beispiel 1962 anhand einer Umfrage in Stevenage nachgewiesen, daß Klagen über eine große Wohndichte in enger Beziehung standen zu Klagen über einen empfindlichen Mangel an visueller und akustischer Privatheit. Aber das Problem ist komplex, und es ist keine leichte Sache, die Ursache festzustellen, die allen diesen Klagen zugrunde liegt – wie immer der Mangel an Privatheit auch wahrgenommen wird. Zunächst müssen wir unterscheiden, ob wir es mit Problemen einer subjektiv empfundenen oder einer tatsächlichen Privatheit zu tun haben. Ich beziehe mich dabei auf die Unterscheidung zwischen der Privatheit, die ein Mensch zu haben meint und dem Maß an Privatheit, das er wirklich besitzt. Hier liegt ein Unterschied in der Bedeutung, der unbedingt festgestellt werden muß; denn der jeweilige Aspekt der Privatheit, der untersucht werden soll, beeinflußt die Methoden, die zu ihrer Bestimmung angewandt werden können.

Bei dem in diesem Beitrag beschriebenen Experiment befasse ich mich nur mit dem Aspekt der realen »visuellen Privatheit«, der in enger Beziehung zu dem Problem des »Überblicks« steht. Diese Entscheidung beruht auf der Annahme, daß in dem Maße, in dem Menschen ihrer nächsten Umgebung – sowohl der dinglichen wie der sozialen – gewahr werden, auch ihre Urteile über die von ihnen empfundene Privatheit sich ändern und sich einer Vorstellungsebene annähern, die etwa dem tatsächlichen Ausmaß an Privatheit in einer gegebenen Situation gleichkommt.

Nachdem ich den Aspekt der »visuellen Privatheit«, an dem ich interessiert war, abgegrenzt hatte, bemühte ich mich, eine Technik zu entwickeln, mit der ich ermitteln konnte, in welchem Maße sich Menschen in ihren Ansprüchen an Privatheit unterscheiden, und zwar gemessen an Faktoren wie »Raumfunktion« oder möglichem »visuellen Eindringen« eines Beobachters von draußen.

Daß solche Ansprüche an Privatheit je nach der Tätigkeit differieren, die in einem Raum stattfindet, ist allgemein bekannt. Außerdem ist es, schon nach einem flüchtigen Blick auf die Fensterverhüllungen in jeder dicht besiedelten Wohngegend, ganz offenkundig, daß es den Menschen gar nicht darum geht, die größtmögliche Privatheit zu erreichen. Es überwiegt der Wunsch, aus dem Fenster sehen zu können. Tatsächlich meinen einige Designer, daß dies heute die einzige Funktion der Fenster sei [Markus 12.20]. Was aber auch immer die wahre Funktion eines Fenster sein mag – sobald es das doppelte Problem des Ausblicks nach draußen und der visuellen Privatheit drinnen gibt, muß der Designer wissen, ob er es mit zwei einander ausschließenden Merkmalen von Benutzerbedürfnissen zu tun hat oder ob es sich um einen einzigen Wert der Funktion »Sichtbarkeit« handelt. Ich legte daher mein Experiment hauptsächlich auf die Prüfung der Hypothese an, daß die erwünschte Möglichkeit eines Ausblicks nach draußen einerseits und einer visuellen Privatheit drinnen andererseits einander entgegengesetzte Forderungen des einzigen Werts der Funktion oder der Wahrnehmungsart »Sichtbarkeit« seien.

Ein Optimierungs-Problem

So gesehen, haben wir hier den ersten Ansatz zu einem Optimierungsexperiment: ein Maximum an visueller Privatheit würde erreicht sein, wenn es überhaupt kein Fenster gäbe. Und ein maximaler Ausblick nach draußen wäre gegeben, wenn keinerlei Objekt zwischen den Benutzer und die Aussicht treten würde. Ein Gegenstand, der in die Fensteröffnung gestellt wird, gerät in Gegensatz zu einer Grundfunktion des Fensters – nämlich einen Durchblick zu erlauben und so eine visuelle Verbindung zwischen den Benutzern des Hauses und der Außenwelt herzustellen. Aufgrund dieser Überlegung entsprach auch die Wahl einer unabhängigen Variablen für das Optimierungsexperiment etwa der Art, wie Hausbewohner in der Mehrzahl den Konflikt von Ausblick und Privatheit alltäglich lösen – nämlich, indem sie verschiedene abschirmende Materialien für Jalousien oder Vorhänge verwenden. Ein seit langem übliches und allgemein verwendetes Material ist der Tüll, denn er ist für den Blick nur unter gewissen geometrischen Bedingungen und Helligkeitswerten durchlässig. Diese Eigenschaften feiner, locker gewebter Tüllstoffe machten wir uns zunutze. Im weiteren Verlauf des Experiments brauchten wir eine Versuchsperson dann nur noch zu fragen, welcher Tüllstoff ihr für eine bestimmte Kombination von »Ausblick aus dem Fenster« und »Bedürfnis nach visueller Privatheit« am geeignetsten erschiene. Dieses Experiment, so könnte man sagen, war eine geschickt angelegte Erforschung des viktorianischen Tüllvorhang-Effekts!

Wahl und Festlegung eines Optimums

Bei Tüllstoffen kann die Durchlässigkeit für den Blick auf verschiedene Weise modifiziert werden, indem man nämlich Faktoren wie Fadendicke, Gewebedichte,

Geweberichtung usw. verändert. Die Beziehungen zwischen elf solcher Faktoren sind schon in einem früheren Experiment (Hill und Markus [12.21]) untersucht worden. Der für die Durchsichtigkeit wirksamste Faktor daraus wurde – als Mittel des Ausgleichs zwischen Außen- und Innen-Sichtbarkeit – in unsere gegenwärtige Untersuchung eingesetzt.
Es ist klar: je dichter ein Gewebe ist, desto schwieriger ist es, hindurchzusehen, desto größer, so läßt sich annehmen, ist die visuelle Privatheit, die es bietet. In einer Reihe von Tüllmustern, die sich nur in der Gewebedichte unterschieden, fanden wir ein einfaches Maß, um das Bedürfnis der Versuchsperson nach Privatheit und/oder nach Sichtbarkeit der Außenwelt mit der Gewebedichte von Tüllstoffen anzugeben.

Beschreibung der Versuchsanordnung

Wichtig für ein Optimierungsexperiment ist es, daß die Versuchsperson die beiden einander entgegengesetzten Bedürfnisse gleich gut kennt und also überprüfen kann. In diesem Falle mußte daher die Versuchsperson (das heißt der Hausbewohner) über Innen- wie über Außensichtbarkeit genau informiert sein. Diese Bedingungen waren bei einer eigens für dieses Experiment entworfenen Laboratoriumsvorrichtung erfüllt, deren Plan Abb. 21 zeigt.
Die Versuchsperson wurde in einem Abstand von 1,80 m vor eine graue Wand gesetzt, in der sich zwei Fensteröffnungen von etwa 60 cm^2 befanden. Aus dem rechten Fenster konnte man unmittelbar nach draußen sehen, das heißt auf das Farbfoto einer Außenansicht, das von hinten auf einen durchscheinenden Bildschirm projiziert wurde. Den Einblick nach drinnen vermittelte das linke Fenster mit Hilfe von zwei im Winkel angeordneten Spiegeln, die zwischen der Wandfläche und dem Bildschirm angebracht waren. Wenn die Versuchsperson in den rechten Spiegel blickte, sah sie ihr eigenes Bild, als ob sie aus etwa 6 m Entfernung vom Fenster von einem draußen stehenden Betrachter beobachtet würde. So war ein unmittelbarer Vergleich zwischen Ausblick und Einblick im selben Zeitpunkt möglich.
Mittels eines Zugsystems wählte die Versuchsperson jeweils einen Tüllvorhang für die beiden Fensteröffnungen aus und zwar unter sechs Mustern mit verschiedener Dichte und einer Lichtdurchlässigkeit von 44 bis 90%. Die sechs Tüllstücke folgten entsprechend ihrer Gewebedichte in einer Rolle aufeinander, die an der Rückseite der Fensteröffnungen montiert war. Teile der Gewebeoberfläche wurden mit gerichtetem Licht angestrahlt, und zwar so, daß kein störendes Nebenlicht auf den Bildschirm fiel. Die durchschnittliche Beleuchtungsstärke auf der Gewebeoberfläche betrug – auf der Rückseite des linken Fensters und auf der Vorderseite des rechten gemessen – etwa 25 cd/qm. Die Versuchsperson wurde durch offenes starkes Licht beleuchtet, das links neben der ganzen Vorrichtung so angebracht war, daß ein als Norm dienender weißer Magnesiumoxyd-Würfel unmittelbar vor den Augen der Versuchsperson eine Beleuchtungsstärke von etwa 9 cd/qm zeigte.

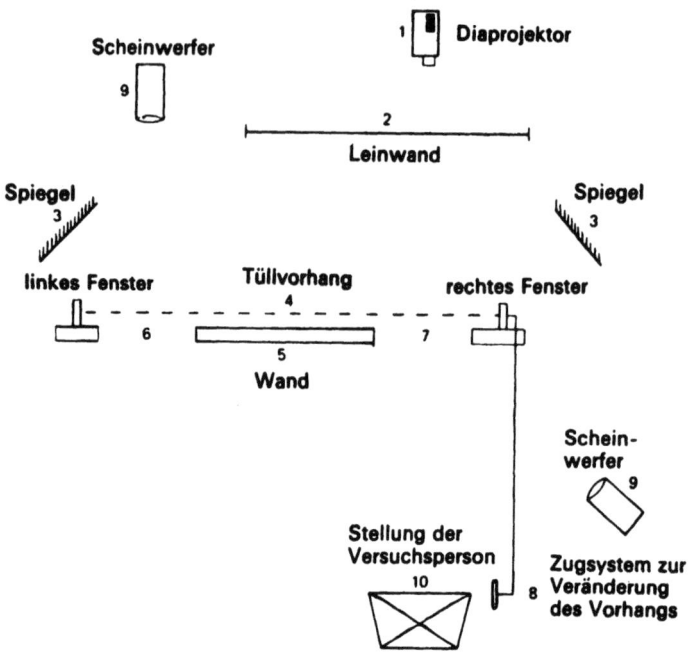

Abb. 21: Plan des Versuchsaufbaus für Optimierungsurteile über Ausblick und Einblick

Da der Versuch nur beweisen sollte, daß es möglich ist, optimale Lösungen für Ausblick und Einblick anhand des ausgewählten Vorhangmaterials zu demonstrieren, schien es uns angebracht, eine Reihe verschiedener Sichtbedingungen auszuwählen, bei denen zu vermuten war, daß sie deutlich differenzierte Antworten auf das Bedürfnis, zu sehen und gesehen zu werden, ergeben würden. Zur Vereinfachung des Experiments waren die beiden Hauptvariablen die Aussicht nach draußen und die Funktion des Innenraums. Wir benutzten zwei Situationen für die Aussicht nach draußen: die eine war das Foto eines nahegelegenen Fußweges, bei dem das Bedürfnis nach Privatheit ziemlich hoch veranschlagt wurde, das andere ein Foto von einem offeneren Gelände, bei dem der Anspruch auf Privatheit, wie angenommen wurde, weniger nachdrücklich sein würde. Einfachheitshalber nenne ich diese letzte Situation »Blick in die Landschaft«. Die beiden Innenraumfunktionen, die in dem Versuch verwendet wurden, gab es nur in der Vorstellung, da sie nur schwer im Labor entsprechend darzustellen waren. Sie wurden als »Küche mit Eßplatz« und als »ebenerdiges Schlafzimmer in einem Einfamilienhaus« gekennzeichnet. Keine der Versuchspersonen fand es schwierig, sich diese Situationen innerhalb der Versuchsanordnung vorzustellen. Das Experiment war vor allem auf 2×2 Faktoren abgestellt; es schloß also zwei Situationen mit einer Aussicht nach draußen und zwei mit einer Innenraumfunktion ein. So ergaben sich vier Durchgänge. Für jeden Durchgang ließen sich die optimalen Sichtbedingungen durch die Dichte der Tüllgewebe ausdrücken.

Versuchspersonen

Um möglichst nah an der Wirklichkeit zu bleiben, waren alle 30 Versuchspersonen Hausfrauen, die ununterbrochen in der Satellitenstadt Cumbernauld gelebt hatten. Man war der Ansicht, daß hier das Bedürfnis nach Privatheit wegen der großen Wohndichte besonders stark ausgeprägt sein würde. Sie waren zwischen 28 und 36 Jahre alt, meldeten sich freiwillig, und keine von ihnen war sich über die genauen Ziele des Versuchs klar; man hatte ihnen lediglich gesagt, daß dieses Experiment zu einer Reihe von Projekten gehöre, die sich mit Entwurfs- und Grundrißproblemen von Häusern in neuen Siedlungen befaßten. Mit anderen Worten, sie erhielten vorher keinerlei Hinweis darauf, daß es sich bei dem Versuch um Aspekte der Privatheit handelte.

Methode

Vor dem Versuch erhielten die Versuchspersonen die nötigsten Instruktionen. Sie sollten sich vorstellen, daß sie in einem Zimmer säßen und aus einem Fenster unmittelbar vor ihnen hinausschauten; der Spiegel rechts vom Fenster zeigte, was ein Beobachter von draußen sehen könnte, wenn er aus einer Entfernung von 6 m in den Raum hineinblicke. Mit anderen Worten, die Versuchspersonen sahen sich selbst in dem Raum, und zwar so, wie sie der Betrachter von draußen sehen würde. Dann wurde jeder einzelnen Versuchsperson das verfügbare Tüllmaterial gezeigt, um sie mit der begrenzten Auswahl vertraut zu machen, aus der sie dann das Gewebe herauszufinden hatte, das ihr am besten dem Zweck des Raumes und zugleich einem Ausblick nach draußen zu entsprechen schien. Jede Versuchsperson gab jeweils für jeden der vier Durchgänge zwei Beurteilungen ab, die eine in der normalen Abfolge der Gewebedichten, die andere in der umgekehrten Reihenfolge. Das Material, bei dem das Urteil der Versuchsperson hinsichtlich Durchsichtigkeit und Schutz vor Einblick sich änderte, wurde als das bei den bestehenden Sichtverhältnissen optimale (das »beste«) angesehen. Es stellte also einen geglückten Kompromiß dar zwischen den entgegengesetzten Erfordernissen von Ausblick und Einblick. Die Hälfte der Teilnehmerinnen am Versuch gab zunächst Urteile über die Situation »Küche mit Eßplatz« / »Blick in die Landschaft« ab, die andere Hälfte begann mit der Kombination von »Schlafzimmer im Erdgeschoß« / »nahegelegener Fußweg«. Jegliche Unterschiede, die sich zwischen den für beide Situationen jeweils als »besten« ausgewählten Materialien nachweisen ließen, konnten als Beweis für die Verläßlichkeit der Methode gelten.

Ergebnisse

Die Daten der ersten Material-Beurteilungen anhand der eben geschilderten Situationen wurden einem F-Test unterworfen. Er war bei p = 0,01 signifikant. Das zeigt, daß die für die Situation »Schlafzimmer/Fußweg« als »beste« ausgewählten Gewebedichten stärker variierten als die für die Situation »Küche mit Eßplatz/Landschaft«. Man könnte also daraus ableiten, daß die Bedürfnisse der einzelnen Bewohner sich ganz beträchtlich unterscheiden, wo es um Erfordernisse der Privatheit geht. Ein Mann-Whitney-U-Test (siehe Siegel [6.1]) ergab auch, daß die Versuchspersonen deutlich unterscheidbare Urteile in den beiden ersten Durchlauf-Kombinationen abgegeben hatten. Das zeigt, daß die Ansprüche an Privatheit, wie erwartet, bei der »Schlafzimmer/Fußweg«-Situation höher lagen. Diese Ergebnisse beweisen klar, daß es möglich ist, einfache Optimierungsurteile –

Tabelle 2

Ursache der Varianz	Summe der Quadrate	Freiheitsgrade	Quadrat im Durchschnitt	F	P
Raumnutzung	176.7	1	176.7	220.8	0.001
Sicht	33.9	1	33.9	42.4	0.001
Raumnutzung X Sichtinteraktion	23.7	1	23.7	29.6	0.001
Gruppen (Anfangsurteil)	5.1	3	1.7	2.1	n. s.
Versuchsperson	94.7	29	3.3	4.1	0.001
Wiederholungen innerhalb der Beobachtergruppen	1.1	1	1.1	1.4	n. s.
Fehler	165.0	203	0.8		
Gesamt	500.2	239			

Trotz der auffallenden Unterschiede unter den Versuchspersonen stellen diese nur einen sehr kleinen Bruchteil der gesamten Abweichungen in den Versuchswerten dar. Die drei verschiedenen Gruppen sozialer Frauen-Organisationen, aus denen die Versuchspersonen bestanden (ausgedrückt im »Gruppen«-Effekt), hatten keinen feststellbaren Einfluß auf die Ergebnisse und zeigten so die Homogenität der Bevölkerungsauswahl.

die der Betroffene sonst für sich behält – deutlich darzustellen. Sie beweisen auch, daß die Daten keine rein experimentelle Erfindung waren. Das gesamte Meßergebnis wurde daher einer Varianzanalyse unterworfen, um festzustellen, in welchem Verhältnis zueinander die Wirkung der beiden Variablen – Raumfunktion und Aussicht – auf die Bestimmung eines Optimums stand. *Tabelle 1* zeigt eine Zusammenfassung dieser Analyse. Daraus läßt sich ablesen, daß die Ursache der bei weitem größten Varianz der Faktor »Raumfunktion« war. Wenn man die

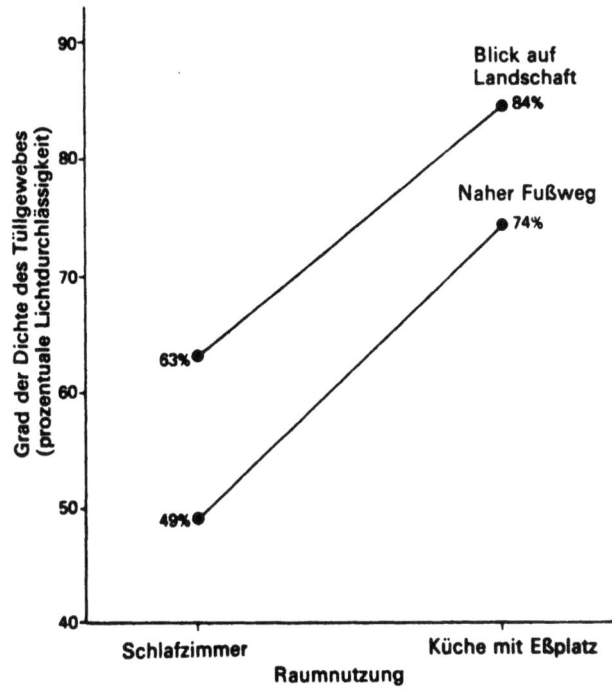

Abb. 22: Beziehung zwischen Raumnutzung und Aussicht. Forderungen nach visueller Abgeschlossenheit, ausgedrückt durch die durchschnittliche Dichte des Tüllgewebes

Daten weiter auffächert, enthüllen sie die erwarteten Ergebnisse: der Anspruch an Privatheit im »Schlafzimmer« war weitaus größer als in der »Küche mit Eßplatz«, und auch der Wunsch der Versuchspersonen nach einem Ausblick war bei der Landschafts-Aussicht stärker als bei dem nahegelegenen Fußweg. Obwohl die Wechselbeziehung zwischen Raumfunktion und Ausblick sich als signifikant erwies, hatte sie doch einen ziemlich geringen Effekt, weil auch die Fehlervarianz in den Meßdaten ziemlich niedrig liegt. Diesen Effekt zeigt Abb. 22, aus der sich ergibt, daß der Unterschied in den Erfordernissen an Privatheit zwischen dem Ausblick auf den nahegelegenen Fußweg und dem Landschafts-Ausblick in der Situation »Schlafzimmer« etwas deutlicher zutage tritt als in der »Küche mit Eßplatz«. Ehe die Versuchspersonen ihre Optimierungsurteile abgaben, füllten sie alle einen »Persönlichkeits-Fragebogen« (nach Eysenck) aus, so daß sich der Einfluß gewisser Persönlichkeitsmerkmale auf die Wahl des Gewebes untersuchen ließ. Die Persönlichkeitsbewertung teilte sich in sowohl hohe als auch niedrige E- und N-Punkte (E = Extravertiertheit, N = Neurose). Eine Analyse dieser

Ergebnisse mittels des Median-Tests ergab, daß die Versuchspersonen mit hohen E-Punkten (also die stärker extravertierten) durchweg ein dichteres Tüllgewebe auswählten. Der Unterschied war bei p = 0,05 signifikant, was darauf schließen läßt, daß extravertierte Menschen höhere Ansprüche an Privatheit stellen als introvertierte. Kein signifikanter Unterschied hingegen ließ sich für das optimale Sicht-Niveau feststellen, als die Daten nach hohen und niedrigen N-Punkten (Neurose) aufgeteilt wurden.

Nur wenig Information läßt sich offensichtlich so über die Beziehung zwischen Persönlichkeit und Privatheit gewinnen; aber Forschungsarbeiten, die vor einigen Jahren unter der Leitung von David Walters an der School of Architecture in Birmingham durchgeführt wurden, zeigten eine leicht positive Korrelation zwischen einer verhaltensorientierten Messung von visueller Privatheit und den EPI-Extravertiertheits-Punkten. Es läßt sich annehmen, daß extravertierte Personen sich ihres Bedürfnisses nach visueller Privatheit stärker bewußt sind als introvertierte.

Versuche, die Sichtprobleme beim Entwurf von Fenstern zu lösen, können einer optimalen Lösung bestenfalls nahe kommen, wenn sie von ganz bestimmten Anforderungen an die Raumfunktion und den Ausblick ausgehen. Soll der Entwurf den Benutzer beziehungsweise Bewohner vollkommen zufriedenstellen, wird man wohl andere Faktoren als nur die für die dingliche Umwelt kennzeichnenden berücksichtigen müssen. Trotz der interessanten Nebenergebnisse dieses Experiments liegt jedoch sein Wert vor allem in dem Beweis dafür, daß der Aspekt der »Aussicht« und der Aspekt der tatsächlichen »visuellen Privatheit« entgegengesetzte Anforderungen an die *eine* Funktion »Sichtbarkeit« sind. Mit anderen Worten: Beide Aspekte lassen sich durch Begriffe der gleichen meßbaren Menge ausdrücken; in dem gegebenen Zusammenhang ist dies die Leichtigkeit (oder Mühe), mit der eine Person durch die Tüllgardinen hindurchsehen kann. Solche Versuche können daher nur weiterentwickelt werden, wenn man eine Bewertungsskala festlegt, mit der sich verschiedene Grade der Durchsichtigkeit eines Tüllgewebes messen lassen. Die Forschungsarbeiten von Hill und Markus [12.21] haben einiges dazu beigetragen, eine solche Skala zu entwickeln, und in weiteren Arbeiten hat Hill [12.22] präzisiert, unter welchen Bedingungen dieser Maßstab angewandt werden muß, um Nebenwirkungen, die sich aus dem besonderen Zusammenhang ergeben, zu vermeiden.

Die Zukunft?

Eine wichtige Frage ist immer wieder im Hinblick auf dieses Experiment gestellt worden: Was bietet es dem Architekten, der Fenster entwerfen soll? Die Antwort muß zur Zeit noch lauten, daß die Versuchsergebnisse nur wenig Greifbares vermitteln, das sich unmittelbar auf reale Entwurfs-Probleme anwenden läßt. Es wäre verfrüht und verfehlt, wollte man etwas anderes sagen. Dennoch, der Wert des Experiments liegt zunächst darin, daß es ganz unvorbereiteten Beobachtern möglich ist, eine einfache Optimierung durchzuführen, das heißt, einen Kompromiß zwischen Ausblick und Einblick zu finden. Wir haben auch gesehen, wie es mit Hilfe dieser Optimierungsmethode möglich ist, Unterschiede in den Ansprüchen an visuelle Privatheit zu zeigen, die sich nicht nur aus der Raumfunktion und dem Ausblick ergeben, sondern auch aus der Persönlichkeit des Bewohners. Viele weitere Versuche sind jedoch erforderlich – wozu auch eine Verfeinerung der Meßtechniken gehört, die sowohl im Labor wie in der Feldarbeit angewandt werden – ehe sich irgendwelche Daten in der Form einer Entwurfsanleitung zu der Frage »Sicht und Privatheit« anbieten lassen.

Es lag mir daran – indem ich das Problem in der eben beschriebenen Weise, wenn auch nur in einer Labor-Situation, anging – zu zeigen, daß Ausblick und visuelle Privatheit keine so ungreifbaren Aspekte beim Entwerfen von Fenstern sind, wie es auf den ersten Blick erscheinen mag. Es wäre zu wünschen, daß es nicht zu lange dauert, bis sie – zusammen mit den vielen anderen, klarer definierten Aspekten des Umwelt-Design – auf eine rationalere Weise als bisher betrachtet werden.

Überlegungen aus der Erörterung des vorliegenden Beitrags

1. Es herrschte Übereinstimmung darüber, daß der Begriff »Einblick« (visuelle Privatheit) in dieser Arbeit in einem viel engeren Sinne gebraucht wird, als ihn Architekten im allgemeinen gebrauchen.
2. Es wurde auch hervorgehoben, daß die Bedingungen für einen guten Ausblick und eine ausreichende visuelle Privatheit im Laufe des Tages nicht gleichbleiben und daß die Bewohner ihre Bedürfnisse auch durch andere Mittel, wie zum Beispiel durch das Auf- oder Zuziehen von Vorhängen, regulieren.
3. Es wurde darauf hingewiesen, daß, nach den bisherigen Ergebnissen zu urteilen, eine weitere Untersuchung der Sichteigenschaft von Tüllgardinen von Wert sein würde.

J. J.-H. Lau

Zum Unterschied zwischen Modellräumen in natürlicher Größe und in maßstäblicher Verkleinerung bei der Beurteilung der Beleuchtungsqualität

Zusammenfassung des Herausgebers

Der Gebrauch von räumlichen Modellen in verkleinertem Maßstab bei der Erforschung der Beleuchtungsqualität wird erörtert. Es wird ein Experiment beschrieben, in dem die Unterschiede in der Beurteilung der Beleuchtungsqualität im Vergleich eines Musterzimmers in natürlicher Größe mit Modellen eines Schlaf-Arbeits-Zimmers in verkleinertem Maßstab untersucht werden. Im Paarvergleich beurteilen die Versuchspersonen einmal das Musterzimmer und dann das Modell nach zwei Kriterien: »angenehm-hell« oder »bedrückend-düster«. Aus den Ergebnissen ließ sich schließen, daß beide Darstellungsarten etwa gleich beurteilt wurden.

Angenehm-helle Beleuchtung

In zunehmendem Maße ist man in der Beleuchtungsforschung daran interessiert, gewisse Aspekte der Beleuchtungsqualität zu quantifizieren. Dieses Interesse wurde gefördert durch die Erkenntnis, daß waagerecht einfallendes Licht kein ausreichendes Merkmal für gutes Licht in einem Innenraum ist. Ein Ausschuß der Commission Internationale d'Eclairage hat sich jahrelang mit dem Problem einer »angenehm-hellen Beleuchtung« befaßt. Die Kommission stellte fest, daß es sehr schwierig sei, das Problem zu definieren, geschweige denn Maßstäbe dafür zu finden. Diese Schwierigkeit ist in gewissem Maße vermutlich auf das Fehlen eines entsprechenden Maßstabes für richtiges Licht zurückzuführen. Lynes und andere [12.23] haben erst kürzlich eine an sich alte Idee verbreitet. Diese besagt: Wenn man Licht in gleicher Weise mißt wie Temperatur, das heißt als räumliche Quantität, so kommt dies der subjektiven Empfindung von richtigem Licht womöglich näher. Epaneschnikow und Sidorawa [12.24] haben darauf hingewiesen, daß sowohl zylindrische als auch sphärische (das heißt richtungslose) Beleuchtung im Durchschnitt weitaus bessere Werte für gutes Licht ergeben als waagerechte Beleuchtung. Aus diesen Arbeiten über angemessenes Licht und einer späteren Untersuchung zu einem Modellindex läßt sich schließen, daß das Problem einer »angenehm-hellen Beleuchtung« mit mehr Zuversicht und größerer Anstrengung weiterverfolgt wird.

Der Gebrauch von Modellen

Bei der Erforschung von Beleuchtungsqualität, und vor allem beim praktischen Entwurf, bei dem die Qualität von Beleuchtungen bewertet werden soll, werden im allgemeinen Raummodelle in verkleinertem Maßstab bevorzugt, weil sie bequemer und leichter zu handhaben sind. Modelle in verkleinertem Maßstab werden oft benutzt, um »architektonische Qualitäten« von Gebäuden und Innenräumen zu vermitteln – manchmal als Entwurfshilfe, häufiger aber vielleicht noch, um dem Auftraggeber eine Idee zu »verkaufen«. Obwohl der Gebrauch solcher Modelle allgemein und weit verbreitet ist, weiß man doch wenig darüber, was eine maßstäbliche Verkleinerung zwangsläufig mitbewirkt. Der sogenannte »Maßstab-Effekt«, auf den sich Hopkinson (12.26] bezieht, wird oft nicht richtig verstanden. Ein verkleinerter Maßstab scheint die Qualität des dargestellten Objekts oder Gebäude-Innern zu steigern. Er verwandelt oft einen Allerweltsentwurf in einen Gegenstand voller Faszination und Schönheit. Obgleich gewisse »Regeln« für den Gebrauch von maßstäblich veränderten Modellen ausgearbeitet worden sind, ist doch wenig geschehen, um die Validität experimenteller Arbeiten auf der Grundlage solcher Modelle oder die Wirkung nachzuweisen, die ein bestimmtes Ausmaß an Ungenauigkeit oder Genauigkeit in der Simulation auf die Validität eines Experiments hat. Da zu erwarten ist, daß weiterhin verkleinerte Modelle für die Beurteilung von Beleuchtungsqualität benutzt werden, scheinen weitere Experimente zur Anwendbarkeit maßstäblicher Modelle gerechtfertigt zu sein.

»Angenehm-helle« und »bedrückend-düstere« Beleuchtung

In dem Experiment, das hier beschrieben werden soll, wurden zwei Bewertungskriterien benutzt: »angenehm-hell« und »bedrückend-düster«. Das Problem der angenehm-hellen Beleuchtung hat, wie bereits erwähnt, die Commission Internationale d'Eclairage eine Zeitlang beschäftigt. Nur wenige endgültige Arbeitsergebnisse liegen auf dem Gebiet der subjektiven Empfindung von Licht vor. Der Gebrauch des Begriffspaares »angenehm-unangenehm« aber hat eine ziemlich lange Geschichte in der Psychologie, und hier wurde bereits entscheidend auf experimentellem Gebiet gearbeitet (Beebe-Center [1.14]). Aus früheren Forschungsarbeiten konnte ich ableiten (Lau [12.27]), daß »Düsterkeit« (im Zusammenhang mit einer Raumbeschreibung) sich nicht allein aus einer Kombination physikalischer Größen ergibt, sondern auch aus der komplexen Wechselwirkung von Individuum und dinglicher Umwelt. Die Begriffe »angenehm-hell« und »bedrückend-düster« können als einander entgegengesetzt angesehen werden. Bewertungen, die mit beiden Begriffen arbeiten, könnten daher im Hinblick auf die Validität eines Modells zur Bewertung subjektiv empfundener Beleuchtung ein breiteres Spektrum von Faktoren umfassen, als es sonst der Fall wäre.

Die Versuche

Als Teil einer größer angelegten Forschungsarbeit umfaßt die Untersuchung vor allem zwei Versuche. Im ersten geht es um die Bewertung von »angenehm-hell«

und »bedrückend-düster« (bei zwei verschiedenen Gelegenheiten und mit verschiedenen Versuchspersonen) mit Hilfe von verkleinerten Modellräumen. Am Versuch beteiligt waren insgesamt 64 Personen. 20 Versuchspersonen sollten Zimmer natürlicher Größe, 20 weitere verkleinerte Modelle auf den Wert »angenehm-hell« hin bewerten; acht bestimmten in Musterzimmern und 16 in Modellräumen den Wert »bedrückend-düster«. Die Versuchsteilnehmer wurden gebeten, verschiedene Beleuchtungsanordnungen in einem Einzel-(Arbeits-Schlaf)-Raum zu bewerten und sich dabei der schon erwähnten Technik des Paarvergleichs für die beiden Begriffspaare zu bedienen. Zwei Musterzimmer in natürlicher Größe und zwei Wohn-Schlafraum-Modelle im Maßstab 1:6 wurden aufgebaut und wie in Abb. 23 angeordnet.

Die Decken der Räume waren weiß gestrichen, die Wände grau (Munsell Notation 2.5 Y 6/0.5) mit einem gemessenen Reflexionswert von 23%. Der Fußboden war mit grauem Linoleum von etwa dem gleichen Reflexionsgrad wie die Wände ausgelegt.

Um den Paarvergleich zu erleichtern, sind die beiden Räume miteinander verbunden. Die Versuchsperson kann alle beide betreten. Die Raummodelle sind flach an den Wänden der entsprechenden Räume angebracht, um weitere Experimente zu ermöglichen, in denen die Musterzimmer natürlicher Größe unmittelbar mit ihrem verkleinerten Gegenstück verglichen werden können. Wenn die Raummodelle nicht gebraucht werden, bleiben sie den Blicken verborgen. Damit während der Bewertung kein Licht aus dem Musterraum in die Raummodelle fällt, sind in Scharnieren bewegliche Klappen mit Gucklöchern angebracht, wodurch zugleich eine bestimmte Augenhöhe für das Betrachten der Modelle gegeben ist. Beleuchtung war in diesem Versuch die unabhängige Variable; sie sollte durch die Bewertung »angenehm-hell« und »bedrückend-düster« bestimmt werden. Die Variationsbreite der Stimuli wurde den möglichen Lösungen für einen Schlaf-Arbeitsraum angepaßt. Ein 2^3 Faktorenentwurf ergab acht verschiedene Beleuchtungssituationen. Die grundlegenden Beleuchtungsvariablen waren also Art und Anbringung eines Beleuchtungskörpers und seine Beleuchtungsleistung; für jede Variable gab es zwei Werte. Der Beleuchtungskörper wurde entweder in der Mitte des Raumes oder seitlich angebracht. Er war entweder mit einem weißen oder einem grauen Streuschirm ausgestattet. Ein regulierbarer Transformator regelte die Beleuchtungsleistung, so daß entweder eine 100-Watt-Lampe oder eine 40-Watt-Lampe simuliert werden konnte. Die Miniatur-Beleuchtungsanlagen für die maßstäblichen Modelle sind den Beleuchtungskörpern der Musterzimmer nachgebildet und ergeben eine ähnliche Lichtverteilung. Jedoch war es nicht möglich, die Beleuchtungsmerkmale genauso zu gestalten wie in den Musterzimmern natürlicher Größe. Es hatte den Anschein, als ließen sich diese Unterschiede praktisch nicht ausgleichen, und man mußte es hinnehmen, daß sie eben beim Gebrauch von verkleinerten Modellen unvermeidlich auftreten.

Für die Bewertung der Räume in natürlicher Größe wird der Versuch auf eine Beziehung zwischen den Versuchspersonen aufgebaut, und zwar so, daß jeweils die eine Hälfte aller Versuchspersonen mit dem Versuchsleiter im rechten, die andere

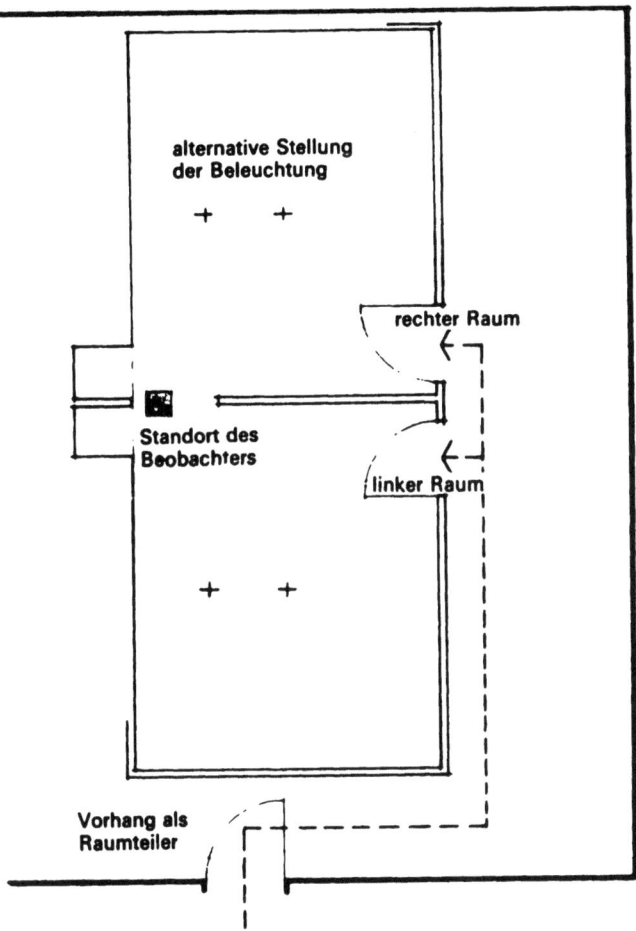

Abb. 23: Versuchsaufbau für die Bewertung »angenehm-hell« und »bedrückend-düster« mit der Methode des Paarvergleichs. Der angegebene Standort des Beobachters dient der Beurteilung des Modells in natürlicher Größe nach diesen Kriterien

im linken Raum arbeitet. Für die Abfolge der Versuchsvorgänge werden die Versuchspersonen in gleicher Weise aufgeteilt. Der Versuchsaufbau für die Bewertung der verkleinerten Raummodelle entspricht dem eben geschilderten, ist aber ausgeglichen in bezug auf die Hintergrundsbeleuchtung und die Abfolge der Versuchsvorgänge. Die Versuchspersonen wurden gebeten zu sagen, welchen

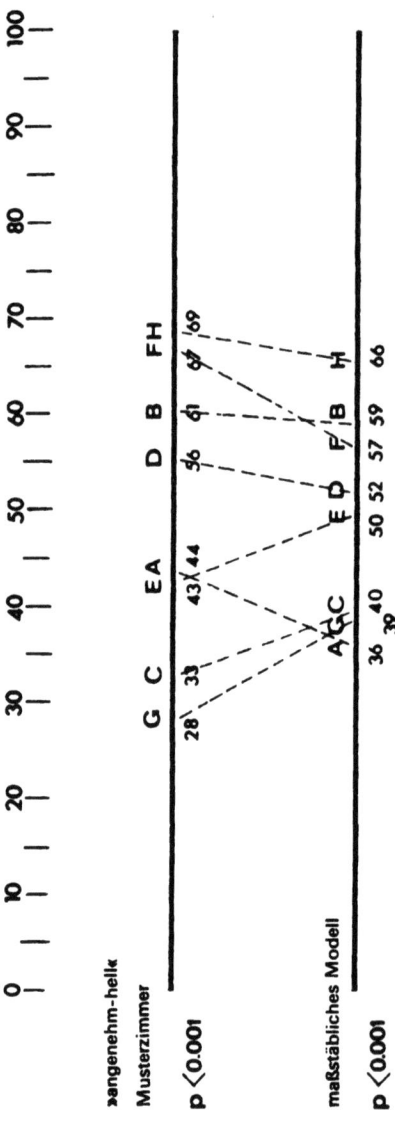
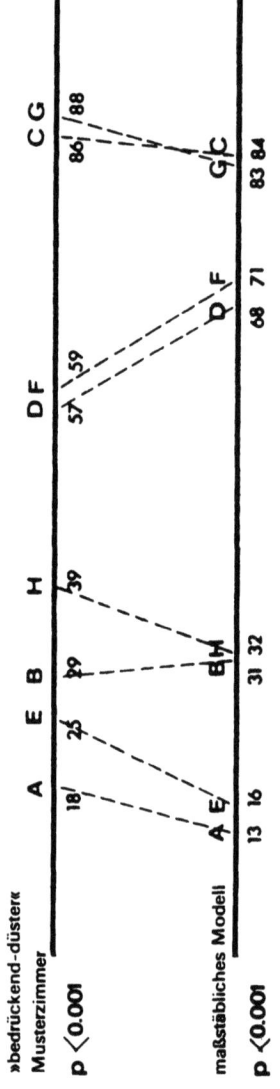

Abb. 24: Rangfolge und Skalenwerte für die Begriffe »angenehm-hell« und »bedrückend-düster«

der beiden Räume sie im Hinblick auf die Beleuchtung als angenehmer oder bedrückender empfanden, wobei sie annehmen sollten, daß sie sich jeweils »in einer Unterhaltung mit Freunden« befanden.

Versuchsergebnisse

Analysen zeigten, daß die Versuchspersonen bei verkleinerten Raummodellen mehr zu gleichbleibenden Bewertungen neigten als bei Musterzimmern in natürlicher Größe. Für den Begriff »angenehm-hell« war die Durchschnittszahl der kreisförmigen Triaden (siehe Fachwortverzeichnis im Anhang) bei Modellen 5,2 und bei Musterzimmern 6,9. Für den Begriff »bedrückend-düster« war die Durchschnittszahl der kreisförmigen Triaden bei Modellen 2,4 und bei Musterzimmern in natürlicher Größe 3,5.

Für den Begriff »angenehm-hell« stimmten die Versuchspersonen in ihren Bewertungen verkleinerter Modelle weniger überein als in den von Musterzimmern natürlicher Größe. Genau umgekehrt verhielt es sich für den Begriff »bedrückend-düster«: In diesem Falle stimmten die Versuchspersonen stärker in ihren Bewertungen von Musterzimmern natürlicher Größe überein. In allen Fällen war das Maß der Übereinstimmung zwischen den Versuchspersonen zumindest auf dem 0,1 % Niveau signifikant. Für die Einordnung der Einzelergebnisse wurde die Methode der Rangfolge-Messung nach Dunn-Rankin [6.2], [6.3] benutzt. Diese Methode liefert Meßwerte, die gut mit denen anderer Meßtechniken korrelieren. Sie hat zudem den Vorteil, daß ihr nicht die Annahme einer Allgemeingültigkeit der Antworten zugrunde liegt. Sie sieht zusätzlich vor, daß Signifikanztests zwischen zwei Einzeldaten der Gesamtreihe angestellt werden. Bei der Auffächerung der Daten ergab sich eine signifikante Wirkung des Versuchsleiters, insofern nämlich, als die Testpersonen die Neigung zeigten, den Raum zu wählen, in dem sich der Versuchsleiter nicht befand. Es gibt weiterhin Anzeichen dafür, daß sowohl die Abfolge der Versuchsvorgänge als auch der Grad der Hintergrundsbeleuchtung (für die Beurteilung der Modelle) die Bewertung beider Begriffe beeinflußte. Es ist beabsichtigt, weitere Versuche durchzuführen, um die Validität der bisherigen Ergebnisse festzustellen. Durch Produkt-Moment-Korrelation liefern die beiden Dunn-Rankin-Skalen für den Begriff »angenehm-hell« (bei Räumen in natürlicher Größe und verkleinerten Raummodellen) $r = 0,90$ mit $p < 0,001$. Für den Begriff »bedrückend-düster« ergaben die beiden Skalen $r = 0,96$ mit $p < 0.001$. Varianzanalysen, deren Ergebnisse in den Abb. 24, 25 und 26 zusammengefaßt sind, zeigen an, daß für beide Begriffe die Bewertungen der verkleinerten Raummodelle denen der Räume in natürlicher Größe sehr nahe kommen, das heißt, daß dieselben Wechselwirkungen erster Ordnung und dieselben Hauptwirkungen als signifikant ausgewiesen werden. Es besteht also – soweit die Grenzen dieses Experiments diesen Schluß zulassen – eine hohe Wahrscheinlichkeit, daß verkleinerte Raummodelle genauso bewertet werden wie Räume von natürlicher Größe. Daß der Grad der Hintergrundbeleuchtung eine

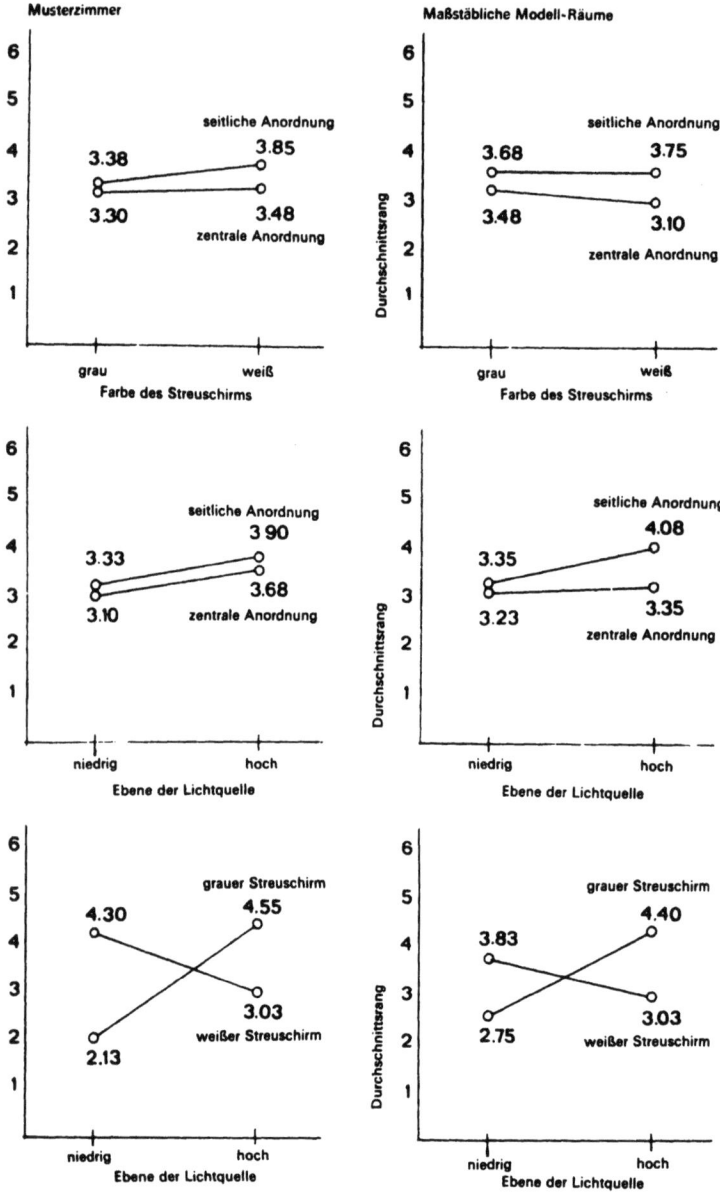

Abb. 25: Ergebnisse der Varianz-Analyse für den Begriff »angenehm-hell«

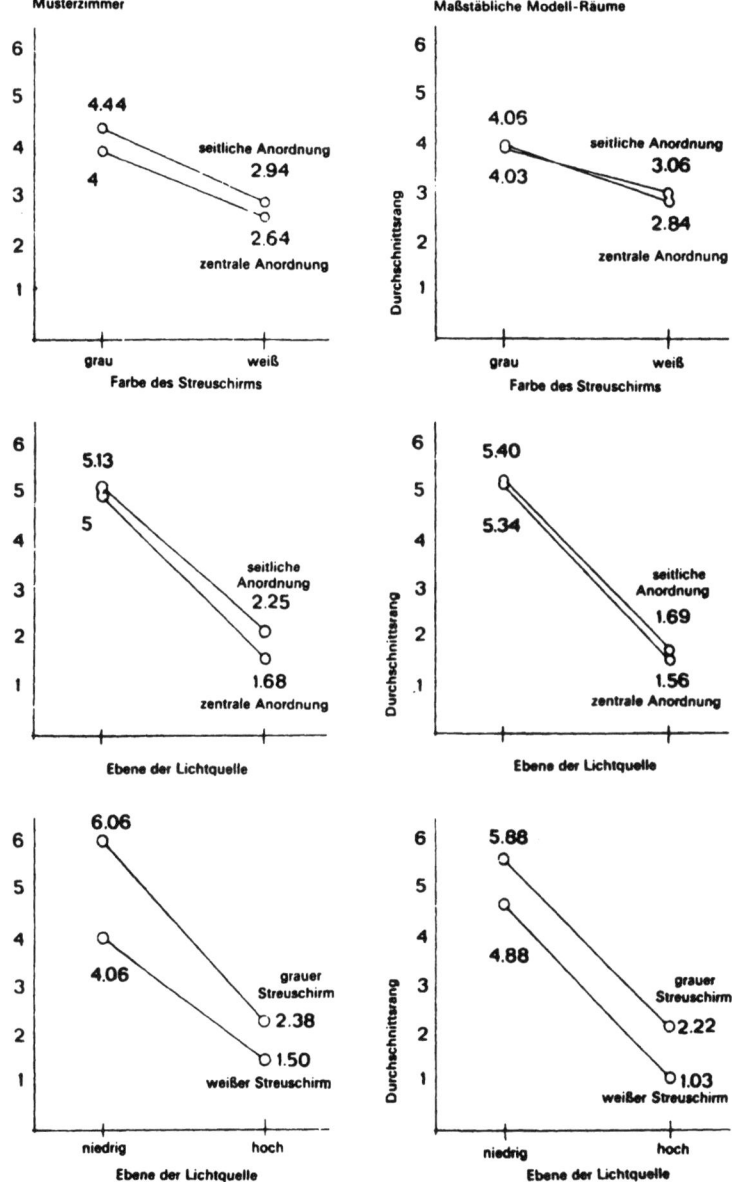

Abb. 26: Ergebnisse der Varianz-Analyse für den Begriff »bedrückend-düster«

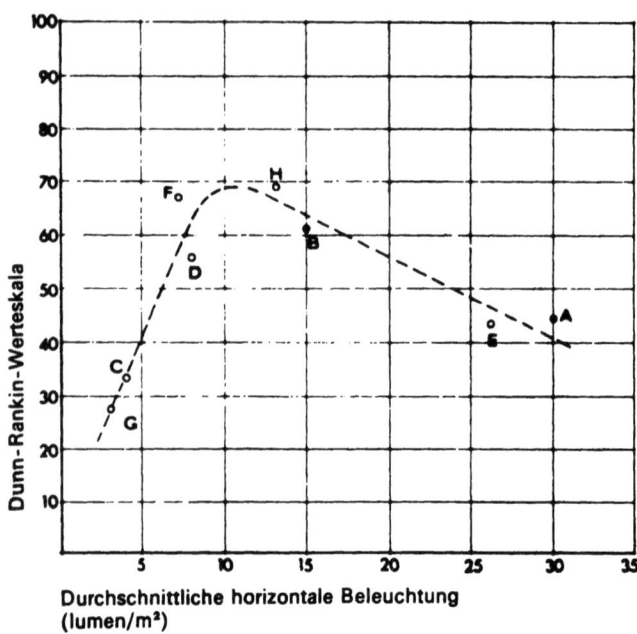

Abb. 27: Relation der Dunn-Rankin-Werte-Skala für den Begriff »angenehm-hell« in Musterzimmern bei durchschnittlicher horizontaler Beleuchtung bei acht verschiedenen Beleuchtungs-Anordnungen

signifikante Wirkung auf die Bewertung hat, zeigt, daß es darauf ankommt, den Grad der Helligkeitsadaptation beim Betrachter zu überprüfen. Es ist zu hoffen, daß die Wirkung der Bewegung in Räumen von natürlicher Größe und die Wirkung verschiedener statischer Positionen beim Betrachten der Räume ebenso in weiteren Experimenten untersucht werden wird wie das Problem der Adaptationskontrolle.

Was bedeutet »angenehm-hell« und »bedrückend-düster«?

Aus diesen einleitenden Versuchen lassen sich einige Schlüsse auf die Bedeutung von »angenehm-hell« und »bedrückend-düster« ziehen. Für die Bewertung des Begriffs »angenehm-hell« ergab die Varianzanalyse eine höchst signifikante Wechselwirkung erster Ordnung zwischen der Art des Beleuchtungskörpers und dem Grad der Beleuchtungsleistung, die sich in einer gekrümmt-linearen Bezie-

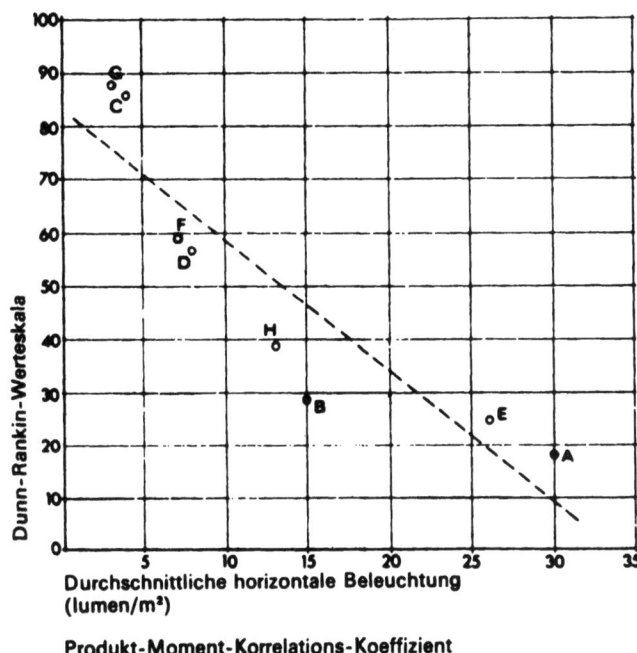

Abb. 28: Relation der Dunn-Rankin-Werte-Skala für den Begriff »bedrückend-düster« in Musterzimmern bei durchschnittlicher horizontaler Beleuchtung bei acht verschiedenen Beleuchtungsanordnungen

hung zwischen den Meßpunkten nach Dunn-Rankin und dem Beleuchtungsgrad ausdrückte, wie Abb. 27 zeigte.

Es läßt sich daraus ablesen, daß bei zunehmender Beleuchtung der Raum als »angenehmer« empfunden wird, daß aber jenseits eines bestimmten Punktes die Zunahme der Beleuchtung zu einer Abnahme der Annehmlichkeitsempfindung führt. Dies könnte darauf zurückzuführen sein, daß die Versuchsperson zwischen einem annehmbaren Beleuchtungsgrad und dem Grad einer noch gerade erträglichen, unbehaglichen Grellheit zu optimieren sucht. Wie auch immer die Beleuchtungskörper angeordnet sein mögen, wenn die Beleuchtung zunimmt, dann auch die Beleuchtungsstärke der Lichtquelle, daher die Wechselwirkung. Die Bewertung von »bedrückend-düster« hat eine direkte Beziehung zu den Beleuchtungsgraden (Abb. 28). Obgleich die Korrelation der Meßpunkte nach Dunn-Rankin bei waagerechter Beleuchtung am höchsten ist, zeigen die Korrelationskoeffizienten, die sich für durchschnittliche richtungslose oder durchschnittliche zylindrische Beleuchtung ergeben, nur geringfügige Unterschiede. Das würde also bedeuten, daß bei der Bewertung von »bedrückend-düster« die gesamte Lichtmenge in einem Raum allgemein erfaßt wird und nicht so sehr die Lichtmenge auf einer bestimmten Oberfläche.

In dieser kurzen Untersuchung sind selbstverständlich eine ganze Reihe von Fragen unbeantwortet geblieben, und es ergab sich eine Reihe neuer Punkte. Immerhin hat sie in gewissem Umfange gezeigt, daß verkleinerte Modelle in ähnlicher Weise bewertet werden wie Modelle in natürlicher Größe. Wenn es signifikante Unterschiede aufgrund dieser beiden Arten von Stimuli im Versuch gibt, so haben die ungenauen psychologischen Meßmethoden, die angewandt wurden, sie »maskiert«. Sie können also nur als Hypothesen für künftige Versuche gelten.

Überlegungen aus der Erörterung des vorliegenden Beitrags

1. Der Versuch hat zur Bestimmung des Begriffs »bedrückend-düster« nur wenig beigetragen, aber er hat Informationen zu Modell-Untersuchungen vermittelt, die für die künftige Erforschung des obigen Begriffs nützlich sein sollten.
2. Die Heranziehung von Architekturstudenten zu den Versuchen könnte zu Ergebnissen führen, die nicht verallgemeinerbar sind. Aus anderen Untersuchungen ähnlicher Art läßt sich jedoch entnehmen, daß Architekturstudenten sich von anderen Studenten nicht signifikant unterscheiden.
3. Beleuchtungsforschung sollte im allgemeinen nicht von der Erforschung der visuellen Umwelt abgelöst werden. Es besteht ein dringendes Bedürfnis danach, zu untersuchen, welchen Beitrag Beleuchtung, Farbe, Oberflächenbeschaffenheit, Möblierung und eine Unmenge anderer Variablen für die Schaffung einer Umwelt nach unserem Sinne leisten.

III. Feldarbeit

Die Ermittlung im »Feld«, das heißt die Datenerhebung in der Öffentlichkeit, ist die Forschungsmethode, der sich der Laie vermutlich am meisten bewußt ist. Denn es gibt ja Gelegenheiten, bei denen sie ihm buchstäblich ins Haus kommt. Gerade aus diesem Grunde aber wird sie vielleicht am meisten mißverstanden. Viele meinen, es gehe dabei nur darum, Köpfe zu zählen und Fragen zu stellen. Die beiden Beiträge dieses Teils unserer Veröffentlichung werden beweisen, daß sie sich irren. Beide zeigen, daß auch außerhalb des Labors Hypothesen sorgfältig überprüft und genaue Messungen gemacht werden können.

David Walters zum Beispiel hält es in naher Zukunft für möglich, die Lärmbelästigung für Wohnungen in der Nähe von Eisenbahnlinien aus dem Fahrplan vorauszusagen. Gordon Best beschreibt, daß Architekten mit einer gewissen Kenntnis der Informationstheorie die Orientierungsfähigkeit von Menschen in komplex angelegten Gebäuden einfach durch eine vernünftige Beschilderung von Grund auf bessern könnten.

Dieser dritte Teil beleuchtet die Interdependenz der in diesem Buch dargestellten Methoden. Keine von ihnen gibt Antwort auf sämtliche Fragen. Eine Theorie, die nicht von Forschungsergebnissen gestützt wird, ist wertlos. Nur im Kontext zu einer Theorie wiederum vermitteln Daten Information. Alle drei Methoden, sich den Problemen zu nähern, müssen ineinandergreifen, wenn unser Verständnis für die Beziehung zwischen Mensch und Umwelt erwachsen soll.

David Walters

Störung durch Eisenbahnlärm in Wohngebieten

Zusammenfassung des Herausgebers

Diese Untersuchung wurde in zwei Stufen geplant. Erstens sollte die Ermittlungsmethode erarbeitet und überprüft und zweitens eine ausgedehntere Erhebung durchgeführt werden, die auf den Erfahrungen der ersten Stufe aufbaut. Zwischen der Anzahl der Bewohner, die mit der Belästigung durch eine Eisenbahnlinie nicht einverstanden sind, und der Entfernung ihrer Wohnung von den Schienen sollte eine Relation hergestellt werden. Der Verfasser möchte dieses Thema so behandeln, daß es für Städteplaner wie für Architekten von gleichem Nutzen ist.

Der vorliegende Artikel berichtet über den Fortschritt der Arbeit bis zum Beginn der Analyse des zweiten Untersuchungsschrittes und beschränkt sich auf die Auswirkung der britischen elektrifizierten 25-kV-Eisenbahn. Dabei werden die physikalischen Werte von Eisenbahngeräuschen untersucht und die Entwicklung des in der zweiten Stufe angewandten psychologischen Instrumentariums beschrieben. Aus der Auswertung des ersten Ermittlungsabschnittes werden einige vorläufige Folgerungen gezogen und besprochen.

Einführung

Diese Studie soll feststellen, wie nahe an Eisenbahnstrecken man Wohnbauten errichten kann, ohne daß die Bewohner unter unnötigen Störungen durch Lärm oder durch andere Umwelterscheinungen zu leiden haben. Die gesamte Untersuchung wird etwa drei Jahre in Anspruch nehmen. Die Arbeitsergebnisse der ersten 18 Monate bilden das Thema dieses Beitrags.

Die Hauptaufgabe bestand bisher darin, den Untersuchungsgegenstand genau abzugrenzen und ein Instrumentarium zu entwickeln und zu testen, mit dem man an diese Aufgabe herangehen kann.

Es könnte so scheinen, als sei die Störung durch Eisenbahngeräusche ein sehr geringfügiges Problem; und allein die Tatsache, daß, allen Anzeichen nach, auf diesem Teilbereich eines Forschungsgebiets bisher nur wenig Untersuchungen angestellt worden sind, stützt diese Annahme. Erst nachdem zwei Baugesellschaften bei uns nachgefragt hatten, inwieweit Grundstücke in der Nähe von Eisenbahnlinien für Wohnbau-Projekte tauglich seien, haben wir uns ernstlich mit diesem Problem zu beschäftigen begonnen. Keinem der beiden Fragesteller konnten wir eine Auskunft geben, die nach unserer Meinung sehr viel weitergeholfen hätte.

Obwohl – topographisch gesehen – nur ein kleiner Teil der Bevölkerung dem

Eisenbahnlärm ausgesetzt ist, schien es uns doch begründet, anzunehmen, daß es in Geländestreifen beidseits der Schienen ernsthafte Störungen gibt. Zu Beginn unserer Untersuchung hatten wir auch keine Mühe, eine beträchtliche Anzahl Wohnungen zu finden, die in den letzten Jahren gebaut worden waren und deren Schlafzimmerfenster knapp 15 bis 16 m von Eisenbahnlinien entfernt waren, auf denen häufig Züge mit Geschwindigkeiten bis zu 160 km/h verkehrten. Während die Züge vorbeirasten, betrug der Geräuschpegel an der Außenfläche der Fenster 100 dB (A), und die Bewohner waren ganz zweifellos ernsthaft und auf unsinnige Weise in ihrer Lebensführung gestört.

Das Ziel der Ermittlungen

Natürlich konnten wir nicht jede mögliche Variation dieses Themas erforschen. Diese Studie ist daher wie folgt begrenzt:
1. Wir beziehen uns lediglich auf unsere eigenen Erfahrungen mit der britischen elektrifizierten 25-kV-Eisenbahn, da diese aus Gründen der Wirtschaftlichkeit durch die am dichtesten besiedelten Teile des Landes fährt – durch London, das Industriegebiet der westlichen Midlands sowie den Nordwesten. Untersuchungen mit dem Ziel, die gleiche Antriebsart auf die Strecken zur Westküste, nach Edinburgh und Glasgow auszudehnen, sind abgeschlossen. Ferner ist der Fahrzeugbestand fast ganz neu, und man könnte von diesem eine Lebensdauer von 20 Jahren erwarten; daraus folgt, daß diese Art von Geräuschen, mit der wir uns befassen (sie unterscheiden sich übrigens ganz auffällig von herkömmlichen Zuggeräuschen), uns wahrscheinlich einige Jahrzehnte begleiten werden.
2. Wir beschränken unsere Untersuchung auf Häuser, die dem Geräusch direkt ausgesetzt sind, ohne dazwischenliegende Geräuschbarrieren; jede nur mögliche Variante der Geländeform zu berücksichtigen, wäre zu diesem Zeitpunkt ein unmögliches Unterfangen. Bei der Gebäude-Forschungsstelle (Building Research Station) ist eine Untersuchung an städtischen Autostraßen über die akustische Wirkung von Hindernissen verschiedener Art im Gange; wahrscheinlich lassen sich die Ergebnisse, mutatis mutandis, auch auf Zuggeräusche übertragen.

Verfahrensweise

Wir begannen diese Arbeit in bewährter Weise, indem wir a priori einige Hypothesen über die Auswirkung von Eisenbahngeräuschen auf Menschen aufstellten und diese dann durch soziologische Untersuchungen an Menschen, die Eisenbahngeräuschen von unterschiedlicher Heftigkeit ausgesetzt sind, testeten. Es wurden dabei alle möglicherweise bedeutsamen physikalischen Variablen gemessen und die Wechselbeziehung zwischen physikalischen und psychischen Schwankungen festgestellt. Wir leiteten die Hypothesen sowohl von den Ergebnissen aus anderen umweltbedingten Geräuschuntersuchungen (zum Beispiel Kosten und Van Os

[12.28], Lamure und Bacelon [12.29], McKennel [12.30] als auch von einer Serie erster allgemeiner Interviews mit Leuten ab, die dicht an uns interessierenden Eisenbahnlinien lebten. Wenn das Geräusch wirklich die Hauptquelle des Verdrusses war, dann könnte man erwarten, daß die Störung sich im entgegengesetzten Verhältnis zum Logarithmus der Entfernung verändert (da solch eine Gesetzmäßigkeit die Dämpfung des Geräusches selbst hinreichend beschreiben würde). Leute, die in generell geräuschvoller Umgebung leben, müßten danach von dem vorhandenen Pegel von Eisenbahngeräuschen weniger betroffen sein als solche, die in ruhigeren Gegenden leben, aber denselben Geräuschen ausgesetzt sind. Die Dauer des Aufenthaltes, frühere Geräuscherfahrungen, möglicherweise das Alter sowie Geräusche am Arbeitsplatz können die Reaktion einer Person beeinflussen. Durch diese auf kein Ergebnis abzielenden Unterhaltungen bekamen wir einige genauere Hinweise über die Art, in welcher das Geräusch wirksam wird: beispielsweise darüber, daß die Plötzlichkeit, mit der es auftritt, die Menschen manchmal erschreckt, daß die schnellen Züge die Häuser erbeben lassen usw. Es trat aber auch zutage, daß nicht alle Störungen akustischer Natur waren: »Ich fürchte immer, die Kinder könnten einmal auf die Schienen geraten.« – »Sie fahren so schnell, man meint, sie müßten gleich einen Unfall haben.« – »Die Leute im Zug können direkt in unser Schlafzimmer blicken.«

Physikalische Eigenschaften von Eisenbahngeräuschen

Es ist ganz klar, daß Eisenbahngeräusche ebenso schwierig mit einem einzigen Index zu beschreiben sind, wie es bei der Luftfahrt oder dem Straßenverkehr der Fall ist, auf alle Fälle aber sind sie viel leichter zu messen und vorherzusagen. An den Eisenbahnlinien, die wir untersuchten, waren beinahe überall automatische Signale installiert und das garantierte einen regelmäßigen Betrieb. Das heißt, die gleiche Art von Zug passiert den gleichen Punkt mit der gleichen Geschwindigkeit und erzeugt dabei die gleichen Geräusche innerhalb eines bemerkenswert engen Spielraums. Hat man also einmal die charakteristischen Geräusche einer jeden Zugart erhalten, so kann man, indem man den gültigen Fahrplan untersucht, herausfinden, wie viele davon das betreffende Gebiet im Zeitraum von 24 Stunden durchfahren.

Daraus kann man dann mit ziemlicher Genauigkeit das gesamte von Zügen verursachte Maß des Lärms voraussagen, der jedes in der Nähe gelegene Haus erreichen wird. Schnellzüge scheinen den größten Lärm zu verursachen; schnellere Güterzüge haben ein Maximum, das um 10 oder 11 dB (A) niedriger liegt als bei Schnellzügen, und der althergebrachte, lose gekoppelte Güterzug läuft noch ein bißchen ruhiger. Dieser hat jedoch auffällige, impulsstarke Bestandteile in seinem Geräuschspektrum. Diese Eigenheit mag ihn teilweise sogar störender machen. Abb. 29 zeigt die Unterschiede im Geräuschniveau sowie die Abhängigkeit von der Dauer des Vorüberfahrens eines Schnellzuges. Das zur Messung verwendete

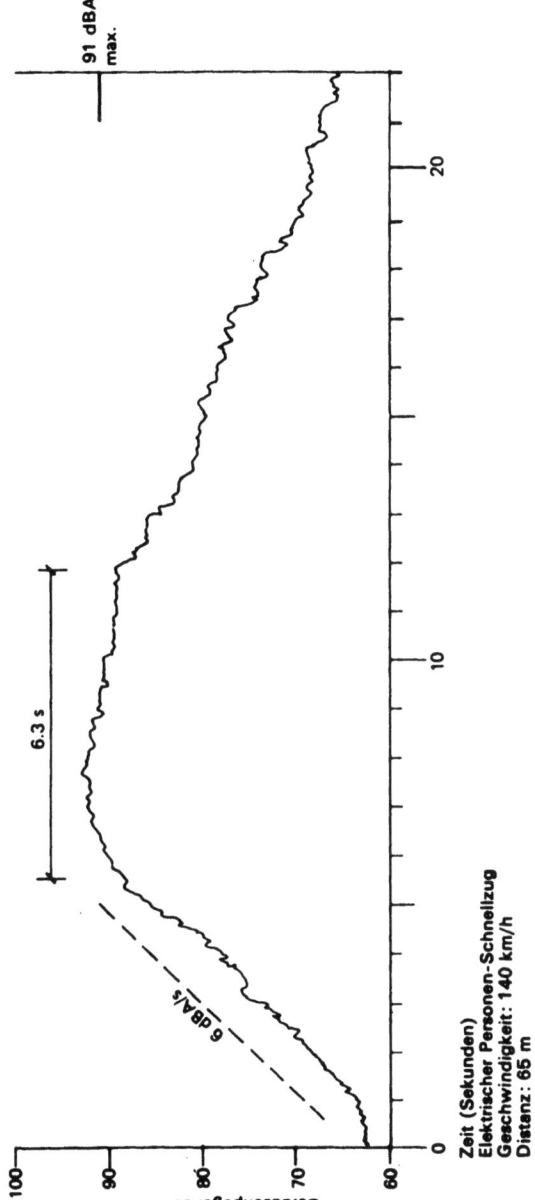

Abb. 29: Elektrischer Personen-Schnellzug

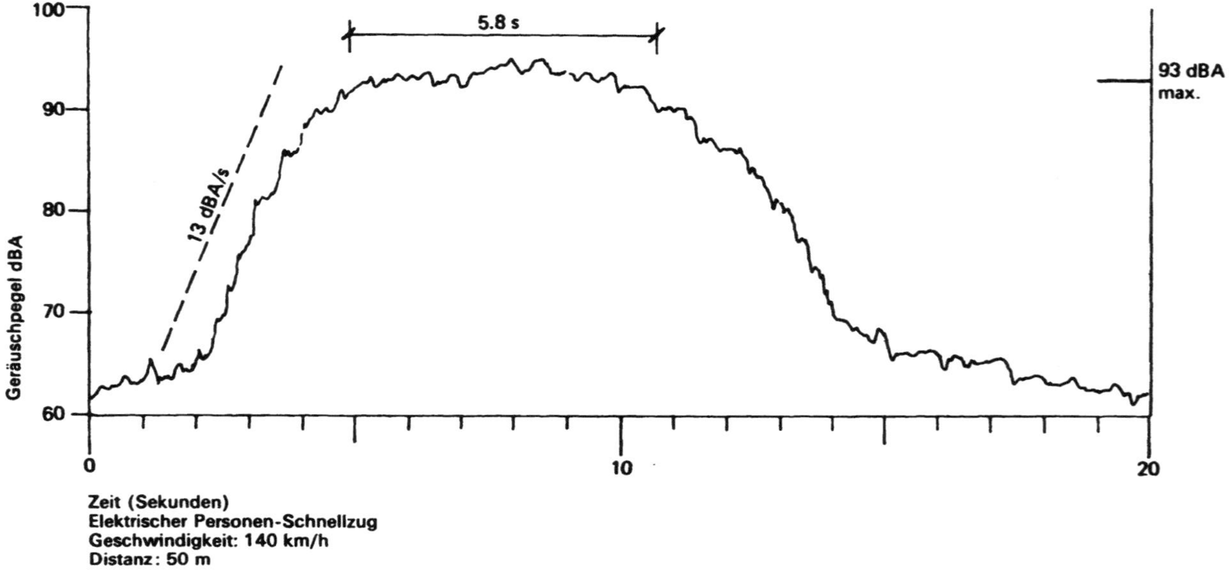

Abb. 30: Elektrischer Personen-Schnellzug

Mikrophon wurde genau 1 m vor dem Schlafzimmerfenster im Obergeschoß eines Hauses, das 65 m von den Schienen entfernt lag, installiert. Hierbei sind etliche Variable enthalten, welche möglicherweise mit der empfundenen Störung in Verbindung gebracht werden müssen. Eine besteht offensichtlich in dem erreichten absoluten Maximalpegel. Eine andere ist in der Länge der Zeit zu sehen, während welcher der Lärm anhält, sagen wir innerhalb einiger dB (A) um den Maximalwert. Die dritte müßte mit Sicherheit in dem Zeitmaß zu sehen sein, in dem sich der Lärmpegel aufbaut: bei dem hier dargestellten Zug liegt dieser Wert bei ungefähr 6 dB (A)/sec.

Abb. 30 zeigt die Lärmverlaufskurve eines anderen Schnellzuges, ganz ähnlich dem vorherigen, aber an einem Haus in nur 50 m Entfernung von der Bahnlinie gemessen. Diese Kurve zeigt ein stark beschleunigtes Ansteigen von etwa 13 dB (A)/sec. Abb. 31 zeigt wiederum die gleiche Art Zug, aber gemessen in einer Entfernung von 340 m. Die Zuwachsrate ist in Beziehung zu der Schreckreaktion, die zuvor festgestellt wurde, zu sehen. Wenn keinerlei schallabhaltende oder reflektierende Oberflächen im Wege sind, läßt die Steilheit der Kurve mit der Entfernung deutlich nach. Die Zeitdauer, während der die Lautstärke ihr Maximum hält, nimmt mit der Entfernung zu, und der absolut höchste Wert verändert sich, wie erwartet, umgekehrt proportional zum Logarithmus der Entfernung. Das echte Maß der Dämpfung scheint jeweils 4 dB (A) bei Verdoppelung der Entfernung zu sein; für Schnellzüge ist diese Beziehung in Abb. 32 aufgezeigt.

Psychologische Messungen

Da bei einem Zug von einem bestimmten Typ, dessen Geräusche an einem ganz bestimmten Ort wahrgenommen werden, die wichtigsten physikalischen Variablen von der Entfernung abhängen, könnte man erwarten, daß auch ein gültiges Meßergebnis des Zuglärms von der Entfernung abhängt – vorausgesetzt, daß die Messungen an Zügen mit gleicher Verkehrsdichte vorgenommen werden. Wir entwickelten dafür zwei Arten psychologischer Testverfahren. Beide wurden so angelegt, daß es möglich war, Eisenbahngeräusche und Hintergrundgeräusche getrennt zu messen. Denn, wie wir vermuteten, würde eine Korrektur der für die Zuggeräusche ermittelten Punkte durch die Hintergrundsgeräusche notwendig sein, um die Beziehung zwischen Störung und Entfernung, die wir hypothetisch angesetzt hatten, möglichst klar herzustellen. Das erste dieser »Instrumente« bestand aus zwei Thurston-Skalen mit je zehn Aussagen, wobei die eine sich auf die Zuggeräusche, die andere sich auf Hintergrundgeräusche bezog. Den Aussagen wurden mittels eines Paar-Vergleichs und einer Dunn-Rankin-Analyse [6.2] Skalenwerte zugeordnet. Dieses Instrument wurde RBN-1 (Railroad Background Noise) genannt.

Das zweite Instrument (RBN-2) enthielt ebenfalls zwei Reihen mit je zehn Punkten; aber hier benutzten wir bei der Befragung eine Lickert-Skala, die kumulative Ergebnisse erbrachte. Beide Instrumente enthielten einige allgemein klassifizie-

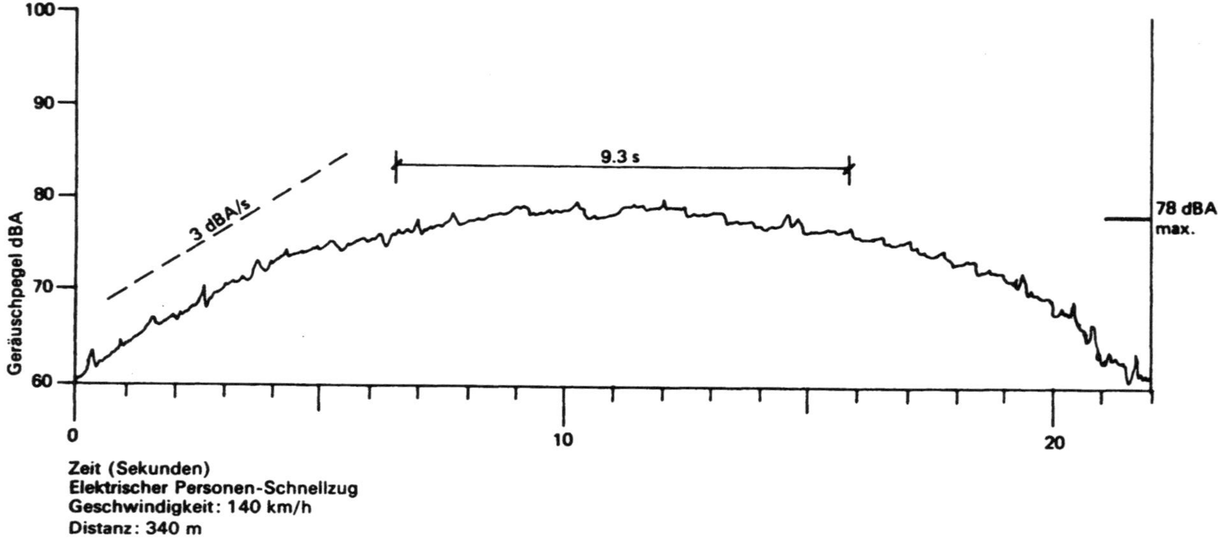

Abb. 31: Elektrischer Personen-Schnellzug

Zeit (Sekunden)
Elektrischer Personen-Schnellzug
Geschwindigkeit: 140 km/h
Distanz: 340 m

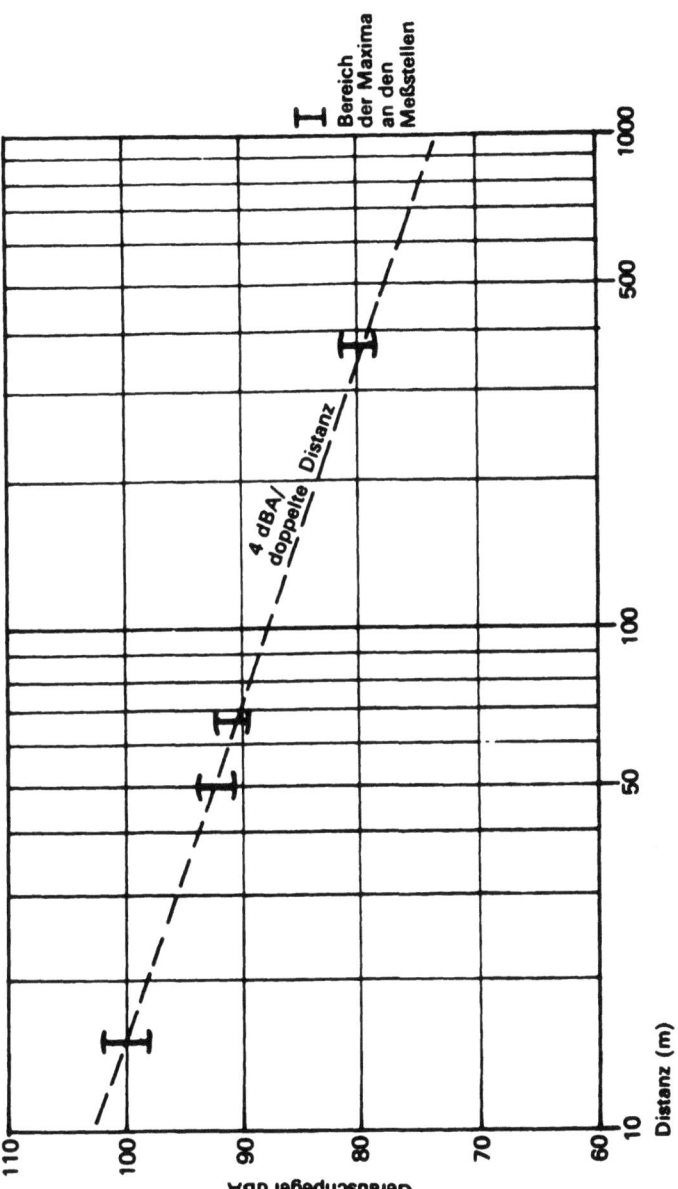

Abb. 32: Geräuschpegelspitzen bei elektrisch betriebenen Schnellzügen mit Geschwindigkeiten von 140–160 km/h. Das Mikrophon wurde 1 m vor der Hausfront angebracht.

rende Fragen über Alter, Wohndauer, bisherige Lärmerfahrungen und Arbeitsplatz sowie Angaben über die Entfernung des Hauses von und seine Lage oberhalb oder unterhalb der Gleisanlage. Die Fragebögen wurden in persönlichen Interviews ausgefüllt. Zu dieser Test-Ermittlung wurden die Testpersonen durch Zufallswahl in Straßen und Mietblocks gefunden, die dem Kriterium einer ungehinderten Lärmeinwirkung genügten.

Alle Testpersonen bewohnten Mietwohnungen des sozialen Wohnungsbaus in einem Vorort Coventrys. 50% lebten in Terrassenhäusern, die restlichen 50% in Laubengang- und Maisonettewohnungen. Alle Häuser waren vor etwa zwölf Jahren gebaut worden. Insgesamt war RBN-1 bei 45 und RBN-2 bei 40 Personen getestet worden. Die Entfernung der Wohnungen variierte zwischen 40 und 450 m.

Diskussion der Ergebnisse

Wir hofften zwar, daß die Meßergebnisse der Reaktionen auf Eisenbahngeräusche mit dem Logarithmus der Entfernung korrelieren würden, waren aber nicht ganz sicher. Schließlich war unsere Beispielgruppe nur sehr klein; auch wußten wir zu der Zeit noch nicht genau, wie zuverlässig und valide unsere Instrumente waren. In unserem Falle wiesen beide Arbeitsmethoden (Instrumente) einen niedrigen, aber womöglich signifikanten Korrelationskoeffizienten zum Logarithmus der Entfernung auf und zwar von —0,458 für RBN-1 und —0,639 für RBN-2. Die Streuung der Ergebnisse war natürlich bei weitem zu groß, um für irgendwelche Planungsvoraussagen von Nutzen zu sein, was wir bei solchen einleitenden Untersuchungen, die sich auf individuelle Werte stützen, nicht anders erwartet hatten. In einer unlängst veröffentlichten Abhandlung (Bottom und Croome [12.31]) wird versichert, daß eine richtig entworfene Bewertungsskala ein hohes Maß an individuellen Korrelationen anzeigen müßte und daß es möglich sein sollte, die Faktoren, die bisher solche Ergebnisse verhindert hatten, auszuschalten. Bewertungsskalen, die praktisch problemlos und ohne zu große Kosten anzuwenden sind, haben bisher selten die erforderliche Exaktheit erreicht. Die Weiterentwicklung solcher Methoden würde die Wissenschaftler mit einem neuen und wirksamen Instrument ausstatten. Aber das liegt noch in der Zukunft. Auf dem bereits bearbeiteten Forschungsgebiet fanden Griffiths und Langdon [12.32] ähnlich geringe Korrelationen zwischen physikalischen und individuell-psychologischen Messungen in den Daten ihrer TNI (Traffic Noise Index)-Ermittlung. Aber sie stellten fest, daß – nach einer gewissen Anpassung – die Mittelwerte bei allen, die demselben Verkehrslärm ausgesetzt waren, in hohem Maße mit den physikalischen Messungen der Lärmverhältnisse korrelierten. Es scheint denkbar, daß die Daten über Eisenbahngeräusche zu ähnlichen Verfahren führen könnten. Dementsprechend wurden die Teilnehmer beider Tests in zwei Entfernungsgruppen unterteilt und ein Mittelwert der Belästigung durch Eisenbahngeräusche für jede Entfernungsgruppe errechnet. Die Korrelation der mittleren Störung zum Logarithmus der mittleren Entfernung der Gruppe sah nun günstiger aus. Der

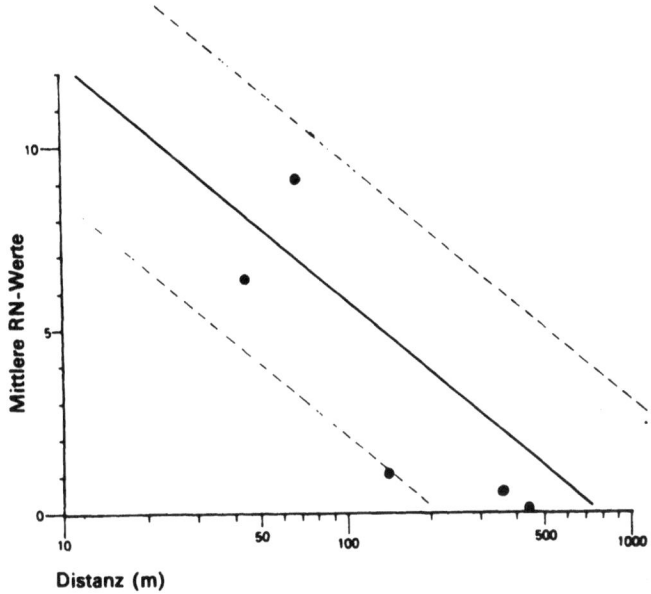

Abb. 33: RBN-2: Mittlere RN-Werte in den Distanz-Gruppen gegenübergestellt der durchschnittlichen Distanz der Gruppen

RBN-2 Maßstab, der besser zu funktionieren schien als der RBN-1 Maßstab, wies nun einen Korrelations-Koeffizienten von —0,865 auf, der auf dem 1 % Niveau signifikant ist. Die Graphik dieses Ergebnisses (Abb. 33) ist – als Mittel für Voraussagen – immer noch nicht deutlich genug: die befragte Gruppe ist zu klein und der Fragebogen keinesfalls vollständig genug. Dennoch sind vermutlich bei einer größeren Testgruppe und einer genaueren Befragung brauchbare Ergebnisse zu erwarten.

Dies also sind die ersten groben Daten zur Frage der Störung durch Eisenbahnlärm, wobei der Einfluß irgendwelcher Hintergrundgeräusche, die von den Befragten wahrgenommen worden sein mögen, nicht berücksichtigt wurde. Immerhin sollte nicht übersehen werden, *daß* vielleicht einige störende Einflüsse wirksam waren. Die zweite Gruppe mit der Durchschnittsentfernung von 69 m liegt im Störeffekt viel höher als man erwarten würde; die am nächsten gelegene Gruppe liegt viel niedriger. Könnte es nicht möglich sein, daß die Hintergrundgeräusche in irgendeiner Form zu dieser Abweichung beitragen? Abb. 34 zeigt für beide Arbeitsverfahren das mittlere Eisenbahn- und Hintergrundgeräusch in Relation zur Entfernung. Beide verzeichnen eine hohe RN-Markierung für die zweite Gruppe und, was überraschend ist, auch eine starke Hintergrundreaktion. In der

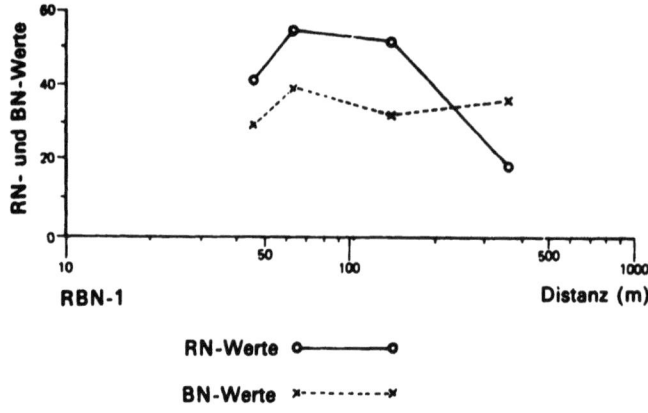

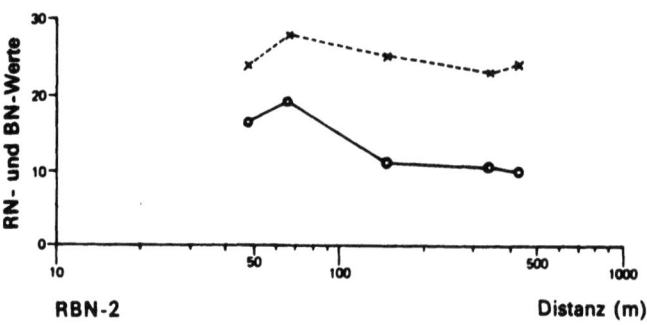

Abb. 34: Vergleich von RN- und BN-Werten

am nächsten gelegenen Gruppe verhält sich die Situation umgekehrt. Es ergab sich, daß sich alle Wohnungen der zweiten Gruppe in viergeschossigen Wohnblöcken befanden. Der Interviewer, der sich mit der Gruppe beschäftigte, bestätigte aus eigener Beobachtung, daß der allgemeine Lärm (Hundegebell, Kindergeschrei, Leute, die auf den Laubengängen entlangliefen usw.) hier beträchtlich über dem Durchschnitt (des gesamten Testmaterials) aller Testgruppen lag. Die BN-Markierungen scheinen das genau wiederzugeben. Warum aber sollten auch die RN-Markierungen hoch sein? Die tatsächlich gemessenen Geräuschpegel in dieser Gruppe lagen, wie erwartet, auf der Kurve 4 dB (A)/doppelte Entfernung; dabei gab es keinen erkennbaren physikalischen Grund, warum der Zuglärm hier etwa stärker gewesen sein sollte. Zwei Begründungen sind möglich: die eine wäre, daß die RN- und BN-Meßskalen beide tatsächlich das gleiche erfassen und nicht das, was sie eigentlich messen sollten. Es stimmt, daß die Daten für RN-1 und BN-1 positiv, jedoch nicht signifikant korrelieren. Allerdings korrelieren RN-2 und BN-2 negativ miteinander, so daß man die ganze Sache als noch unbewiesen betrachten kann. Die andere Möglichkeit wäre, daß die Messungen ein tatsächlich vorhandenes Phänomen anzeigen. Beide Instrumente reagieren, obgleich sie in ihrer Art ganz verschieden sind, eindeutig, und zwar beide in gleicher Weise. Wenn es sich wirklich so verhält, dann muß die ursprüngliche Hypothese über die Auswirkung von Hintergrundgeräuschen revidiert werden, denn nach diesem offensichtlichen Beweis scheinen Menschen unter dem Einfluß permanenten Lärms keine herabgesetzte, sondern eine erhöhte Empfindlichkeit gegenüber gelegentlich auftretendem Lärm zu entwickeln.

Die Gültigkeit psychologischer Messungen

Hier erhebt sich nun die Frage nach der Gültigkeit der von uns benutzten psychologischen Maßstäbe. Es fragt sich, ob sie wirklich das messen, was sie zu messen scheinen. Zumindest ist wohl klar, daß die RN-Skalen ein Störungsphänomen erfassen, das sich verstärkt, je mehr man sich der Eisenbahnlinie nähert. Dies ist wohl vor allem dem Lärm zuzuschreiben, aber auch der Art, in der die Fragen abgefaßt sind, denn Lärm ist die deutlichste Ursache der empfundenen Störungen. Aber es kann nicht ganz ausgeschlossen werden, daß andere Einflüsse gleichfalls zum Gesamtergebnis beitragen. Die Anzahl der Züge pro Tag könnte zum Beispiel ebenso ins Gewicht fallen, wie der maximale Geräuschpegel von Einzelzügen. Dies wird sich mit größerer Sicherheit feststellen lassen, wenn die Auswertung der Daten der zweiten Ermittlungsreihe vollständig vorliegt. In der bislang beschriebenen Arbeit konnten wir die Lärmwirkung nur durch die jeweils veränderte Entfernung variieren, da alle Betroffenen an derselben Eisenbahnlinie lebten. Die zweite und größere Erhebung, die jetzt durchgeführt wurde, erstreckte sich auf Linien mit drei unterschiedlichen Zugfolgen, so daß wir jetzt statt der Entfernung die Verkehrsdichte benutzen können, um den Lärmeinfluß zu verändern.
Die zweite Erhebung umfaßte Häuser an folgenden Eisenbahnlinien: Hauptstrecke von Euston nach Rugby bei Abbots Langley, Linsdale und Bletchey (360 Züge pro Tag), die Trent-Valley-Linie zwischen Rugby und Stafford bei Nuneaton und Tamworth (206 Züge pro Tag) und die Rugby-Stafford-Linie über Birmingham, genau südlich von Stafford (144 Züge pro Tag). Die Auswertung der viel umfangreicheren Unterlagen dieser Erhebung ist keinesfalls abgeschlossen, aber es scheint nach vorläufiger Untersuchung, daß die Verkehrsdichte eine weniger bedeutende Variable darstellt als die Entfernung von der Eisenbahnlinie.
Vom Standpunkt der wissenschaftlichen Forschung ist es natürlich wichtig, mit Sicherheit zu wissen, was das eigentlich ist, was man da mißt; man muß also ständig bemüht sein, die Gültigkeit der Meßwerte nachzuprüfen. Griffiths und Langdon [12.32] stellten ihre Frage nach dem Prinzip des Polaritätsprofils. Sie

bezogen sich auf die Unzufriedenheit über Lärm als hauptsächliches psychologisches Instrument bei der Bestimmung eines Index für Verkehrsgeräusche. Sie zeigten, daß diese Skala eine gewisse Gültigkeit besaß, nämlich die sogenannte »Konstrukt«-Validität. Das heißt: die auf ihr basierenden Ergebnisse stützen die Vorhersagen, die aus der von ihnen zugrunde gelegten Theorie beziehungsweise aus den »Konstrukten« über Störungen durch Verkehrslärm abgeleitet werden. Die Fragen betrafen Schlafstörungen, Fenster, die man geschlossen halten muß, sowie die bevorzugte Entfernung von einer Straße. Der Fragebogen des zweiten Ermittlungsabschnitts enthält eine sehr ähnliche Frage nach dem Prinzip des Polaritätsprofils. Eine erste Analyse ergab, daß eine signifikante Korrelation insbesondere zu Fragen über Eisenbahnlärm besteht.

Dieses Verfahren begründet die Gültigkeit der von uns benutzten Meßskalen, indem es diese mit den bereits als gültig erwiesenen Skalen von Griffiths und Langdon verbindet.

Der zweite Abschnitt der Ermittlungen

Die Fragen dieses zweiten Abschnittes wurden aus den verläßlicheren Elementen von RBN-1 und -2 abgeleitet. Die Verläßlichkeit wurde durch einen Wiederholungstest nach acht Monaten mit ungefähr 25% der ursprünglich Befragten festgestellt. Da sich Schwierigkeiten bei der Punktbewertung nach der Meßskala von Thurnton ergaben, die ursprünglich für RBN-1 angewandt wurde, mußten Fragen, die aus diesem Arbeitsverfahren übernommen wurden, auf Meßskalen der Lickert-Methode umgestellt werden. Eine Guttmann-Analyse der Antworten zu RBN-1 und -2 ließ vermuten, daß die Meßskalen weitgehend eindimensional waren und es daher auch nicht angebracht erschien, die verläßlichsten Elemente herauszulösen, um sie im neuen Fragebogen zu verwenden.

Das Hauptziel des ersten Abschnitts dieser Untersuchung war klarzulegen, was und wie es zu messen war, nicht so sehr aber, die Bewohner und ihre Reaktion auf Eisenbahngeräusche zu erkunden. Eines sollte dennoch nicht unerwähnt bleiben, nämlich als wie wenig störend überraschenderweise Eisenbahngeräusche offenbar empfunden werden. Wir fanden eine Menge Häuser, bei denen ein vorüberfahrender Zug vor den Schlafzimmerfenstern einen Geräuschpegel von über 90 dB (A) erreichte. 90 dB (A) ist in der Nähe eines Wohnhauses bereits ein sehr heftiges Geräusch. Es macht zum Beispiel eine normale Unterhaltung unmöglich. Diese Häuser waren jedoch offenbar von Menschen bewohnt, die davon nicht übermäßig betroffen zu sein schienen. Es wäre vermutlich anders gewesen, wenn es sich um Straßenverkehrs- oder Flugzeuglärm gehandelt hätte. Eben dieser Unterschied wurde bei einer Prüfung durch das Wilson-Komitee [12.30] festgestellt. In der Frequenzanalyse der Geräusche von elektrischen Zügen gibt es dafür keinen wirklichen Anhaltspunkt; allerdings enthalten sie Elemente, von denen man erwarten müßte, daß sie sehr störend sind, wie zum Beispiel starke Hochfrequenz-Komponenten bis zu 10 kHz, plötzliche Schallstöße, allgemeine Höhenschwankungen usw. Der äußere Geräuschpegel muß beim Vorbeifahren eines Zuges offenbar höher liegen als 95 dB (A), damit eine ernstliche Störung auftritt; das gilt für Häuser in 30 m Entfernung oder näher. Natürlich spielt bei einer solchen Situation auch die eigene Entscheidung mit; Menschen, die Eisenbahngeräusche nicht leiden können, werden sicher versuchen, nicht an einer Eisenbahnstrecke zu wohnen; aber das kann nicht die ganze Erklärung sein, denn das wäre dann auch auf Straßen- und Flugverkehr anwendbar (wenn auch in geringerem Umfang, weil diese beiden Geräusche sich weiter ausbreiten und es also schwerer ist, sich ihnen zu entziehen). Man könnte die Hypothese aufstellen, daß gegenüber Eisenbahnen ein ganz anderes Verhalten als gegenüber Straßen- oder Flugverkehr zutage tritt. Wäre es nicht denkbar, daß Eisenbahnlärm als »altmodisches« Geräusch empfunden wird und sich tief im allgemeinen Bewußtsein mit der Vorstellung »besserer Zeiten« verbindet? Verschiedene Haltungen gegenüber verschiedenen Beförderungssystemen könnten ein sinnvolles Forschungsthema ergeben und zugleich das zwar auf Experimenten beruhende, aber doch unerwartete Ergebnis der vorliegenden Untersuchung klären. Aus diesen Gründen beschränkt sich der zweite Abschnitt dieser Ermittlung auf Bewohner in enger Nachbarschaft einer Eisenbahnlinie und schließt diejenigen aus, die weiter als 100 m von ihr entfernt wohnen. Es hat den Anschein, daß bei einer größeren Testgruppe, die sich auf einen Bereich zwischen 20 und 100 m beidseits einer Eisenbahnlinie konzentriert, die Regressionsgerade viel steiler verläuft, als Abb. 32 zeigt; das könnte es erleichtern, den »Umschlagpunkt« der Zufriedenheit festzustellen. Welches wäre die höchste Punktzahl für Störung oder Unzufriedenheit, die noch als zumutbar anzusehen wäre? Der Fragebogen des zweiten Abschnitts enthält die Frage, in welchem Maße Lärm die Lebensweise der Versuchsperson beeinflußt. Obwohl man davon ausgehen muß, daß die Beantwortung dieser Frage bis zu einem gewissen Grade davon abhängt, inwieweit man tatsächlich Lärm ausgesetzt ist, ließe sich gleichwohl ein Störungspegel mit dem Wert Null aus der Untersuchung der Störung in Relation zu deren subjektiver Bedeutung ableiten.

Die Frage, wie groß der Mindestabstand von Häusern zu Eisenbahnlinien tatsächlich sein soll, stützt sich auf technische, wirtschaftliche und gesellschaftliche Faktoren. Diese liegen außerhalb der vorliegenden Untersuchung. Deren engere Aufgabenstellung wird darin gesehen, Designer mit experimentell geprüften Informationen zu versorgen, aus denen sie zum Beispiel erfahren, wie bei einer bestehenden Eisenbahnstrecke die Relation ist zwischen dem Prozentsatz der vermutlich Unzufriedenen und der Entfernung ihrer Häuser von der Eisenbahn.

Gordon Best

Orientierung in großen Gebäuden

Zusammenfassung des Herausgebers

Es wird ein Versuch beschrieben, in dem die Verhaltensweise von Personen beim Betreten großer, öffentlicher Gebäude untersucht und die Gründe geprüft werden, warum sie sich darin »verirren«.
Anhand eines Büroraums im Rathaus von Manchester wird der Begriff des »Verirrtseins« definiert als Abweichung von dem jeweils direktesten Weg, der von einem der zehn Eingänge zu diesem Raum führt. Unter Anwendung dieser Definition zeichnete der Autor des Beitrags die Wege von 135 Personen zu diesem Raum auf. Die Ergebnisse deuten darauf hin, daß die Länge der Strecke und die Anzahl der Richtungswechsel aller Wahrscheinlichkeit nach keinen Einfluß darauf ausübten, daß jemand sich »verirrt«. Die Anzahl der Auswahlmöglichkeiten zwischen verschiedenen Wegen wirkte sich als Hauptvariable auf das »Verirrtsein« aus.
Im zweiten Teil der Untersuchung wurde ein Hinweisschild angebracht, um Besucher durch das Gebäude zu leiten. Es zeigte den nächsten Entscheidungspunkt auf ihrem Weg an. Man beobachtete, daß daraufhin die Zahl der »verirrten« Personen abnahm. Aus den Unterlagen wurde eine Regressionsgleichung abgeleitet; sie sagt aus der Anzahl der Entscheidungspunkte den Prozentsatz der Gebäudebenutzer voraus, die sich nicht zurechtfinden.

Einführung

Wir wissen wenig über die Art, wie Personen ihren Weg durch kompliziert angelegte Gebäude finden. Diese Studie ist ein Versuch, das Problem experimentell zu untersuchen. Der praktische Anstoß zu dieser Arbeit ging von den Inhabern zweier großer Gebäude aus, die berichteten, daß viele ihrer Besucher sich darin nicht zurechtfänden.
Der Zweck der Studie war:
- zu entdecken, warum dies so sei und diesem Zustand abzuhelfen;
- herauszufinden, ob die Verhaltensweise der Personen bei ihrem Bemühen, sich zu orientieren, in einer systematischen Beziehung stand zu der dinglichen Umwelt, durch die sie sich bewegten.

Das Gebäude

Die Studie wurde in zwei Gebäuden durchgeführt, in denen das Rathaus von Manchester untergebracht ist. Zusammen haben diese eine Geschoßfläche von

41805 qm. 9000 Personen benutzen täglich die Gebäude; sie betreten sie durch einen der zehn Eingänge und steuern mehr als 120 verschiedene Zielpunkte an. Die beiden Gebäude sind grundverschieden. Das ursprüngliche Rathaus, 1877 in viktorianisch-gotischem Stil errichtet, ist sechsgeschossig. Der Erweiterungsbau aus neuerer Zeit (1937) ist achtgeschossig. Weil beide Gebäude der Stadtverwaltung dienten, wurden sie wie *ein* Gebäude – mit einem lebhaften Personenverkehr zwischen den beiden Teilen – benutzt. Innerhalb der Gebäude gibt es ein kompliziertes Verkehrssystem, zu dem zehn senkrechte Erschließungskerne und eine Anzahl in Sackgassen endender Flure gehören. Die Verbindung zwischen beiden Gebäuden findet auf Straßenniveau und durch zentral gelegene Flure im dritten Obergeschoß statt.

Orientierungswege

Für die Studie wurde ein Zielpunkt ausgewählt, den eine große Anzahl von Besuchern (durchschnittlich 100 am Tag) anstrebt. Die Besucher hatten sehr verschiedene Erfahrungen mit dem Gebäude. Viele von ihnen verirrten sich auf dem Wege zu ihrem Ziel. Die Wege, die sie benutzten, unterschieden sich in ihren Merkmalen nicht von irgendwelchen anderen innerhalb der Gebäude. Das Ziel war Raum M 27 im Wohnungsamt.

Sich-Verirren

Das Gefühl des »Sich-Verirrens« variierte zwischen den einzelnen Rathausbesuchern beträchtlich. Einige Personen, die befragt wurden, nachdem sie fast 30 Minuten in den Gebäuden herumgelaufen waren, behaupteten hartnäckig, sich nicht verlaufen zu haben. Andere, die sich ohne Schwierigkeiten orientiert zu haben schienen, beklagten, daß sie sich »verloren« gefühlt hätten. Der Zustand des »Verlorenseins« mußte operational für das Experiment definiert werden. Das geschah in folgender Weise:
»Jede Person, die eines der Gebäude durch irgendeinen Eingang betritt und beabsichtigt, auf dem direktesten Wege Raum M 27 (das Ziel des Experiments) zu erreichen, wird am besten dorthin gelangen, wenn sie einem der im Experiment festgelegten Wege folgt. Eine Person, die unabsichtlich von einem dieser Wege abweicht, hat ein unzureichendes Orientierungsvermögen und wird im Rahmen dieser Untersuchung als ›verirrt‹ betrachtet.«
Der im Experiment festgelegte Weg von jedem der Rathauseingänge aus entsprach »dem allgemein üblichen und direktesten Zugang« zu Raum M 27. Zusätzlich wiesen alle Schilder in den Gebäuden, die an diesen Wegen aufgestellt waren, die Benutzer direkt zu Zimmer M 27, und auch die Pförtner zeigten den Besuchern auf Anfrage die entsprechenden Wege. Von hier aus gesehen konnte das Abweichen einer Person von einem der Wege nur als zufällig und im Hinblick auf das Ziel als uneffektiv betrachtet werden. Gemäß dieser Definition bestand das Problem

des Versuchs darin, herauszufinden, auf welcher Strecke ein Gebäudebenutzer seinen Weg begonnen hatte, und schließlich festzustellen, ob er von diesem Wege abgewichen war.

Daten-Sammlung

Am Ziel des Versuchs wurden Interviews durchgeführt, um herauszufinden:
1. durch welchen Eingang eine Person hereingekommen war;
2. ob die Person beabsichtigt hatte, direkt zu Raum M 27 zu gelangen;
3. ob sie sich verirrt hatte oder nicht – das heißt, ob sie von dem im Versuch festgelegten Weg abgewichen war;
4. wieviel Informationen der Besucher durch Zeichen oder durch andere Personen erhalten hatte und welche Erfahrung er auf seinem Weg und mit dem Gebäude gemacht hatte.

Modell eines Orientierungsprozesses

Die Versuchsperson, die sich orientieren sollte, war – so nahmen wir an – im Besitz einer besonderen Information, die ein bestimmtes, für den Versuch interessantes Verhalten hervorrief. Die Studie stellte einen Versuch dar, das Vorhandensein oder Fehlen verschiedener Informationsarten in der Umgebung der Wegsuchenden in Relation zu setzen zum beobachteten oder gefolgerten Verhalten, das die jeweilige Information hervorrief.

Ergebnisse der Interviewanalysen

135 brauchbare Interviews wurden am Eingang zu Raum M 27 durchgeführt. Innerhalb des Prozentsatzes der Personen, die sich auf verschiedenen Wegen verirrt hatten, unterschieden diese sich nicht wesentlich voneinander. Die Wahl des Geschosses, auf dem nach dem Zielpunkt gesucht werden sollte, war eine Orientierungs-Entscheidung, die bei 56% der Besucher dazu beitrug, daß sie sich verirrten. Über die Hälfte der Fehlleitungen war falscher Auskunft durch andere Personen zuzuschreiben.

»Verirren« und Häufigkeit der Benutzung von Gebäuden

Die häufigste Feststellung war: je öfter jemand das Rathaus besuchte, desto besser fand er sich darin zurecht. Die Ausnahme zu dieser Regel bildeten diejenigen, die das Gebäude zum ersten oder zweiten Mal betraten. Sie orientierten sich etwa so gut wie Personen, die das Rathaus zwei- oder dreimal im Jahr betreten. Dieses Ergebnis entsprach den Erwartungen, denn es ist ja wahrscheinlich, daß ein Mensch, der eine fremde Umgebung zum ersten Mal betritt, bemüht ist, sich richtig zu orientieren, während jemand, der schon vorher dagewesen ist, meint, sich »erinnern« zu können, wo er hingehen müßte.

Entscheidungspunkte

Der Orientierungserfolg steht in Relation (jedoch nicht signifikant) zur Weglänge und zur Anzahl der Richtungswechsel. Daraus kann man folgern: je länger der Weg ist und je häufiger die Richtung wechselt, desto höher ist der Anteil der »Verirrten«. Je stärker ein Weg benutzt wird, desto mehr Personen verirren sich womöglich aufgrund falscher Richtungshinweise. Außerdem läßt die wachsende Anzahl von Entscheidungspunkten die Zahl der »Verirrten« ansteigen. Ein Entscheidungspunkt ist eine Stelle, an der Personen sich zwischen zwei oder mehr Wegen entscheiden müssen.

Aus der beobachteten Verhaltensweise von Personen, die sich zu orientieren versuchten, ergab sich, daß die Entscheidungspunkte innerhalb der Gebäude Stellen waren, an denen sie entweder neue Informationen suchten, um zu einer Entscheidung über ihren weiteren Weg zu kommen, oder wo sie eine dem Anschein nach zweckdienliche Entscheidung fällten, die dann oft falsch war.

	Beobachtete Korrelation* für den Begriff »Verirren«	Wahrscheinlichkeit, daß die beobachtete Korrelation durch Zufall auftrat
Weglänge – Richtungswechsel	0,56	0,21
Anzahl der Richtungswechsel	0,86	0,06
Gesamtzahl der Benutzer	0,85	0,06
Entscheidungspunkte	0,93	0,03
Gesamtwahlmöglichkeiten	0,97	0,005

* Pearson Produkt-Moment-Koeffizient

Diese Korrelationen gelten für die fünf Wegestrecken des Versuchs.
Die Beschreibungen von Entscheidungspunkten durch die Pförtner spielten eine führende Rolle, wenn ein Benutzer seinen Weg richtig fand. In allen Fällen instruierten Pförtner die Benutzer durch Beschreibung dinglicher Merkmale eines Entscheidungspunktes, so daß der Benutzer sie wiedererkennen konnte, wenn er dort anlangte.

Schilder jedoch boten selten eine beschreibende Information dieser Art. Es wurde ein Experiment durchgeführt, wobei die Wirksamkeit eines die Örtlichkeit beschreibenden bildhaften Schildersystems innerhalb des Rathauses getestet werden sollte. Die Hypothese des Tests lautete: die Verhaltensweise eines Wegsuchenden kann systematisch in Relation gesetzt werden zur dinglichen Umgebung, durch die er sich bewegt, weil die Anzahl der Entscheidungen, die er treffen muß, eine Funktion des »Entscheidungswertes« seines Weges ist, zum Beispiel der verlangten Anzahl von Ja-Nein-Entscheidungen.

Die Wahrscheinlichkeit einer richtigen Entscheidung nimmt zu, wenn die örtliche Beschaffenheit der nächstfolgenden Wegentscheidung dem Wegsucher bekannt ist und er sie bei seiner Ankunft sofort wiedererkennt.

Versuch mit einem System, das beschreibende Hinweisschilder benutzt

Das Experiment bestand darin, ein neues Hinweisschild zu entwerfen und seine Wirkung auf die Verhaltensweise von Personen an einem besonders ausgewählten Punkt eines genau festgelegten Weges zu prüfen.

Das Schild enthielt ein Symbol, um den Suchenden mit dem Schildersystem in Beziehung zu bringen, zum Beispiel »Wohnen« zusammen mit einem Merkzeichen, das ohne Verzögerung zur entsprechenden Richtungsentscheidung führen würde, zum Beispiel einem Pfeil, einem Symbol also, durch das ein Wegsuchender in die Lage gesetzt würde, über seinen nächsten Entscheidungspunkt im voraus Bescheid zu wissen. Er würde diesen dann zum Beispiel durch die Aufschrift »Zu den Aufzügen« schon sofort bei seiner Ankunft erkennen.

Schilder vor und nach der Untersuchung

Vorher:

Nachher:

| WOHNUNGSAMT |
| Information → |
| Zimmer M 27 |

| Wohnen → |
| Zu den Aufzügen |

Das neue Hinweisschild war so angebracht, daß, falls es seine Wirkung tat, die Fehler auf diesem Weg etwa das gleiche Ausmaß erreichen mußten, wie auf einer anderen Strecke, die bei den Aufzügen begann und, in umgekehrte Richtung führend, dieses Stück mit dem ersten Weg gemeinsam hatte. Den Weg, auf dem das Schild aufgestellt wurde, nennen wir Teststrecke. Wir werden den Prozentsatz der Personen, die sich hier verlaufen haben, mit den Ergebnissen einer Kontrollstrecke vergleichen, die bei den Aufzügen begann. Bevor das Schild aufgestellt wurde, verirrten sich 40 % der Teststreckenbenutzer. Auf der Kontrollstrecke verirrten sich nur 17 % der Versuchspersonen.

Das einzige, was verändert wurde, war das Hinweisschild. Jede signifikante Veränderung bei dem Versuch, sich auf der Teststrecke zurechtzufinden, konnte also begründetermaßen dem Vorhandensein des Versuchsschildes zugeschrieben werden.

Aus den vor dem Experiment gesammelten Unterlagen wurde eine Regressionsgleichung aufgestellt, die den Prozentsatz der Verirrten aus der Anzahl der Entscheidungspunkte vorhersagte.

$Y = 8,8 X - 7,26$
Y = Prozentsatz von Gebäudebenutzern, die sich auf ihrem Weg verirrten
X = Anzahl von Entscheidungspunkten auf der Teststrecke

Die Teststrecke hat sechs Entscheidungspunkte → 45,5 X% Verirrungen.

Die Stabilitätsstatistik stellte keine signifikanten Unterschiede zwischen der Anzahl der verirrten Personen vor und nach dem Experiment auf anderen Strecken fest.

Nachdem das neue Schild aufgestellt war, entsprachen die »Verirrungen« auf der Teststrecke mit 19% dem Anteil, der vorhergesagt war, wenn die ersten drei Entscheidungspunkte durch das Hinweisschild eliminiert würden. Damit ergab sich ein ähnlicher Wert wie auf der Kontrollstrecke (17%).

Ungewißheit der Wegführung

Die Ungewißheit in bezug auf den Weg, die den Versuch, sich zu orientieren, begleitet, gibt einen Hinweis auf die Informationsmenge, die eine Person verarbeiten muß, um diesen Weg zurückzulegen. Für jede Entscheidungssituation, bei der eine Ja/Nein-Entscheidung verlangt wird, kann der Wert 1 »bit« eingesetzt werden. Auf diese Weise kann die ihr eigene Ungewißheit bewertet werden. Zum Beispiel müßte ein Wegsuchender, der an einer Stelle zwei Auswahlmöglichkeiten hat, 1 »bit« an Information verarbeiten; bei drei Wahlmöglichkeiten waren es 1,58 bit usw. Den Wert für die Ungewißheit in Bezug auf den Weg erhält man dadurch, daß man jeden Wegpunkt überprüft und die Chancen bewertet, die er dem Gebäudebenutzer gibt, die richtige Entscheidung zu treffen. Er hat also eine Chance von 0,5, seine Wahl richtig zu treffen, wenn der Entscheidungspunkt zwei Möglichkeiten enthält.

Durch das Multiplizieren aufeinanderfolgender Entscheidungswahrscheinlichkeiten kann man einen Gesamtwert P für die Ungewißheit des Weges erzielen.

Mit der Regressionsgleichung lassen sich die prozentualen Wegabweichungen und Ungewißheit in bezug auf den Weg berechnen.

$Y = 9,74 X - 12,4$
X = Ungewißheit in bezug auf den Weg
Y = prozentuale Wegabweichung

Die Korrelation dieser vorausberechneten Werte mit solchen, die aus den Daten ermittelt wurden, ergab $\tau = 0,97$. Dieses informationstheoretische Modell setzt allerdings voraus, daß der Besucher, der seinen Weg nicht kennt, an einem gegebenen Entscheidungspunkt vermutlich den einen Weg so gut wie den anderen wählen würde. Bei diesem entscheidend auf Voraussagen aufbauenden Modell wird unmittelbar impliziert, daß – obwohl Entscheidungssituationen innerhalb eines Gebäudes sich in ihrer äußeren Erscheinung erheblich voneinander unterscheiden können – Wegsuchende sich so verhalten, als seien diese alle gleich. Diese Erkenntnis ist von einigem Interesse, weil einige Hypothesen davon ausgehen, daß Menschen sich verschiedenartiger Anhaltspunkte bedienen, wenn sie sich durch Gebäude oder andere architektonische Einrichtungen bewegen. Das würde besagen, daß Menschen sich in ihrem Verhalten oder ihrem Orientierungssinn auf Symbole oder Merkpunkte in ihrer Umgebung beziehen und auf diese Weise auf ganz bestimmten Wegen geleitet werden.

Ein Modell zur Bestimmung des Orientierungs-Vorgangs stützt sich also auf die Annahme, daß vermutlich alle Entscheidungssituationen innerhalb eines Gebäudes in gleicher Weise Orientierungs-Reaktionen hervorrufen. Interessanterweise stimmt dieses Modell mit den empirisch gewonnenen Daten zum menschlichen Orientierungsverhalten überein. Diese Untersuchung läßt also vermuten, daß architektonische Merkmale für das Problem der Orientierung in großen Gebäuden im allgemeinen nicht von besonderer Bedeutung sind.

Das Problem der Orientierung in der Praxis

Indem man die Anzahl der Passanten auf allen gegenwärtig benutzten Wegen ermittelt, ist es möglich, den Umfang des Orientierungsproblems festzustellen. Indem man den Faktor »Ungewißheit in bezug auf den Weg« auswertet, kann man die Gesamtzahl der Personen voraussagen, die sich wahrscheinlich unter ganz verschiedenen Bedingungen verirren werden, wenn keine zusätzlichen Hinweisschilder angeboten werden. Auch läßt sich, wenn man das Ausmaß der Ungewißheit in bezug auf jeden einzelnen Weg kennt, voraussagen, wie viele Hinweisschilder erforderlich sind, um zu vermeiden, daß man desorientiert wird.
Wenn man sich mit den wichtigsten Zielpunkten innerhalb eines Gebäudes in dieser Weise befaßt, ist es möglich, zu berechnen, was man mit einer Neuordnung der Gebäudefunktionen sparen könnte. Diese möglichen Ersparnisse könnten dann mit den Kosten der erforderlichen Gebäudeveränderung verglichen werden, und man könnte sich dann entscheiden, ob man für die bestehende Funktionsanordnung des Gebäudes ein brauchbares Hinweissystem anbieten oder ob man die Hauptziele in dem Gebäude anders unterbringen will, womit das Bedürfnis nach einem Teil der Schilder gegenstandslos würde. Die gleichen Überlegungen gelten im Grunde offensichtlich auch für den Entwurf neuer Gebäude; hier muß dem Problem der Orientierung besondere Aufmerksamkeit gewidmet werden.
Es wäre interessant festzustellen, ob städtische Verkehrsstauungen in irgendeiner

Relation stehen zum Ausmaß an Unbestimmtheit innerhalb der städtischen Straßensysteme. Es ist durchaus möglich, daß dort, wo ein Straßensystem viele Möglichkeiten bietet, um von A nach B zu gelangen, der Verkehr sich gleichmäßiger verteilt und es weniger Stauungen gibt als in Gebieten, wo vor allem Einbahnstraßen und andere einschränkende Möglichkeiten angeboten werden. Es ist denkbar, daß Verkehrsstauungen ebensosehr dem Grad der Unbestimmtheit eines Straßensystems zuzuschreiben sind wie der Kapazität oder Geometrie dieses Systems. Man hat bisher den Entwurf städtischer Verkehrssysteme als technisches Entwurfsproblem betrachtet. Hier haben wir ein weiteres Beispiel dafür, daß – allem Anschein nach – technische Probleme womöglich auf eine nicht-technische Weise zu lösen sind.

David Canter

Menschen und Gebäude – Eine kurzgefaßte Übersicht über die Forschung auf diesem Gebiet

Nachwort zur deutschen Ausgabe
1. Wachsendes Interesse an Menschen und Gebäuden

In den vergangenen zehn Jahren haben einige Psychologen unter dem Druck sozialer Forderungen und – in weniger starkem Maße – auch von Forderungen der Intelligenz sich gezwungen gesehen, ihre Aufmerksamkeit der gebauten Umwelt zuzuwenden. Dieselben zwingenden Notwendigkeiten haben auch viele Nicht-Psychologen in umweltpsychologische Forschungen hineingezogen. Als Folge davon wuchsen die Veröffentlichungen auf diesem Gebiet stark an. Es gibt heute mindestens ein Dutzend Vortragssammlungen auf diesem Gebiet und drei oder vier neue Zeitschriften. Im selben Maße wächst die Zahl der der Umweltforschung gewidmeten Konferenzen. Neuere Bibliographien des Gebietes nennen bereits an die 1000 Titel, die irgendwie auf den Menschen und seine Umgebung bezogen sind. Es soll hier nicht über all diese Arbeiten eingehend berichtet werden; vielmehr wird versucht, einen kurzen Überblick zu geben, in der Hoffnung, so einen Eindruck von dem bereits Geleisteten zu vermitteln.

Bevor wir uns mit Einzelheiten der Forschung beschäftigen, ist es sinnvoll zu untersuchen, unter welchen Zwängen dieses Gebiet so stark angewachsen ist; dies könnte Schwierigkeiten wie auch Erfolge erklären helfen. Interessant dabei ist, daß diese zwingenden Forderungen im allgemeinen nicht der unmittelbare Anlaß für Forschungsarbeiten sind, sondern vielmehr die Gründe dafür liefern, warum solche Arbeiten unternommen werden sollten. Manchmal gewinnt man den Eindruck, daß sie Forschern eher als plausibler Vorwand dienen. Wahrscheinlich entsteht die Herausforderung hauptsächlich durch die Veränderung des sozio-politischen Klimas: die Menschen haben gemerkt, daß sie an Entscheidungsprozessen, die sie betreffen, teilhaben oder zumindest als Betroffene dabei bedacht werden sollten, vor allem da Entscheidungen über die gebaute Umwelt besonders schwer wiegen. Dieses Gefühl wurde verstärkt durch die wachsende Kluft zwischen Designer und Verbraucher. Diese wiederum ist die unmittelbare Folge der zunehmenden Komplexität der Gesellschaft und der wachsenden Spezialisierung, die notwendig ist, um mit der modernen Technologie zurechtzukommen. Wenn man sich klarmacht, daß viele Gebäude in unseren heutigen Städten jeweils von völlig anderen Menschen und Organisationen entworfen, gebaut, finanziert, besessen, gemanagt und benutzt werden, überrascht es nicht, wenn die beiden Enden dieser Kette nicht zueinander passen. Manche erwarten, daß es der Psychologie gelingt, sie zumindest ein Stück näher zusammenzubringen.

Einen weiteren Zwang üben die Veränderungen in Charakter und Bedeutung der Architektur aus. Technologisch sind wir heute in der Lage, Gebäude in nahezu

jeder gewünschten Gestalt herzustellen. Der Architekt muß sich daher wie nie zuvor auf sein eigenes Wissen verlassen. Im Zusammenhang mit der Abkehr von der Tradition der »Schönen Künste« und der Auffassung, daß Architektur vornehmlich eine abstrakte Kunst sei, bedeutet dies, daß Architekten in vielen bislang ungewohnten Bereichen nach Anregungen suchen. Sie versuchen die Fülle der Möglichkeiten einzugrenzen, um zu Entscheidungen zu kommen. Es sieht so aus, als ob die Einsichten der modernen Psychologie einen verheißungsvollen Weg aus diesem Dilemma eröffnen könnten. Ein weiterer Aspekt der Veränderung ist die steigende Massenproduktion von Gebäuden und – im Zusammenhang damit – der Einsatz von Computern. Außerdem hat man die Leistungsverzeichnisse für bauausführende Firmen aufgegeben, um an deren Stelle Angaben über das erwartete Leistungsvermögen des fertigen Produktes zu machen. All diese Entwicklungstendenzen erfordern ein wesentlich detaillierteres Wissen und mehr Verständnis für die Art, wie Menschen ihre gebaute Umwelt benutzen und verstehen.
In der Psychologie scheinen Anstöße vor allem von präziseren Methoden und ausgereifteren Erkenntnissen auszugehen, die es den Psychologen ermöglichen, Probleme zu untersuchen, die früher tabu waren.

2. Untersuchungsarten

Die Untersuchungen, die in der Architektur-Psychologie gemacht werden, teilen sich in zwei Hauptkategorien. Es gibt die bei weitem größere Gruppe, die – so könnte man sie am besten beschreiben – aus lockeren theoretischen Diskussionen besteht. Sie behandelt die Natur der Beziehungen zwischen dem Menschen und den Orten, die er bewohnt. Diese Gruppe wird in der vorliegenden Rückschau nicht erörtert.
Die zweite Gruppe besteht aus empirischen Untersuchungen, von denen manche einen nur geringen theoretischen Unterbau besitzen. Sie bewegen sich in einer Dimension, die von extrem akademischen bis zu extrem pragmatischen Verfahrensweisen reicht. Dabei kann man wiederum drei Gruppierungen unterscheiden: die erste ähnelt der allgemein üblichen akademischen Forschung; in der zweiten werden Untersuchungen mit dem Ziel angestellt, Informationen zu gewinnen, auf welche Entwurfsentscheidungen aufbauen können. In der dritten versucht man, bestehende Probleme unmittelbar zu lösen. Natürlich zielt die ganze Forschung dieses Gebietes darauf ab, zu Entscheidungen über Menschen und Gebäude beizutragen. Dieser Beitrag ist jedoch auf verschiedenen Stufen des Entwurfsprozesses verschieden. Wissenschaftliche Forschung liefert Beiträge hauptsächlich auf der Ebene der Begriffsbildung, die problemorientierte Forschung auf der Ebene einer eingehenden Beschreibung. Entscheidungsorientierte Forschung wirkt oft auf beiden Ebenen mit.

3. Wissenschaftliche Forschung – Eine Übersicht

Da diese ihre Anregungen, vielleicht auch ihre Theorien, aus der konventionellen Forschung in der Psychologie gewinnt, kann es nützlich sein, auch akademische Architektur-Psychologie unter konventionellen psychologischen Überschriften zu betrachten.

3.1 Methodologie

Es ist gar nicht überraschend, daß auf einem solchen neuen Wissensgebiet ein großes Interesse an der Entwicklung und Verbesserung der Methoden bestand. Diese betrafen sowohl die Methoden der Darstellung von Stimuli als auch deren Aufzeichnung und Analyse. Es gab auch Entwicklungen innerhalb des Versuchsentwurfes, besonders auf dem Gebiet der Feldversuche.

3.1.1 Stimulus Darstellung mittels faktorengerechter Entwürfe
Sanoff, van der Ryn und Boie, Fotos von Häusern (1963);
Winkler und andere, Straßenzeichnungen (1968);
Canter und Wools, Raumausblicke (1970).

Versuche, Simulation zu benutzen
Bonsteel, Simulation mittels Dias und TV (1969);
Peterson, Vergleich von Diapositiven und wirklichen Gebäuden (1969);
Lau, Simulation mittels Modell (1970);
Wools, Simulation mittels Modelldiapositiv und Zeichnung (1970);
Nagase, Simulation mittels Gebäudefotos (1971).

3.1.2 Aufzeichnung und Analyse von Reaktionen
Webb und andere, Unauffällige Messungen (1966);
Bechtel, Hodometer* (1967);
Ittelson und andere, Privatheit (1970).

Meßverfahren des Verhaltens
Manning, Bürogroßraum (1965);
Reading und andere, Privatheit (1967).

Meßskalen des Polaritätsprofils
Collins (1969); Hershberger (1969); Kasmar (1970);
Canter (1971).

---

* Schrittzähler, Wegmesser. *Anmerkung d. Übers.*

Standard-Techniken
Hill, Durchblick durch Gewebe (1970);
Inui, Größenschätzung (1970);
Canter und Tagg, Möbel und Raumform (1972).

3.1.3 Feld-Experimente
Canter, Bürogröße (1968);
Sommer, Bibliotheken, Cafeterias (1969);
Ittelson, Krankenzimmer (1970).

3.2 Wahrnehmungsstudien

Wie bei starken visuellen Stimuli zu erwarten ist, die von Bauwerken ausgehen, wurde die umfangreichste Arbeit auf dem Gebiet der Wahrnehmungsforschung geleistet.
Mintz, Einfluß der Umgebung auf die Beurteilung der Menschen, die sich darin aufhalten (1956);
Edge, Auffälligkeit und Bevorzugung von Gebäuden (1957);
Rosenthal, Einfluß der »Ordentlichkeit« eines Labors auf die Versuchsbeurteilung (1966);
Canter, Zusammenhang Beurteilung von Raum/Benutzer (1968);
Kasmar und andere, Einfluß des Raumes auf ein psychiatrisches Gespräch (1968);
Ida, Aufteilung eines Fußweges durch die City (1969);
zum gleichen Thema:
West (1970);
Laumann und House, Zur Beurteilung von Raum/Benutzer auf soziologischer Ebene (1970);
Wools und Canter, Beeinflussung eines Urteils durch Raumzeichnungen (1970).

Feldarbeit auf dem Gebiet der Architekturpsychologie
Bedford, Komfortmessungen (1936);
Roethlisberger und Dickson, Abhängigkeit Lichtverhalten (1939);
Keighley, Lärmpegel in Büros (1966);
Langdon, Lärmpegel im Verkehr (1968);
Griffiths, Empirische Untersuchungen der Simulationshypothese (1969);
zum gleichen Thema: Wyon (1969).

Faktorenanalytische Studien
Osgood und andere (1957);
Black (1965);
Vielhauer (1965);
Canter (1969);
Collins (1969);

Ischikawa (1969);
Hershberger (1970);
Acking (1971);
Wools (1971).

Bezüge zwischen Umweltfaktoren und Variation dieser Umwelt
van der Ryn und Boie (1963);
Collins (1969);
Canter und Wools (1970);
Canter und Thorne (1972).

Organisations-Psychologie
Hertzberg; Smith, Bezüge zwischen physischen Bedingungen der Arbeit und Befriedung (1962);
zum gleichen Thema: Canter (1972).

Untersuchungen über Bilder oder Schemata
Lee, Variable in bezug zur Nachbarschaft (1968);
zum gleichen Thema: Lynch (1960); Appleyard (1970); Bartlett (1970);
Suzuki, Symbolentwicklung bei Schulkindern (1970).

3.3 Die Benutzung des Raumes
Wie auf dem Gebiet der Wahrnehmung scheinen auch Untersuchungen über den Gebrauch des Raumes durch den Menschen beachtliche Informationen von unmittelbarem Wert für den Entwurf zu liefern. Jedoch haben diese Arbeiten dem bisherigen Anschein nach wohl eher einen Beitrag zur Psychologie geleistet.

3.3.1 Lage im Raum
Fertinger und andere, Gebäudeplan – Interaktionsmuster (1950);
Cullahorn, Büros (1952);
zum gleichen Thema: Wells (1965);
Araki, Räumliches Verhalten alter Leute (1966);
zum gleichen Thema: Lipman (1968);
Pastalan und Carson (1970);
Kamino, Eisenbahnstationen in Osaka (1968);
Kurihara, Mietshausgrundrisse, Krankenstationen (1969);
Warr, Studentenheime (1969);
Building Performance Research Unit, Beurteilung einer Schule (1972);
Stilitz, U-Bahn-Stationen in London (1970).

3.3.2 Abstand zwischen Personen
Little, Abstand zwischen Personen (1965);
zum gleichen Thema: Hall (1966); Sommer (1969); Delong (1970);
Altmann, Abstand zwischen Personen und soziale Interaktion (1971);

Calhaun, Gebietsanspruch (1962);
zum gleichen Thema: Klopfer (1969);
Willems, Ökologische Psychologie (1967);
zum gleichen Thema: Barker (1968).

3.4 Gebiete geringer Forschungsaktivität

Neben den Gebieten, die bereits erörtert wurden, gibt es einige wenige Untersuchungen, die sich auf andere konventionelle psychologische Ansätze stützen. Es verbleiben auf diese Weise viele Gebiete, für die aufgrund der vorliegenden psychologischen Literatur viele Hypothesen aufgestellt werden und die von großer Bedeutung sind. Drei Themengebiete eignen sich besonders für eine Entwicklung im Bereich der Umweltpsychologie: die Problematik der Persönlichkeit, der menschlichen Entwicklung und des Lernens.

3.4.1 Persönlichkeit
Mori und Kambe, Farbbevorzugung und Hautfarbe (1965);
Winkel und andere, Individuumbezogene Unterschiede (1968);
Canter, Kognitive Komplexität (1970);
Griffiths, Persönlichkeitsuntersuchungen (1970);
zum gleichen Thema: Hill (1970); Wools (1971).

3.4.2 Entwicklung
Araki, Landkarten von Kindern gezeichnet (1968);
zum gleichen Thema: Adachi und Kamino (1969); Suzuki (1970).
Kitaura, Entwicklungsstufen in Beziehung zu räumlichen Notwendigkeiten von Kindern (1969);
Koseki, Spielzeug (1970).

3.4.3 Lernen
Cohen, Psychologische Theorie des Lernens (1964);
Studer, Gesamtumwelt als Lernprozeß (1967);
Myrick und Marx, Bewegung von Personen durch eine Schule (1968);
Best, Bewegung von Personen durch ein Rathaus (1970).

4. Entscheidungsbezogene Forschung

Auf die Entwurfsentscheidung ausgerichtete Forschung kann während des Entwurfsprozesses auf drei Stufen einen Beitrag liefern, und zwar: bevor der exakte Entwurf beginnt, während verschiedene Entwurfsalternativen in Betracht gezogen werden und nachdem das Gebäude fertiggestellt ist.

4.1 Vor dem Entwurfsvorgang
British Building Research Station, Wünsche der Benutzer.

4.2 Während des Entwurfes
Vermutlich wird ein Psychologe seinen Beitrag am besten liefern, wenn er seine Erfahrung und seine Methodologie in die Entwurfsgruppe einbringt, während verschiedene Entwurfslösungen erwogen werden.

4.3 Nach Abschluß des Entwurfes
Archea und Eastman, Beurteilung von Gebäuden (1970)

5. Problemlösung

Bach, Bürolandschaft (1965);
Demos und Zuwaylift, Schulen ohne Wände (1967).

6. Ausbildung von Entwerfern

Psychologen und psychologische Gedankengänge werden noch auf eine andere Weise in die Architektur einbezogen. Immer mehr Architekturschulen berufen Psychologen. Ebenso werden psychologische Texte zu den Vorlesungen herangezogen. Indem man psychologische Information an Architekturstudenten zu vermitteln versucht, stellt man zugleich den Wert und die Validität dieses Gegenstandes auf die härteste Probe. Es wäre nicht überraschend, wenn diese Anforderungen den einzelnen Psychologen veranlassen würden, nochmals zu überdenken, was er bisher als brauchbar akzeptiert hatte, den eigentlichen Gegenstand seines Faches zu überprüfen und sich zu bemühen, ihn mehr auf Entscheidungsfindungen im realen Bereich hin zu orientieren.

Fachwortverzeichnis

Leser, die detailliertere Informationen suchen, sollten eines der Standardlehrbücher zu Rate ziehen, die in Abteilung 6 des Literaturverzeichnisses aufgeführt sind.

Ausgeglichener Entwurf (oder ausgeglichener Faktorenentwurf)
Eine Methode, einen Versuch so zu organisieren, daß für jede Versuchsperson, die von einer unerwünschten Variablen beeinflußt wird, eine andere teilnimmt, die von derselben Variablen in entgegengesetzter Richtung beeinflußt wird. Im allgemeinen sind Versuche in ihrer *Testfolge* ausgeglichen, so daß jeder Versuchsperson, die die Tests in der Folge AB macht, eine andere Versuchsperson entspricht, die diese in der Folge BA ausführt.

Cluster-Analyse (cluster analysis)
Ein statistisches Verfahren, Variable in Gruppen (cluster) zu gliedern. Zugrunde liegen dabei die Beziehungen (gewöhnlich mittels Korrelation gemessen), die sie zueinander haben; alle Variablen, die enge Beziehungen zueinander haben, werden in einem Cluster zusammengefaßt (Abb. 35).

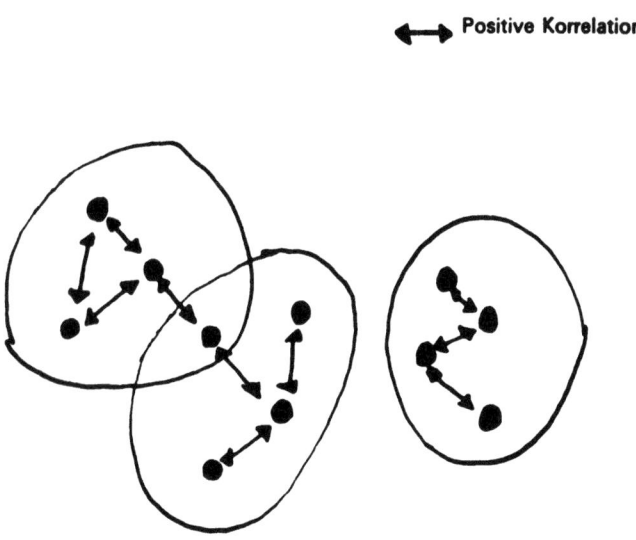

Abb. 35: Cluster-Analyse

dB
(siehe Dezibel)

dBA
(siehe Dezibel, »A« Skala)

Dezibel
Ein relatives Maß für Lautstärke. Benutzt wird ein Bezugsdruck etwas unterhalb der durchschnittlichen Hörschwelle bei 1000 Hertz. Die Dezibelangabe eines vorhandenen Geräusches ist definiert als der 20fache Logarithmus (zur Basis 10) des Verhältnisses des vorhandenen Geräusches zur Bezugslautstärke.

Dezibel, »A« Skala
Eine Skala, die aus der Mischung verschiedener Dezibelskalen bei verschiedenen Schallfrequenzen besteht. Jeder Teil des Hörfrequenzspektrums wird so gewichtet, daß es den Charakteristiken menschlicher Geräuschwahrnehmung nahe kommt.

EPI (Persönlichkeitstest nach Eysenck)
Ein Fragebogen, der den Befragten zwischen den Begriffen »extrovertiert – introvertiert« und »neurotisch – normal« einordnet.

Erhebungsbogen
Eine Technik, die Art und Weise zu ergründen, in der eine Person über sich selbst, die Leute, mit denen sie zu tun hat und die Umwelt, in der sie lebt, denkt. Sie stützt sich auf eine Untersuchung der Beziehungen zwischen verschiedenen Beschreibungen von Leuten oder Dingen und die Beziehungen zwischen diesen Dingen.

Experiment
Eine Untersuchung, bei der eine oder mehrere Variable verändert werden, um ihre Auswirkung auf andere Variable beobachten zu können. In einem Labortest wird versucht, alle Variablen, die bedeutsam sein könnten, unter Kontrolle zu haben. Bei Feldexperimenten findet man unbeeinflußte Bedingungen vor, und es werden die Auswirkungen von Veränderungen innerhalb dieser Bedingungen überprüft.

Faktorenanalyse
(siehe Hauptkomponentenanalyse)

Faktorenentwurf
Eine Methode, ein Experiment so durchzuführen, daß die Auswirkungen der Veränderung von mehr als einer Variablen auf einmal überprüft werden können. Die Auswirkung jeder Variablen auf die Auswirkung anderer Variablen (oder Interaktion) kann gewöhnlich ebenfalls geprüft werden. Die Ergebnisse eines

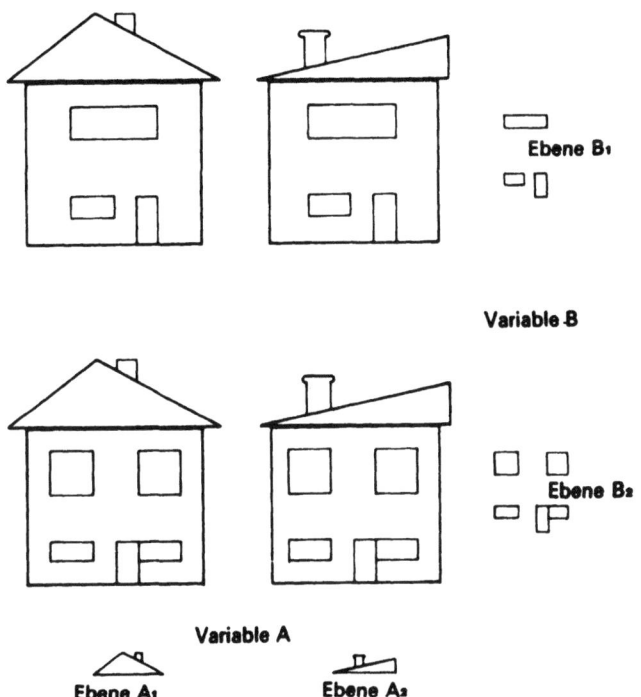

Abb. 37: Faktorenentwurf

Experiments, das mit Faktoren arbeitet, werden mit Hilfe der Varianzanalyse ausgewertet (Abb. 37).

Fehler-Varianz
siehe Varianz, Fehler-

»F« Test
Ein statistischer Test, der anzeigt, ob die Varianz zweier verschiedener Gruppen von Meßergebnissen als statistisch unterschiedlich betrachtet werden kann.

Gültigkeit
siehe Validität

Gültigkeit, äußere
siehe Validität, äußere

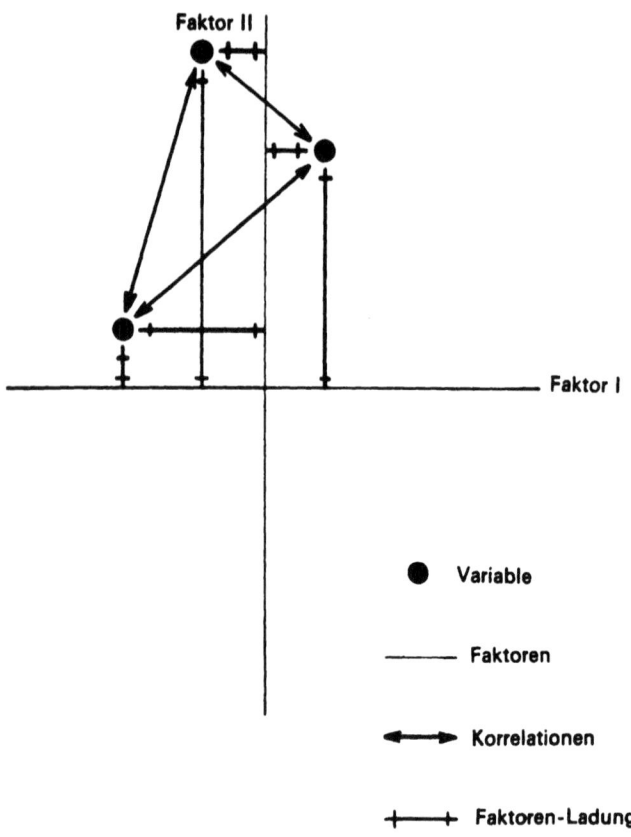

Abb. 36: Faktoren-Analyse

Gültigkeit, innere
siehe Validität, innere

Guttman Skala
Ein Fragebogen oder eine Kontrolliste, in der die Einzelfragen so ausgewählt sind, daß die ihnen entsprechenden Antworten kumulativ sind. Sie ergeben daher ein kumulatives Ergebnis. S. Koeffizient der Reproduzierbarkeit.

Halbierungsrehabilität der zugehörigen Hälften
Das Maß, in dem Messungen, die mit Teilen einer Meßtechnik erzielt wurden, mit anderen, die mit den restlichen Teilen dieser Technik gemacht wurden, korrelieren.

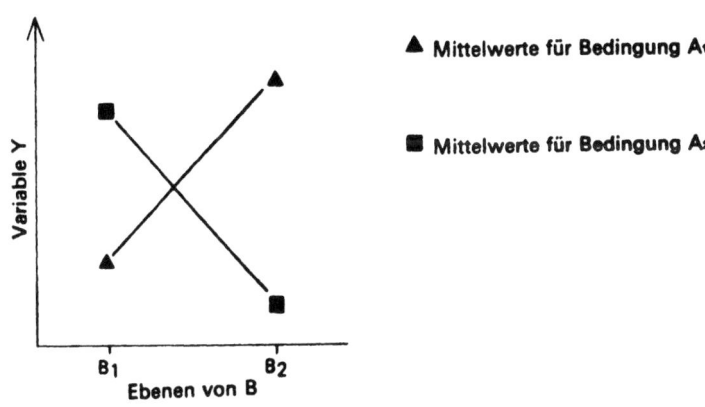

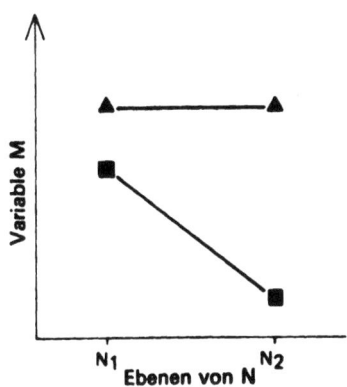

Abb. 37: Signifikante Interaktionen

Häufigste Größe
Das Ergebnis, das am häufigsten vorkommt.

Hauptkomponentenanalyse
(Eine Art Faktorenanalyse, siehe Abb. 36). Ein statistisches Verfahren (auf Matrixalgebra basierend), das die zugrunde liegenden Dimensionen (oder Beziehungsmuster), die in einer Korrelationsmatrix stecken, isoliert und dann die Beziehungen zwischen diesen Dimensionen und jeder Variablen, die die Matrix

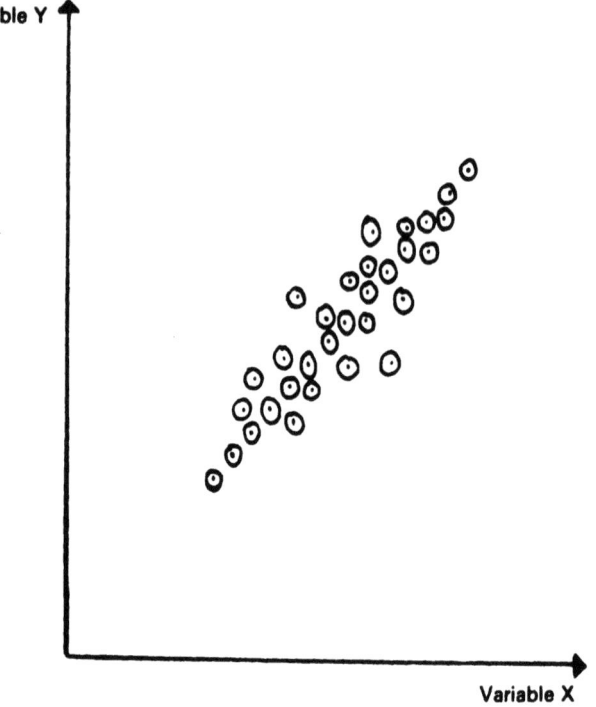

Abb. 38: Eine positive Korrelation

bilden, aufzeigt. Die Beziehungen zwischen den Variablen und den zugrunde liegenden Dimensionen werden Faktorenladungen genannt. Diese Ladungen sind bei der Bestimmung des Wesens der zugrunde liegenden Dimensionen eine Hilfe.

Interaktion
Darunter versteht man die Auswirkung einer Variablen, wobei dieser Effekt durch eine andere Variable erzeugt wird. Indem man die Varianz bei Faktorenexperimenten analysiert, kann man oft schätzen, welcher Teil der Gesamtvarianz durch Interaktion erzeugt wird (Abb. 37).

Koeffizient der Reproduzierbarkeit
Eine Schätzung (kleiner 1.0) des Maßes, in dem die Einzelfragen zusammenwirken und eine wirklich kumulative Skala ausmachen. 0,90 wird gewöhnlich als der Wert angenommen, über dem ein Fragebogen als maßstabsgerecht annehmbar ist.

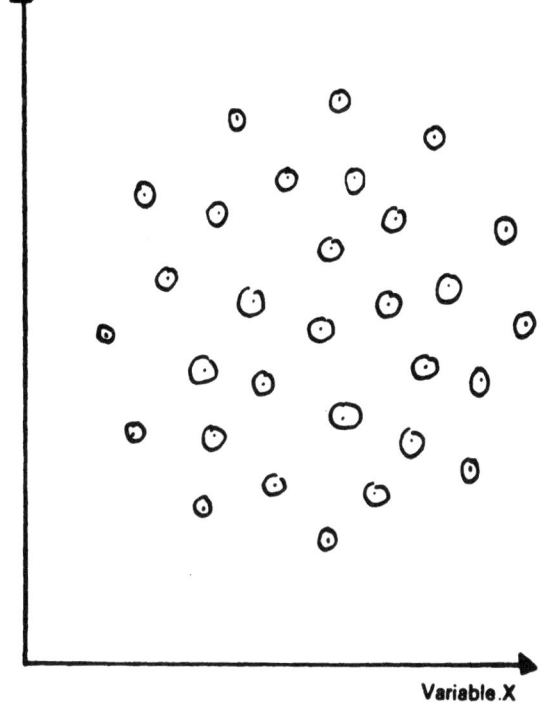

Abb. 39: Keine Korrelation

Kontrollgruppe
Die Gruppe von Versuchspersonen eines Experimentes, deren Ergebnisse als Grundlage eines Vergleichs mit einer anderen Gruppe (oder anderen Gruppen) benutzt wird.

Korrelationskoeffizient
Ein Maß der Beziehung zwischen zwei oder mehr Variablen. Er schwankt zwischen +1,0 (der Fall, in dem alle Variablen in direkter Proportion zueinander anwachsen) über 0,0 (wenn keine Beziehung zwischen Variablen besteht) und —1,0 (wenn eine Variable im selben Maße zunimmt, wie eine andere abnimmt) (Abb. 38, 39 und 40).

Korrelation, lineare
(Im Gegensatz zur gekrümmt verlaufenden Korrelation, siehe Abb. 41). Ein statistisches Maß, mit dem der Grad geschätzt wird, in dem die Beziehung zwischen zwei oder mehr Variablen gradlinig verläuft.

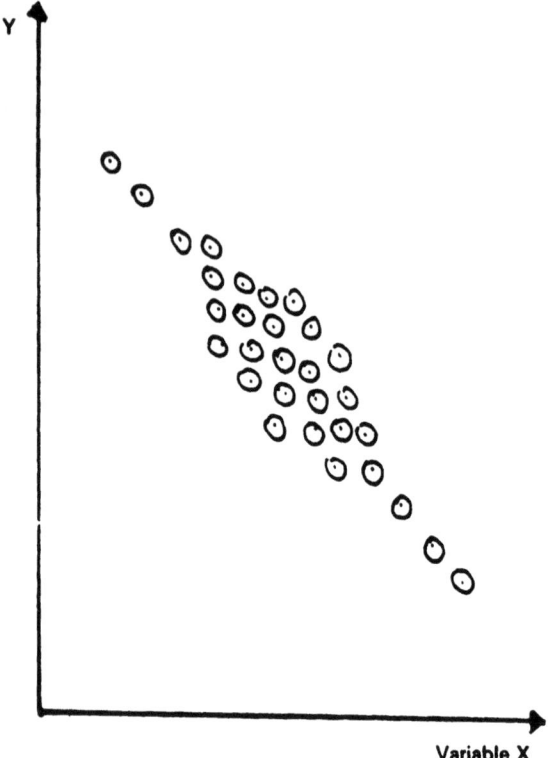

Abb. 40: Eine negative Korrelation

Korrelation nach Pearson
s. Korrelation, Produkt-Moment

Korrelation, Produkt-Moment
Ein statistisches Maß für Beziehungen. Es beruht auf parametrischen Annahmen und wird im Normalfall aus den Originalergebnissen berechnet.

Korrelation, Rangfolge
Ein statistisches Maß für Beziehungen. Es beruht auf nichtparametrischen Annahmen. Die Ergebnisse werden zuerst in eine Rangfolge gebracht. Das obengenannte Maß wird aus dieser Reihung berechnet.

Korrelation nach Spearman
s. Korrelation, Rangfolge

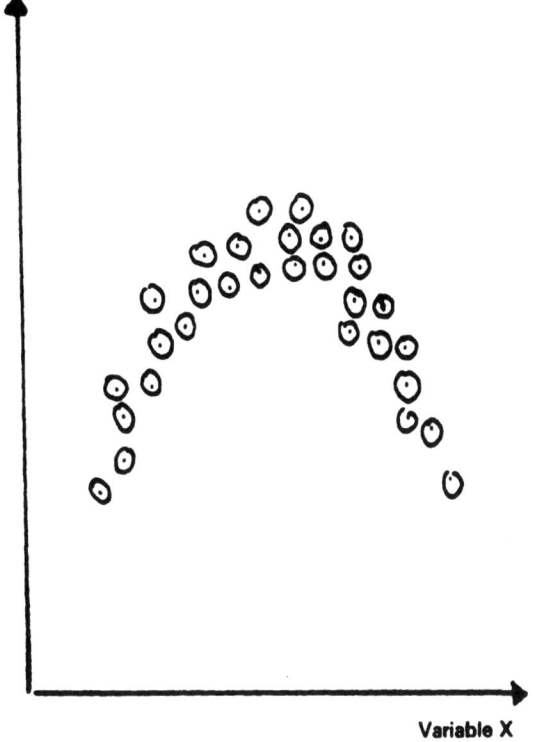

Abb. 41: Eine gekrümmt verlaufende Korrelation

Korrelationsmatrix
Eine Tabelle, die die Beziehung jeder Variablen zu jeder anderen Variablen angibt. Diese ist üblicherweise die Grundlage der Cluster-Analyse und der Faktorenanalyse.

Kreisförmige Triade
Ein Merkmal fehlender, innerer Folgerichtigkeit von Beurteilungen, wenn alle Stimuli eines Versuches miteinander verglichen werden. Eine kreisförmige Triade liegt dann vor, wenn Stimulus A größer B, Stimulus B größer C, Stimulus A aber *nicht* größer C angesehen wird.

Lickert-Skala
Eine Summenskala. Ein Fragebogen, bei dem alle Einzelfragen so ausgewählt sind, daß sie bei gleicher Intensität mit der gleichen Variablen in Verbindung stehen. (Sie haben enge Beziehung zur gleichen, zugrunde liegenden Dimension,

ermittelt durch eine Hauptkomponenten-Analyse.) Folglich wird ein Gesamtergebnis für die Skala durch Addition der Antworten auf alle Fragen ermittelt.

Mann-Whitney »U«-Test
Ein statistischer Test, der die Rangfolge der Erstergebnisse benutzt. Dadurch wird gezeigt, ob zwei unabhängige Gruppen aus derselben Population gebildet werden können.

Maßskala
Meßtechnik. Insbesondere Fragebögen, die aufgestellt wurden, um Ergebnisse zu erzielen, die Antworten auf eine *ganze Anzahl* von Fragen als Grundlage haben und *nicht Einzelergebnisse* zu jeder Frage.

Median Mittel
Das Einzelergebnis, das die Verteilung der Einzelergebnisse halbiert bzw. eine Zahl, die die Mitte einer Verteilung von Meßwerten darstellt.

Mittel-Test
Ein statistischer Test, der angibt, ob eine Anzahl *unabhängiger* Gruppen aus derselben Population oder aus Populationen mit gleichen Mittel(werte)n gebildet wurde.

Mittelwert
Die Summe der Ergebnisse dividiert durch ihre Anzahl.

Multi-dimensionale Skalierung
Ein statistisches Verfahren, ähnlich der Hauptkomponenten-Analyse, bei welchem Stimuli im Sinne ihrer Beziehungen zu grundlegenden Dimensionen gegliedert werden. Als Grundlage dienen Beurteilungen ihrer Ähnlichkeit untereinander.

»p«
s. Signifikanzniveau

Parametrische Statistik
Statistische Verfahren, Messungen oder Tests, mit welchen über die Verteilung und Eigenheiten der Ergebnisse, die statistisch bearbeitet werden sollen, Annahmen getroffen werden.

Polaritätsprofil
s. Semantisches Differential

Potenzfunktion oder Potenzexponent
Ein numerischer Wert des Quotienten zweier Logarithmen von zwei Variablen, angewandt, wenn der Quotient konstant ist.

»r«
s. Produkt-Moment-Korrelation

Reliabilität
Die Beständigkeit einer Messung. Das Maß, in dem eine Meßtechnik die gleichen Ergebnisse zu gleichen Gegebenheiten, die lediglich zeitlich getrennt sind, erzielt.

Regression (oder Regressionsgleichung)
Eine mathematische Formel, die die Variation einer abhängigen Variablen als Funktion der Variation einer unabhängigen Variablen beschreibt.

Regressionskonstante
Der Wert einer Regressionsgleichung, der vom Wert beider Variablen unabhängig ist.

Semantisches Differential
Eine bipolare, eigenschaftsbezogene Kontrolliste. Die Eigenschaften werden oft so ausgesucht, daß sie die Hauptdimensionen wiedergeben, die aus einer Hauptkomponenten-Analyse ermittelt wurden.

Signifikanzniveau
Ein Entscheidungspunkt für einen statistischen Test oder eine Messung. Werte oberhalb dieses Punktes würden in einer bestimmten Anzahl von Fällen nur durch Zufall auftreten. Das bedeutet, daß das Signifikanzniveau desto höher ist, je höher dieser Punkt liegt. Um so geringer ist dann auch die Möglichkeit, daß der erhaltene statistische Wert nur durch Zufall auftritt. Die am meisten benutzten Signifikanzniveaus sind: das 5% Niveau (oder $p \leq 0,05$), das bedeutet die Beziehung tritt fünfmal in hundert Fällen zufällig auf; das 1% Niveau (oder $p \leq 0,01$) bei *einem* zufälligen Ereignis in *hundert* Fällen; das 0,1% Niveau (oder $p \leq 0,001$) bei *einem* zufälligen Ereignis in *tausend* Fällen.

Standardabweichung
Die Quadratwurzel der Varianz.

»t« Test
Eine statistische Berechnung, die angibt, ob zwei Verteilungen von Ergebnissen einen verschiedenen Durchschnitt haben können.

Thurstone-Skala
Ein Fragebogen, der Fragen enthält, die den Intensitätsbereich einer Reaktion auf zugrunde liegende Variable vorsehen. Eine Anzahl von Personen beurteilt diese Fragen auf ihre Intensität hin. Auf Grund dieser Beurteilungen wird ihnen eine Punktzahl zugemessen. Einem Befragten wird so je eine Punktzahl für jeden Gegenstand, den er billigt, auf der Basis derjenigen Punkte, die durch die Gutachter zugemessen wurden, gegeben.

Gültigkeit Validität
Der Grad, bis zu dem man weiß, was eine Meßtechnik mißt, bzw. der Grad, bis zu dem sie mißt, was von ihr vorausgesetzt wird.

Validität, äußere
Der Grad, bis zu dem eine Meßtechnik Ergebnisse erzielt, die mit einem äußeren Kriterium korrelieren. Dieses Kriterium kann aus einer anderen Messung bestehen oder aus Unterschieden zwischen Gruppen.

Validität, innere
Der Grad, bis zu dem verschiedene Teile einer Messung das gleiche messen. Der Koeffizient der Reproduzierbarkeit ist eine Schätzung der inneren *Validität*.

Variable
Der Aspekt der zu untersuchenden Gegebenheit, der die Möglichkeit einer Änderung beinhaltet oder sich tatsächlich ändert.

Variable, abhängige
Die Variable, die der Untersuchende zu modifizieren sucht und deren Reaktion auf äußere Einwirkungen er untersucht.

Variable, unabhängige
Die Variable, die verändert wird, um eine Auswirkung auf die abhängige Variable zu erzeugen. Z. B., wenn man die Auswirkungen des Alkohols auf die Reaktionsgeschwindigkeit untersucht, würde die Menge des Alkohols die unabhängige Variable sein und die Reaktionsgeschwindigkeit die abhängige Variable.

Varianz
Ein Maß der Streuung oder Variabilität einer Gruppe von Ergebnissen. Varianz wird normalerweise so geschätzt, daß man die quadrierten Unterschiede aller Ergebnisse zum Mittelwert der Verteilung zusammenzieht und diese Zahl durch die Anzahl der Ergebnisse teilt.

Varianzanalyse
Eine statistische Maßnahme, die anzeigt, welche die verschiedenen Ursachen, die Varianz erzeugen, sein mögen. Dieser Vorgang wird so durchgeführt, daß man die Varianz »aufteilt«, mit anderen Worten, indem man ausrechnet, welche Anteile der Varianz jeder der bekannten möglichen Ursachen zugerechnet werden können. Wenn jede Versuchsperson eine Anzahl von Ergebnissen bei der gleichen Messung erzielt, so ist es oft möglich zu entscheiden, welcher Teil der Gesamtvarianz aller Ergebnisse von Schwankungen innerhalb der Personen *über die Zeit hinweg* abhängt (intrasubjektive Varianz) und welcher Teil von Unterschieden zwischen Versuchspersonen abhängt (intersubjektive Varianz). Durch Aufspalten der Varianz ist es möglich zu sagen, welcher Anteil der Varianz der abhängigen

Variablen durch jede der unabhängigen Variablen, die Interaktionen und die Fehlervarianz erklärt werden kann.

Varianz, Fehler-
Der Anteil der Varianz, der nicht mit einer besonderen Variablen in Verbindung gebracht oder erklärt werden kann. Die Beziehung (mittels »F« Test gemessen) zwischen der Fehlervarianz und der Varianz, die von einer bekannten Variablen abhängt, ist ein Merkmal der Auswirkung dieser Variablen.

Verläßlichkeit von Test und Wiederholungstest
Das Maß, in dem Messungen, die mit einer Meßtechnik zu Anfang gemacht wurden, mit Messungen, die zu nachfolgenden Gelegenheiten gemacht wurden, korrelieren.

Literaturverzeichnis

Eine der praktischen Schwierigkeiten beim Zusammenstellen von Quellen im Bereich der Architekturpsychologie ist die interdisziplinäre Herkunft der Literaturbeiträge und das Fehlen eines brauchbaren Systems, nach dem sie klassifiziert werden könnten.
Konventionelle Klassifikation schließt bedeutende Schwierigkeiten beim Lokalisieren vieler Arbeiten ein und läuft auch darauf hinaus, daß wesentliche Literatur weit in den Sozial- und Verhaltenswissenschaften, der Architektur, den Ingenieurwissenschaften, in Planung und Geographie und vielen anderen traditionellen Disziplinen verstreut ist.
Beim Versuch, diese Schwierigkeiten zu mildern, wurde die bibliographische Aufmachung dieser Veröffentlichung im Vergleich zum herkömmlichen bibliographischen Gefüge geändert, um dem Material eine logische und dennoch brauchbare Ordnung zu geben. Allgemeine Quellen, auch wenn sie nicht besonders von einem der Autoren behandelt wurden, sind ebenfalls aufgenommen worden. Wir hoffen, daß dies sowohl für Forschende wie für Praktiker eine Hilfe sein wird, ganz besonders jedoch für diejenigen, die auf diesem Fachgebiet und seiner Literatur unerfahren sind.
Die Einzelabschnitte der Bibliographie basieren auf der Veröffentlichung des UDC Psychologie-Katalogs der Britischen Normenkommission (BS 1000 [159,9]: 1969), die es – mehr als alle vorherigen Ausgaben – ermöglicht, aufeinander bezogene Aspekte der physischen Umwelt und des Verhaltens sinnvoll in einer Kategorie des UDC-Systems unterzubringen. Es wurden jedoch nur die Kategorien aufgenommen, die direkt für den vorliegenden Band relevant waren. Während der vollständige Aufbau der Klassifikation beibehalten wurde, sind einige bestimmte Unterabschnitte geändert worden, damit bedeutsame Teilbereiche miteinander verbunden werden konnten.
Wir hoffen, die Klassifikation und die Gruppierung von aufeinander bezogenen Arbeiten und Quellen in dieser Bibliographie wird den Zugang sowohl zu den besonderen Quellenangaben aus den Vorträgen wie auch zu ähnlichen Studien und zur Ergänzungsliteratur erleichtern. Die Grenzen einer solchen Klassifikation außerhalb dieser Veröffentlichung werden vielen klar sein. Wir hoffen daher, daß die Schwächen dieses ersten Versuches, die Literatur zu ordnen, andere dazu führen werden, konstruktiv über genauere Möglichkeiten oder alternative Wege, wie man dieses Problem in Angriff nehmen könnte, nachzudenken. Ein flüchtiger Blick auf diese Bibliographie wird das Übergewicht von allgemeinem und nicht zusammenhängendem, im Gegensatz zu empirischem und Fakten erbringendem Material oder gut fundierten theoretischen Arbeiten zeigen. Dieses allgemeine Material ist besonders als eine Einführung für Anfänger nützlich und zeigt zugleich in großem

Maße den Stand der Arbeit und die Notwendigkeit, empirische Forschung anzugehen. Innerhalb der Grenzen dieser Bibliographie ist es möglich, bis zu einem gewissen Grade die entwickelten und nichtentwickelten Teile des Faches zu erkennen und genau die Teilbereiche zu verdeutlichen, in denen weitere Arbeit erforderlich ist.

Inhalt

1 Psychologie, allgemein
2 Methodologie, allgemein
3 Verbale Messungen
4 Nichtverbale Messungen
5 Simulation der physischen Umwelt
6 Statistische Methoden
7 Versuchsanordnungen
8 Psychophysiologie
9 Einflüsse der Umwelt: Theorien
10 Einflüsse der Umwelt: allgemein
11 Bewegungsstudien
12 Sinneseindrücke: Behaglichkeitsstudien
13 Topographische Studien
14 Unterschiede zwischen Individuen und Gruppen
15 Innenräume: Zimmer
16 Räumliche Anhäufungen: Gebäude
17 Gebäude-Gruppen, Nachbarschaften
18 Stadtteile
19 Städte, urbane Flächen
20 Die menschliche Umwelt
21 Eindruck, Empfindung

Quellenangaben

Wo immer ein Bezug zu einem Autor hergestellt wurde, steht hinter seinem Namen im Text eine Zahl, z. B. Hopkinson (12.26). Der Teil der Zahl vor dem Punkt verweist auf den Abschnitt in der Bibliographie, der Teil hinter dem Punkt lokalisiert die Quelle innerhalb dieses Abschnitts. In jedem Abschnitt der Bibliographie sind die Quellen nach den Autoren alphabetisch geordnet.

1 Psychologie, allgemein

[1.2] Bannister, D.:
A new theory of personality.
In: New Horizons in Psychology,
edited by B. M. Foss.
Harmondsworth, Penguin, 1966,
pp. 361-380.
s. ff.

[1.3] Bannister, D. and Mair, J. M. M.:
The evaluation of personal constructs.
London, Academic Press, 1968.
Barker, R. G.:
Ecological psychology; concepts and methods for studying the environment of human behaviour.
Stanford University Press, 1968.
s. ff.

[1.4] Bartlett, F. C.:
Remembering.
Cambridge University Press, 1932.
s. ff.

[1.14] Beebe-Centre, J. G.:
Pleasantness and unpleasantness.
New York, Van Nostrand, 1932.
s. ff.

[1.11] Bem. D. J.:
An alternative interpretation of cognitive dissonance phenomena.
Psychol. Rev.,
vol. 74, no. 3, 1967. pp. 183-200.

[1.8] Charbonnier, G.:
Conversations with Levi-Strauss.
London, Cape, 1969.
Darwin, C.:
The expression of emotions in man and animals.
London, Murray, 1872.
Dobzansky, T.:
The biology of ultimate concern.
London, Rapp & Whiting, 1969.

[1.13] Eysenck, H. J. and Willett, R. A.:
Cue-utilisation as a function of drive, an experimental study.
Percept. Mot. Skills,
vol. 15, no. 1, 1962. pp. 229-30.

[1.9] Goldmann, L.:
The human sciences and philosophy.
London, Cape, 1969.

[1.6] Helson, H.:
Adaptation level theory.
New York, Harper & Row, 1964.
Horowitz, M. J.:
Human spatial behaviour.
American Journal of Psychotherapy
vol. 19, no. 1, 1965, pp. 20-8.
Howard, I. P. and Templeton, W. B.;
Human spatial orientation.
London, Wiley, 1966.

[1.1] Kelly, G. A.:
The psychology of personal constructs.
New York, Norton, 1955

[1.7] Luckmann, T. and Berger P. L.:
The social construction of reality.
New York, Doubleday, 1966.
Miller, G. A.:
Mathematics and psychology.
New York, Wiley, 1964.

[1.5] Neisser, U.:
Cognitive psychology.
New York, Appleton-Century-Crofts, 1967.

[1.12] Nisbett, R. E. and Schachter, S.:
Cognitive manipulation of pain.
J. Exp. Soc. Psychol.,
vol. 2, no. 3, 1966. pp. 227–36.
Piaget, J.
The psychology of intelligence.
London, Routledge & Kegan Paul, 1947.
Piaget, J. and Inhelder, B.:
The child's concept of space.
London, Routledge & Kegan Paul, 1956.

[1.10] Sorokin, P. A.:
Social and cultural dynamics.
London, Allen & Unwin, 1937.
Warr, P. B. and Knapper, C.:
The perception of people and events.
London, Wiley, 1968.

2 Methodologie, allgemein

[2.3] Abercrombie, J.:
The anatomy of judgement.
London, Hutchinson, 1960.

[2.11[Buckley, W.:
Sociology and modern systems theory.
Englewood Cliffs, N. J., Prentice-Hall, 1967.

[2.13] Canter, D. V.:
The measurement of appropriateness in buildings.
Transactions of the Bartlett Society, vol. 6, 1967–68. pp. 43–60.
Canter, D. V.:
Office size: an example of psychological research in architecture.
The Architects' Journal,
24 April, 1968. pp. 881–8.
Canter, D. V.:
On appraising building appraisels.
The Architects' Journal,
21 December, 1966. pp. 881–8.
Canter, D. V.:
Report on the exploratory study and future plans: the psychological investigations.
Building Performance Research Unit, University of Strathclyde, Glasgow, 1968. Report no. 24. (Mimeograph).

[2.4] Cohen, M. R. and Nagel, E.:
Introduction to logic and scientific method.
London, Routledge. 1934.

[2.9] Echenique, M.:
Models: a discussion.
In press.

[2.12] Friedmann, N.:
The social nature of psychological research.
New York, Basic Books, 1967.
Heath. T. F.:
Problems of measurement in environmental aesthetics.
Architectural Science Review,
March, 1968. pp. 17–28.

[2.8] Medawar, P.:
Induction and intuition in scientific thought.
London, Methuen, 1969.
Nunnally, J. C.:
Psychometric theory.
New York, McGraw-Hill, 1967.

[2.5] Poincaré, H.:
Science and hypothesis.
London, Dover, 1952.

[2.6] Popper, K.:
Conjectures and regulations.
London, Routledge, 1963.

[2.7] Popper, K.:
Logic and scientific discovery.
London, Hutchinson, 1959.
Rosenthal, R.:
Experimenter effects in bahavioral research.
New York, Appleton-Century-Crofts, 1966.
Sanoff, H.:
Techniques of evaluation for designers.
Raleigh, North Carolina School of Design, North Carolina State

[2.1] Sherif, M. and Sherif, C. W.:
The own categories procedure in attitude research.
In: Readings in attitude theory and measurement,
edited by M. Fishbein,
New York, Wiley, 1967.

[2.2] Slater, P.:
The principal components of a repertory grid.
London, Vincent Andrew, no date.

Stevens, S. S.:
On the new psychophysics.
Scandinavian Journal of Psychology, vol. 1, 1960. pp. 27–35.

Webb, E. J., et al.:
Unobtrusive measures; nonreactive research in the social sciences.
Chicago, Rand McNally, 1966.

[2.10) Weisstein, N.:
Kinder, Küche, Kirche as scientific law; psychology constructs the female.
Boston, Mass., New England Free Press, 1969.

3 Verbale Messungen

Berlyne, D. E. and Peckman. S.:
The semantic differential and other measures of reaction to visual complexity.
Canadian Journal of Psychology, vol. 20, no. 2, 1966. pp. 125–35.

Canter, D. V.:
The subjective assessment of the environment.
Building Performance Research Unit, University of Strathclyde, Glasgow. 1969. Report no. 42.
(Mimeograph).

[3.1] Canter, D. V. and Wools R. M.
A technique for the subjective appraisal of buildings.
Building Performance Research Unit, University of Strathclyde, Glasgow. 1969. Report no. 43.
(Mimeograph).

University, 1968.
Research Lab. monograph.

Creelman, M. B.:
The experimental investigation of meaning; a review of the literature.
New York, Springer, 1966.

Osgood, C. E., Suci, G. J. and Tannenbaum, P. H.:
The measurement of meaning.
Urbana, University of Illinois, 1957.

Vielhauer, J. A.:
The development of a semantic scale for the description of the physical environment.
Ph. D. dissertation, Louisiana State University, 1965.

4 Nichtverbale Messungen

Duffy, F.:
A method of analysing and charting relationships in the office.
The Architects' Journal,
12 March, 1969, pp. 693–9.

Ittleson, W. H., Rivlin, L. and Proshansky, H. M.:
The use of behavioral maps in environmental psychology.
Dept. of Psychology,
New York City University, no date.
(Mimeograph).

Thiel, P.:
A sequence-experience notation for architectural and urban space.
Town Planning Review,
vol. 32, April, 1961, pp. 33–52.

Winkel, G. and Sasanoff, R.:
An approach to an objective analysing of behavior in architectural space.
Seattle, Washington.
College of Architecture and Urban Planning, University of Washington, Architecture/Development Series no. 5, 1966.

5 Simulation der physischen Umwelt

Bonsteel, D. L. and Sanoff, R.:
An investigation of a televised image in simulation of architectural space.

Seattle, Washington, College of
Architecture and Urban Planning,
University of Washington,
Architecture Development
Series no. 6, 1967.
Bonsteel, D. L. and Donnette, J.:
The Suzzallo Quad; a computer
graphics simulation of sequential
experience.
Seattle, Washington, College of
Architecture and Urban Planning,
University of Washington,
Architecture Development
Series no. 7, 1969.

6 Statistische Methoden

[6.3] Dunn-Rankin, P.:
An IBM Fortran IV program for
constructing scales from paired
comparisons.
Behavioural Science,
vol. 11, no. 3, 1966. p. 234.

[6.2] Dunn-Rankin, P.
The true probability distribution
of the range of rank totals and its
application to psychological
scaling.
Ed. D. thesis.
Florida State University,
Florida, 1965.

Edwards, A. L.
Experimental design in
psychological research.
New York, Holt Rinehart &
Winston, 1965.

Guildford, J. P.
Psychometric methods.
New York, McGraw-Hill, 1954

[6.1] Siegel, S.:
Nonparametric statistics for the
behavioral sciences.
New York, McGraw-Hill, 1956.

7 Versuchsanordnungen

Bechtel, R. B.:
Footsteps as a measure of human
preference.
Environmental Research Foundation, Topeka, Kansas. May 1967.

8 Psychophysiologie

[8.1] Hoagland, H.:
Pacemakers of human brain-waves
in normals and in general paretics.
American Journal of Physiology,
vol. 116, 1936. pp. 604–15.

Von Euler, C. and Soderberg, U.:
The relation between gamma motor
activity and the electroencephalogram.
Experimentia, vol. 12, 1956.
pp. 278–9.

9 Einflüsse der Umwelt: Theorien

Alexander, C.:
Notes on the syntheses of form.
Cambridge, Mass.,
Harvard University Press, 1964.

Calhoun, J. B.:
The role of space in animal ecology.
Journal of Social Issues,
vol. 22, Oct., 1966. pp. 103–15.

Canter, D. V.:
Attitudes and perception in
architecture.
Architectural Association
Quarterly, vol. 1, no. 2, 1969.
pp. 24–31.

[9.3] Canter, D. V.:
The measurement of
appropriateness in buildings.
Transactions of the Bartlett
Society,
vol. 6, 1967–68. pp. 43–60.
s. ff.

Canter, D. V.:
Need for a theory of function in
architecture.
The Architects' Journal,
4 February, 1970. pp. 299–302.
s. ff.

Chein, I.:
The environment as a determinant
of behaviour.
Journal of Social Psychology,
vol. 39, 1954. pp. 115–27.

Craik, K. H.:
The prospects for an
environmental psychology.

Institute of Personality
Assessment and Research,
University of California, Berkeley.
Unpublished mimeograph, no date.

[9.1] Hall, E. T.:
The hidden dimension.
Doubleday, New York, 1966.
Heath, T. F.:
Experimental aesthetics and
architecture with some
experiments.
M.Sc. thesis,
Sydney University, Sydney, 1966.
Hesselgren, S.:
The language of architecture.
Lund, Sweden,
Student Literatur, 1967.
Kates, R. W. and Wohlwill, J. F.:
Man's response to the physical
environment.
Journal of Social Issues.
vol. 22, no. 4, 1966, pp. 15–141.
Langdon, F. J.:
The social and physical
environment;
a social scientist's view.
Garston, Building Research Station
(Current papers Design Series 61,
no date).
Lee, T. R.:
Psychology and living space.
Transactions of the Bartlett
Society, vol. 2, 1963. pp. 9–36.
Moller, C. B.:
Architectural environment and our
mental health.
New York, Horizon Press, 1968.
Proshansky, H. M., Ittleson, W.
and Rivlin, L.:
The influence of the physical
environment on behavior; some
basic assumptions.
City University of New York,
unpublished mimeograph, no date.
Rapoport, A. and Kantor, R.:
Complexity and ambiguity in
environmental design.
Journal of the American Institute
of Planners,
vol. 33, no. 3, 1967. pp. 210–21.
Rohles, F. H.:
Environmental psychology, a
bucket of worms?
Psychology Today,
June, 1967. pp. 54–63
Searles, H. F.:
The non-human environment in
normal development and
schizophrenia.
New York, International University
Press, 1960.
Sommer, R.:
Can behavioural studies be useful as
well as ornamental.
Transactions of the Bartlett
Society, vol. 5, 1966–67.
pp. 49–65.
Sommer, R.:
The ecology of privacy.
Library Quarterly,
vol. 36, no. 3, 1966. pp. 234–48.

[9.2] Sommer, R.:
Personal space; the behavioral
basis of design.
New Jersey, Prentice Hall, 1969.
Studer, R.:
The dynamics of behaviour
contingent physical systems.
In: Design Methods in Architecture, edited by G. Broadbent,
London, Architectural Association,
1969.
Tolman, E. C.:
The determinants of behaviour at
a choice point.
Psychological Review,
vol. 45, 1938. pp. 1–14.
Wells, B. W. P.:
Towards a definition of environmental studies; a psychologist's
contribution.
The Architects' Journal,
September 1965. pp. 677–83.

10 **Einflüsse der Umwelt: allgemein**
Ardrey, R.:
The territorial imperative.
London, Collins, 1967.

Berenson, B.:
Sensory architecture.
Landscape,
Winter, 1967-68, pp. 19-21.
Broady, M.:
Social theory in architectural design.
Arena (Architectural Association Journal),
vol. 18, no. 898, 1966. pp. 149-54.
Canter, D. V.:
Attitudes and perception in architecture.
Architectural Association Quarterly,
vol. 1, no. 2, 1969, pp. 23-31.

[10.2] Canter, D. V., M'Comisky, J. and Johnson, J.:
Familiarity with architectural concepts and academic achievement of architecture students.
Perceptual and Motor Skills,
1968, vol. 27. pp. 871-4.
Cartwrigth, A.:
Patients and privacy.
New Society,
no. 91, 25 June, 1964. pp. 6-9.
Chermayeff, S. and Alexander, C.:
Community and privacy.
Harmondsworth, Penguin, 1966.
Cohen, H.:
Behavioural architecture.
Architectural Association Journal,
June, 1964, pp. 7-12.
Dember, W. N. and Earl, R. W.:
Analysis of exploratory, manipulatory and curiosity behaviour.
Psychol. Rev.,
vol. 64, no. 2, 1957, pp. 91-7.
Ewald, W. R., ed.:
Environment for man:
the next 50 years.
Indiana University Press, 1967.
Duffy, F., ed.:
Environmental appraisal issue.
Arena (Architectural Association Journal),
Jan. 1967. pp. 152-78.

[10.3] Gombrich, E. G.:
Art and illusion.
London, Phaidon Press, 1963.

[10.1] Guttman, R.:
The questions architects ask.
Transactions of the Bartlett Society, vol. 4, 1965-66. pp. 49-82.

[10.6] Hawkes, R. J. and Rapoport, A.:
The perception of urban complexity.
In press.
Horowitz, H.:
The architect's programme and the behavioural sciences.
Architectural Science Review,
vol. 9, no. 3, 1966. pp. 71-9.
Izumi, K.:
Psychosocial phenomena and building design.
Building Research,
vol. 2, no. 4, 1965. pp. 9-12.
Joint Committee of the Building Research Board of the Department of Scientific and Industrial Research and of the Fire Officers' Committee.
Fire grading of buildings (Post war building studies, no. 29).
London, HMSO, 1952.
Part 3 'Personal safety'.
Larson, T. C., ed.:
SER 1: Environmental Abstracts.
Ann Arbor, Michigan,
Architecture Research Laboratory,
College of Architecture and Design,
University of Michigan, 1965.
Larson, T. C. and Hines, H.:
Environmental evaluations.
Ann Arbor, University of Michigan,
College of Architecture and Design,
1965.
Lee, T. R.:
The concept of space and control of the environment.
Arena (Architectural Association Journal),
vol. 82, no. 908, 1967. pp. 172-5.
Leonard, M.:
Humanising space.

Progressive Architecture,
April 1969. pp. 128–33.
Lipman, A.:
The architectural belief system
and social behaviour.
British Journal of Sociology,
vol. 20, 1969, pp. 190–204.
Manning. P.:
Human consequences of building
design decisions.
The Architects' Journal,
vol. 142, no. 26, 1965. pp. 1577–80.
Manning, P.:
Multi-disciplinary research for
architecture.
The Architects' Journal,
vol. 146, no. 20, 1967. pp. 1239–43.
Noble, J.:
The how and why of behaviour;
social psychology for the architect.
The Architects' Journal,
vol. 137, 1963. pp. 531–46.
Rapoport, A.:
The design profession and the
behavioural sciences.
Architectural Association
Quarterly,
vol. 1, no. 1, 1968–69. p. 20.

[10.5] Rapoport, A. and Kantor, R.:
Complexity and ambiguity in
environmental design.
Journal of American Institute of
Planners,
vol. 33, no. 3, 1967. pp. 210–21.
Reading, N. J., Sutton, P. J. and
Tranter, A. R.:
The measurement of privacy in
housing.
B.Arch. dissertation,
Birmingham School of
Architecture, 1967.
Royal Institute of British Architects
Research Committee.
Strategies for architectural
research.
London, 1969.

[10.7] Ruskin, J.:
The seven lamps of architecture.
London, Dent, 1907.

Sharp, D. and Rapoport, A., eds.:
The human setting.
Architectural Association
Quarterly,
vol. 1, no. 2, 1969. pp. 3–83.

[10.4] Simpson, G. C.:
This view of life.
New York, Harcourt,
Bruce & World, 1964.
Stea, D.:
Space, territory and human
movements.
Landscape,
vol. 15, no. 1, 1965. pp. 13–16.
Steele, F. I.:
Problem solving in the spatial
environment.
Chapel Hill, North Carolina,
paper given to the
Environmental Design Research
Association Conference,
June 1969.
Theil, P.:
The tourist and the habitué.
Seattle, Washington, College of
Architecture and Urban Planning,
University of Washington, 1964.
Unpublished working paper.
Wells, B. W. P.:
The psychosocial influence of
building environment.
Building Science,
vol. 1, 1965, pp. 153–65.
Willis, M.:
Overlooking.
The Architects' Journal,
vol. 137, no. 23, 1963. pp. 1181–7.
Willis, M.:
Personal relationships.
The Architects' Journal,
vol. 137, no. 24, 1963. pp. 1231–6.
Willis, M.:
What is privacy.
The Architects' Journal,
vol. 137, no. 22, 1963. pp. 1137–41.
Winkel, G. H., ed.:
Perception and evaluation of
man's physical environment.
Environment and Behaviour,

vol. 1, no. 1, 1969. pp. 3–100.

11 Bewegungsstudien

[11.7] Barnett, C. A. and Saalmans, R. A.:
Report on County Hall journey
to work survey 1964.
London, Greater London Council,
document PL/209,
1967. Unpublished.

[11.8] Best, G.:
Human direction-finding behaviour
London, Bartlett School of
Architecture,
University College London,
September 1968. (Mimeograph).
Bonsteel, D. L. and Donnette, J.:
The Suzzallo Quad; a computer
graphics simulation of
sequential experience.
Seattle, Washington,
College of Architecture and
Urban Planning,
University of Washington.
Architecture Development Series,
no. 7, 1967.
Bonsteel, D. L. and Sanoff, R.:
Investigation of a televised image in
simulation of architectural space.
Seattle, Washington,
College of Architecture and
Urban Planning,
University of Washington.
Architecture Development Series,
no. 6, 1967.
Hankin, B. D. and Wright, R. A.:
Passenger flow in subways.
Operat. Res. Quart.,
vol. 9, no. 2, 1958. pp. 81–8.

[11.6] Location of Offices Bureau.
White collar commuters:
a second survey.
London, LOB, 1967.
(Research paper no. 1).

[11.2] Oeding, D.:
Verkehrsbelastung und
Dimensionierung von Gehwegen
und anderen Anlagen des
Fußgängerverkehrs.
Straßenbau und
Straßenverkehrstechnik,
Heft 22, 1963.
Older, R. J.:
The speed, density and flow of
pedestrians on footways in
shopping streets.
Road Research Laboratory,
Research Note No. LN-662-SJO,
1964. Unpublished.

[11.3] Road Research Laboratory.
Research on road traffic.
London, HMSO, 1965.
Chapter 12, pp. 290–405.

[11.1] Stilitz, I. B.:
Behaviour in circulation areas.
University College Environmental
Research Group,
University College, London,
1969. Unpublished.

[11.4] Stilitz, I. B.:
The role of static pedestrian
groups in crowded spaces.
Ergonomics,
vol. 12, no. 6, 1969, pp. 821–39.

[11.5] Wilson, F. R.:
Journey to work.
London, Maclaren & Sons, 1967.
Winkel, G. and Sasanoff, R.:
An approach to an objective analysis
of behavior in architectural space.
Seattle, Washington,
College of Architecture and
Urban Planning,
University of Washington, 1966.
Architecture Development
Series no. 5.

**12 Sinneseindrücke:
Behaglichkeitsstudien**

[12.1] Bedford, T.:
The warmth factor in comfort at
work.
Med. Res. Council,
(Industrial Health Board),
Report 76,
London, HMSO, 1936.

[12.4] Bedford. T.:
Research on heating and ventilation
in relation to human comfort.

Heat Pip. Air Condit.,
December, 1958, pp. 127–34.

[12.31] Bottom, C. G. and Croome, D. J.:
Road traffic noise – its nuisance value.
Applied Acoustics,
no. 2, 1969. pp. 279–96.

[12.5] Chrenko, F. A.:
Probit analysis of subjective reaction to thermal stimuli.
Brit. J. Psychol.,
vol. 44, no. 3, 1953. pp. 248–56.

[12.25] Cuttle, C., et al.:
Beyond the working plane.
Proceedings of the CIE,
Washington, 1967.

[12.10] Dean, R. D. and McGlothlen, C. L.:
Effect of combined heat and noise on human performance, physiology and subjective estimate of comfort and performance.
Proceedings of Institute of Environmental Sciences' Annual Technical Meeting,
1965, pp. 55–65.

[12.24] Epaneshnikov, M. M. and Sidorova. T. N.:
Evaluation of light saturation of rooms of public buildings.
Svetotekhnika,
vol. 11, no. 1, 1965. pp. 11–15.

[12.32] Griffiths, I. D. and Langdon, F. J.:
Subjective response to road traffic noise.
J. Sound Vib.,
vol. 8, no. 1, 1968. pp. 16–32.

[12.22] Hill, A. R.:
Contextual effects in the scaling of ease of seeing.
Department of Architecture and Building Science,
Strathclyde University.
Glasgow, 1969. (Mimeograph).

[12.21] Hill, A. R. and Markus, T. A.:
Some factors influencing vision through meshes.
Proceedings of the Royal Society,
Series A, vol. 312, 1969. pp. 13–29.

[12.12] Holmberg, I. and Wyon, D.:
The dependence of performance in school on classroom temperature.
Garston, Building Research Station,
LC 1417, 1968.

[12.26] Hopkinson, R. G.:
Architectural physics: lighting.
London, HMSO, 1963.

[12.7] Houghten, F. C. and Yaglou, C. P.:
Determining lines of equal comfort.
Trans. Am. Soc. Heat Vent. Engineers, vol. 29, 1923. pp. 163–76.

[12.28] Kosten, C. W. and Van Os. G. J.:
Community reaction criteria for external noises.
Paper F-5 in National Physical Laboratory Symposium no. 12,
The control of noise,
London, HMSO, 1962.

[12.29] Lamure, C. and Bacelon, M.:
La gêne du bruit de la circulation automobile.
Cahiers du Centre Scientifique du Bâtiment,
no. 762, October 1967.

[12.27] Lau, J. J-H.:
Subjective assessment of artificial lighting quality.
Ph. D. thesis,
University of Strathclyde,
Glasgow, 1969.

Lynes, J. A.:
Principles of natural lighting.
London, Elsevier, 1969.

[12.23] Lynes, J. A., et al.:
The flow of light into buildings.
Transactions of the Illuminating Engineering Society,
vol. 31, no. 3, 1966. pp. 65–91.

[12.30] McKennell, A. C.:
Aircraft noise annoyance around London (Heathrow) airport.
London, Central Office of Information, 1963.
(Social Survey 337).

[12.15] Mackworth. N. H.:
Researches on the measurement of human performance.
Med. Res. Council,

[12.20] Markus, T. A.:
The function of windows –
a reappraisal.
Building Science,
vol. 2, 1967. pp. 97–121.

[12.9] Pepler, R. D.:
Temperature, its measurement and
control in science and industry.
New York, Reinhold, 1963.

[12.15] Pepler, R. D.:
Warmth and performance; an
investigation in the tropics.
Ergonomics,
vol. 2, 1958. pp. 63–88.

[12.16] Poulton, E. C. and Kerslake, D. M.:
Initial stimulation effect of warmth
upon perceptual efficiency.
Aerosp. Med.,
Jan., 1965. pp. 29–32.

[12.17] Provins, K. A.:
Environmental heat, body
temperature and behaviour; an
hypothesis.
Australian Journal of Psychology,
vol. 18, no. 2, 1966. pp. 118–29.

[12.18] Schachter, S. and Singer, J. E.:
Cognitive, social and physiological
determinants of emotional state.
Psychol. Rev.,
vol. 69, no. 5, 1962. pp. 379–99.

[12.19] Schnore, M. M.:
Individual patterns of physiological
activity as a function of task
differences and degree of arousal.
J. Exp. Psychol.,
vol. 58, no. 2, 1959. pp. 117–28.

[12.8] Teichner, W. H.:
The subjective response to the
thermal environment.
Human Factors,
vol. 9, no. 5, 1967. pp. 497–510.

[12.11] Teichner, W. H. and
Wehrkamp, P. F.:
Visual-motor performance as a
function of short duration ambient
temperature.
J. Exp. Psychol.,
vol. 47, 1954. pp. 447–50.

[12.14] Webb, C. G.:
An analysis of some observations of
thermal comfort in an equatorial
climate.
Brit. J. Ind. Med.,
vol. 16, no. 4, 1959. pp. 297–310.

[12.3] Webb, C. G.
Research on thermal comfort.
Paper to CIB Symposium,
Commission W45,
Building Research Station,
April 1965.

[12.2] Webb, C. G.:
Thermal comfort and effective
temperature.
Paper to CIE Conference,
Newcastle-upon-Tyne, April 1965.

[12.6] Zimbardo, P. G., Cohen, A. R.
and Weisenberg, M.:
Control of pain motivation by
cognitive dissonance.
Science,
vol. 151, 1966, pp. 217–19.

13 Topographische Studien

Appleyard, D., Lynch, K. and
Meyer, J. R.:
The viw from the road.
Cambridge, Mass., MIT Press,
1964.

Carr, S. and Schissler, D.:
The city as a trip; perceptual
selection and memory in the view
from the road.
Environment and Behavior,
vol. 1, no. 1, 1969. pp. 7–35.

Craik, K.:
Human response to landscape;
an environmental psychological
perspective.
In: Response to environment,
edited by G. Coates and
K. M. Moffett.
Raleigh, North Carolina,
Student Publications of the
School of Design, vol. 18,
North Carolina State University,
1969.

[13.1] Page, J.:
Fundamental problems of
building climatology.
Paper to World Meteorological
Organisation and WHO
Symposium on Urban Climates,
Brussels, 15–25 September, 1968.
Shafer, E. L.:
Perception of natural environments.
Environment and Behavior,
vol. 1, no. 1. 1969. pp. 71–82.
Sonnenfeld, J.:
Environmental perception and
adaption level in the Arctic.
In: Environmental Perception and
Behavior,
edited by D. Lowenthal.
Research Paper no. 109,
Department of Geography,
University of Chicago, 1967.
Sonnenfeld, J.:
Equivalence and distortion of the
perceptual environment.
Environment and Behavior,
vol. 1, no. 1, 1969. pp. 83–99.

14 Unterschiede zwischen Individuen und Gruppen
Canter, D. V.:
An intergroup comparison of
connotative dimensions in
architecture.
Environment and Behavior,
vol. 1, no. 1, 1969. pp. 37–48.
[14.1] Rapoport, A. and Watson, N.:
Cultural variability in physical
standards.
Transactions of the Bartlett Society,
vol. 6, 1967–68. pp. 61–83.
Winkel, G. H., Malek, R. and
Thiel, P.:
The role of personality differences
in judgements of roadside quality.
Environment and Behavior,
vol. 1, no. 2, 1969, pp. 199–223.

15 Innenräume: Zimmer
Canter, D. V.:
The psychological implications
of office size.
Ph.D. thesis,
University of Liverpool, 1969.
Collins, J. B.:
Perceptual dimensions of
architectural space validated
against behavioral criteria.
Ph.D. thesis,
University of Utah, 1969.
Felipe, N. and Sommer, R.:
Invasion of personal space.
Social Problems,
vol. 14. no. 2, 1966. pp. 206–14.
Gullahorn, J. T.:
Distance and friendship as factors
in the gross interaction matrix.
In: Sociometry Reader,
edited by J. L. Moreno.
Glencoe, Free Press, 1960.
Hershberger, R. G.:
A study of meaning and
architecture.
Papier given to Environmental
Design Research Association
Conference,
June, 1969, Chapel Hill,
North Carolina.
Ittleson, W. H., Proshansky, H. M.
and Rivlin, L.:
The use of bedrooms by patients
on a psychiatric ward.
Environmental Psychology
Program,
City University of New York, 1968.
(Mimeograph).
Maslow, A. H. and Mintz,
N. L.:
Effects of aesthetic surroundings 1.
Journal of Psychology,
no. 41, 1956. pp. 247–54.
Menchikoff, A.:
Light in deep living rooms.
Build International,
September, 1969. pp. 25–6.
[15.1] Mintz, N. L.:
Effects of aesthetic
surroundings 2.
Journal of Psychology,
no. 41, 1956. pp. 459–66.

[15.2] Payne, I.:
An experimental inquiry into people's emotional responses to architectural interiors.
Ph.D. thesis,
University of London, 1969.

Preiser, W. F. E.:
Behavior design criteria in student housing; the measurement of verbalised responses to physical environment.
Paper given to
Environmental Design Research Association Conference,
June 1969, Chapel Hill, North Carolina.

Steinzor, B.:
The spatial factor in face to face discussion groups.
Journal of Abnormal and Social Psychology,
vol. 45, 1950, pp. 552–5.

Wools, R. and Canter, D. V.:
The effect of meaning of buildings on behaviour.
Applied Ergonomics,
in press.

16 Räumliche Anhäufungen: Gebäude

Blake, R. R., et al.:
Housing architecture and social interaction.
Sociometry,
no. 19, 1956, pp. 133–9.

Blood, R. O. and Livant, W. P.:
The use of space within the cabin goup.
Journal of Social Issues,
vol. 13, no. 1, 1957. pp. 47–53.

Langdon, J. F.:
User research in office design.
Garston, Building Research Station,
D.S. 18, no date.
s. ff.

Logan, H. L., et al.:
Effects of buildings on human behaviour.
Journal of Building Research.
July-August, 1965. pp. 3–18.
s. ff.

Lipman, A.:
Building design and social interaction.
The Architects' Journal,
3 January, 1968. pp. 23–30.
s. ff.

Manning, P., ed.:
Office design; a study of environment.
Liverpool University,
Department of Building Science,
1965.
s. ff.

Pullen, A. R.:
Privacy.
Berkeley, Columbia,
College of Environmental Design,
University of California,
June, 1965. (Mimeograph).
s. ff.

Rapoport, A.:
The personal element in housing; an argument for open ended design.
RIBA Journal,
July 1968. pp. 300–7.
s. ff.

Rivlin, L., Proshansky, H. M. and Ittleson, W. H.:
Change in psychiatric ward design and patient behaviour,
an experimental study.
Enrivonmental Psychology Program,
City University of New York, 1969. (Mimeograph).
s. ff.

Wells, B. W. P.:
The psycho-social influence of building environment.
Building Science,
vol. 1, 1965. pp. 153–65.

Wilner, D. M., et al.:
The housing environment and family life.
Baltimore, Johns Hopkins Press, 1962.

17 Gebäude-Gruppen,
    Nachbarschaften
    Brennan, T.:
    Midland City.
    London, Dobson, 1948.
    Brolin, B. C. and Ziesel, J.:
    Mass housing; social research
    and design.
    Ekistics,
    January 1969. pp. 51–5.
[17.1] Festinger, L., Schachter, S. and
    Back, K.:
    Social pressures in informal groups.
    New York, Harper, 1950.
    Fried, M. and Gleicher, P.:
    Some sources of residential
    satisfaction in an urban slum.
    Journal of American Institute
    of Planners.
    no. 4, 1961. pp. 305–15.
    Gans, H. J.:
    Planning and social life.
    Journal of the American Institute
    of Planners,
    vol. 27, no. 4, 1961, pp. 134–40.
    Gutman, R.:
    Site planning and social behaviour.
    Journal of Social Issues,
    vol. 22, no. 4, 1966. pp. 103–15.
[17.3] Lee, T. R.:
    Brennan's law of shopping
    behaviour.
    Psychological Reports,
    vol. 11, 1962. p. 662.
[17.5] Lee, T. R.:
    On the relation between the school
    journey and social and emotional
    adjustment in rural infant children.
    British Journal of Educational
    Psychology,
    vol. 27, 1957. pp. 101–14.
[17.2] Lee, T. R.:
    Urban neighbourhood as a
    socio-spatial schema.
    Human Relations,
    vol. 21, 1968. pp. 241–67.
    Michelson, W.:
    Analytical sampling for design
    information; a survey of housing
    experience.
    Paper given to the
    Environmental Design Research
    Association Conference,
    Chapel Hill, North Carolina,
    June 1969.
    Peterson, G. L., Bishop, R. L. and
    Fitzgerald, R. W.:
    The quality of visual residential
    environments; perceptions and
    preferences.
    Paper given to the
    Environmental Design Research
    Association Conference,
    Chapel Hill, North Carolina,
    June 1969.
    Sanoff, H.:
    Visual attributes of the physical
    environment.
    In: Response to environment,
    edited by G. Coates and
    K. M. Moffett.
    Raleigh, Student Publications of the
    School of Design, vol. 18,
    North Carolina State University,
    1969.
[17.4] Smith, J. G. and Sargent,
    Florence, P.:
    Preface to Midland City,
    by T. Brennan.
    London, Dobson, 1948.
    Van der Ryn, S. and Boie, W. R.:
    Visual measurement and visual
    factors in the urban environment.
    Berkeley, California,
    College of Enrivonmental Design,
    University of California, 1963.
    (Mimeograph).

18 Stadtteile
    Rosenberg, G.:
    High population densities in
    relation to social behaviour.
    Ekistics,
    vol. 25, no. 151, 1968. pp. 425–38.
[18.1] Willmott, P.:
    Housing density and town design
    in a new town; a pilot study at
    Stevenage.

Town Planning Review,
vol. 33, 1962. pp. 115-27.

19   Städte, urbane Flächen
De Jong, D.:
Images of urban areas.
Journal of the American Institute
of Planners,
vol. 29, 1962. pp. 266-76.
Jacobs, J.:
The death and life of great
American cities.
Harmondsworth, Pelican, 1964.
Keller, S.:
Social class in physical planning.
Athens Technological Institute,
1966. pp. 494-512.
Lynch, K.:
The image of the city.
Cambridge, Mass.,
Harvard University Press, 1960.
Parr, A. E.:
City and psyche.
Yale Review,
vol. 4, no. 1, 1965. pp. 72-85.
Rossow, I.:
The social effects of the physical
environment.
Journal of American Institute
of Planners,
May 1961. pp. 127-33.
Welsh, G. S.:
The perception of our urban
environment.
In: Perception and Environment,
edited by E. Stipe.
Institute of Govt.,
University of North Carolina,
1966. pp. 1-10.

20   Die menschliche Umwelt
Argyle, M.:
The psychology of interpersonal
behaviour.
Harmondsworth, Pelican, 1967.
Goffman, E.:
Behavior in public places.
New York, Free Press Paperbacks,
1966.

Goffman, E.:
Presentation of self in everyday life.
New York, Doubleday Anchor,
1959.

21   Eindruck, Empfindung
Allport, F. H.:
Theories of perception and the
concept of structure.
London, Chapman & Hall, 1955.
Chap. 5.

[21.9] Bender, W. R. G.:
The effect of pain and emotional
stimuli and alcohol upon pupillary
reflex activity.
Psychological monographs,
vol. 44, 1933. pp. 1-32.
Bergum, B. and Lehr, D. J.:
Prediction of stimulus approach;
core measure experiment 1.
Research Report R. 88-6, 1966,
Rochester, New York, Xerox Corp.
s. ff.
Bergum, B. and Lehr, D. J.:
Prediction of stimulus approach;
core measure experiment 2.
Research Report R.66-36, 1966.
Rochester, New York, Xerox Corp.
s. ff.
Berlyne, D. E.:
The influence of complexity and
novelty in visual figures on
orienting responses.
Journal of Experimental Psychology
vol. 55, no. 3, pp. 289-96.

[21.5] Broadbent, D. E.:
Perception and communication.
London, Pergamon, 1958.

[21.2] Bursill, A. E.:
Restriction of peripheral vision
during exposure to hot and humid
conditions.
Quart. J. Exp. Psychol.,
vol. 10, no. 3, 1958. pp. 113-29.
s. ff.
Chapanis, A. and Mankin, D. A.:
The vertical-horizontal illusion in a
visually rich environment.
Perception and Psychophysics,

vol. 2, 1967. pp. 249–55.
[21.13] Collins, B. E., Ellsworth, P. C. and Helmreich, R. L.:
Correlations between pupil size and the semantic differential: an experimental paradigm and pilot study.
Psychonomic Science,
vol. 9, 1967. pp. 627–8.
[21.7] Darwin, C.:
The expression of the emotions in man and animals.
London, Murray, 1872.
Dember, W. N.:
Psychology of perception.
New York, Hold Rinehart & Winston, 1963.
Dember, W. N. and Earl, R. W.:
Analysis of exploratory, manipulative and curiosity behaviour.
Psychological Review,
vol. 64, 1957. pp. 91–6.
[21.3] Duffy, E.:
The psychological significance of the concept of 'arousal' or 'activation'.
Psychological Review.
vol. 64, no. 5, 1957. pp. 265–75.
[21.4] Easterbrook, J. A.:
The effect of emotion on cue-utilisation and the organisation of behaviour.
Psychological Review,
vol. 66, no. 131, 1959. pp. 183–201.
Eysenck, H. J.:
Sense and nonsense in psychology.
Harmondsworth, Penguin Books, 1957.
Fisk, D. W. and Maddi, S. R.:
Functions of varied experience.
Homewood, Ill.,
Dorsey Press, 1961.
Garner, W. R.:
Uncertainty and structure as psychological concepts.
New York, Wiley, 1962.
[21.1] Gibson, J. J.:
The perception of the visual world,
London, Allen & Unwin, 1952.
Ginsob, J. J.:
The senses considered as perceptual systems.
London, Allen & Unwin, 1968.
Hebb, D. O.:
The organisation of behaviour.
New York, Wiley, 1949.
[21.8] Hess, E.:
Attitude and pupil size.
Scientific American,
vol. 212, 1965. pp. 46–54.
[21.9] Hess, E. and Polt, J. M.:
Changes in pupil size as related to interest value of visual stimuli.
Science,
vol. 132, 1960. pp. 349–50.
[21.10] Hess, E., et al.:
Pupil responses of hetero- and homosexual males to pictures of men and women; a pilot study.
J. Abnormal Psychology,
vol. 70, no. 76, 1965. pp. 165–8.
Hill, A. R.:
Contextual effects in the scaling of 'ease of seeing'.
Department of Architecture and Building Science,
University of Strathclyde,
Glasgow, 1969. (Mimeograph).
Hill, A. R. and Markus, T. A.:
Some factors influenceing vision through meshes.
Proceedings of the Royal Society Series A,
vol. 312, 1969. pp. 13–29.
Luria, S. M., Kinney, J. S. and Weissman. S.:
Distance estimates with 'filled' and 'unfilled' space.
Perceptual and Motor Skills.
vol. 24, 1967. pp. 1007–10.
[21.12] Miller, R. L.:
The clinical validation of the pupillary response: the effect of chromatic and achromatic stimuli upon pupil responsivity.
Ph.D. thesis,
Michigan State University, 1966.

[21.14] Payne, I.:
A review of experimental
investigations into pupil size as a
measure of arousal.
University College, London 1968.
(Mimeograph).
Paffman. C.:
The pleasure of sensation.
Psychological Review,
vol. 67, no. 4, 1960. pp. 253–62.
Robbins, M. C.:
Perceptual environments and
pattern preferences.
Perceptual and Motor Skills,
vol. 26, 1968. pp. 545–6.
Rump, E. E.:
Is there a general factor of
preference for complexity.
Perception and Psychophysics,
vol. 3, 1968. pp. 346–8.
Tucker, W. I.:
Experiments in aesthetic
communications.
Ph.D. Dissertation,
University of Illinois, 1955.

[21.6] Wittenborn, J. R.:
Factorial equations for tests of
attention.
Psychometrika.
vol. 8, 1943. p. 19.

[21.11] Woodmansee, J. J.:
An evaluation of the pupil
response as a measure of attitude
towards Negroes.
Ph. D. thesis.
University of Colorado, 1968.

Bauwelt Fundamente

27 Über die Umwelt der arbeitenden Klasse · Aus den Schriften von Friedrich Engels · 238 Seiten, 23 Bilder
28 Philippe Boudon, Die Siedlung Pessac – 40 Jahre Wohnen à Le Corbusier · Sozio-architektonische Studie · 180 Seiten, 70 Bilder
29 Leonardo Benevolo, Die sozialen Ursprünge des modernen Städtebaus · Lehren von gestern – Forderungen für morgen · 172 Seiten, 72 Bilder
30 Erving Goffman, Verhalten in sozialen Situationen · Strukturen und Regeln der Interaktion im öffentlichen Raum · 228 Seiten
31 John V. Lindsay, Städte brauchen mehr als Geld · New Yorks Mayor über seinen Kampf für eine bewohnbare Stadt · 180 Seiten
32 Mechthild Schumpp, Stadtbau-Utopien und Gesellschaft · Der Bedeutungswandel utopischer Stadtmodelle unter sozialem Aspekt · 208 Seiten, 55 Bilder
33 Renato De Fusco, Architektur als Massenmedium · Anmerkungen zu einer Semiotik der gebauten Formen · 180 Seiten, 38 Bilder
34 Planung und Information · Materialien zur Planungsforschung, herausgegeben von Gerhard Fehl, Mark Fester, Nikolaus Kuhnert · 320 Seiten, 20 Bilder
35 Architekturpsychologie · Theorie – Laboruntersuchungen – Feldarbeit · 9 Forschungsberichte, herausgegeben von David V. Canter · 168 Seiten, 42 Bilder
36 John K. Friend/W. Neil Jessop, Entscheidungsstrategie in Stadtplanung und Verwaltung · 233 Seiten, 78 Bilder und Tabellen
37 Gesellschaftsplanung in kapitalistischen und sozialistischen Systemen · 11 Beiträge, herausgegeben von Josef Esser, Frieder Naschold und Werner Väth · 311 Seiten
38 Großstadt-Politik · Texte zur Analyse und Kritik lokaler Demokratie, herausgegeben von Rolf-Richard Grauhan · 276 Seiten
39 Alexander Tzonis, Das verbaute Leben · Vorbereitung zu einem Ausbruchsversuch · ca. 144 Seiten, 4 Skizzen
40 Bernd Hamm, Betrifft: Nachbarschaft · Verständigung über Inhalt und Gebrauch eines vieldeutigen Begriffs · 132 Seiten
41 Aldo Rossi, Die Architektur der Stadt · Skizze zu einer grundlegenden Theorie des Urbanen · ca. 216 Seiten, 37 Bilder
42 Alexander Schwab, »Das Buch vom Bauen« · Wohnungsnot, Neue Technik, Neue Baukunst – Städtebau aus sozialistischer Sicht · 208 Seiten, 41 Bilder

Bertelsmann Fachverlag

Bei Fragen zur Produktsicherheit wenden Sie sich bitte an:
If you have any questions regarding product safety,
please contact:

Birkhäuser Verlag GmbH
Im Westfeld 8
4055 Basel, Schweiz
productsafety@degruyterbrill.com